Sozio-ökonomische Aspekte der Regulierung der Rechnungslegung

Betriebswirtschaftliche Forschung im Rechnungswesen

Herausgegeben von Nils Crasselt, Rolf Uwe Fülbier, Joachim Gassen, Bernhard Pellens und Thorsten Sellhorn

Band 8

PETER LANG
Frankfurt am Main · Berlin · Bern · Bruxelles · New York · Oxford · Wien

Tim-Frederik Oehr

Sozio-ökonomische Aspekte der Regulierung der Rechnungslegung

PETER LANG
Internationaler Verlag der Wissenschaften

Bibliografische Information der Deutschen Nationalbibliothek
Die Deutsche Nationalbibliothek verzeichnet diese Publikation in der Deutschen Nationalbibliografie; detaillierte bibliografische Daten sind im Internet über http://dnb.d-nb.de abrufbar.

Zugl.: Bremen, Univ., Diss., 2012

Gedruckt auf alterungsbeständigem,
säurefreiem Papier.

D 46
ISSN 2191-6098
ISBN 978-3-631-63770-8

www.peterlang.de

Meinen Eltern und Sandra.

Vorwort

Die vorliegende Arbeit entstand während meiner dreieinhalbjährigen Zeit als Doktorand am *Lehrstuhl für Unternehmensrechnung und Controlling* am Fachbereich Wirtschaftswissenschaft der Universität Bremen. Im Januar 2012 wurde die Arbeit als Dissertationsschrift eingereicht und im Februar 2012 fand die dazugehörige Disputation statt. Thematisch knüpft die Arbeit an das von Professor Jochen Zimmermann geleitete (assoziierte) Teilprojekt *Die Rolle des Staates in der Rechnungslegung* des Bremer Sonderforschungsbereichs 597 *Staatlichkeit im Wandel* an. Ziel des Teilprojektes ist es, einen erklärenden Beitrag zur Transnationalisierung der Rechnungslegung sowie deren gesellschaftliche Wirkung zu leisten. Hierbei wurde untersucht, wie zentrale Antriebskräfte auf den Wandlungsprozess der Rechnungslegung Einfluss nehmen und in welcher Weise politisch-institutionelle Faktoren aus dem Systemumfeld der Rechnungslegung innerhalb des Prozesses als Weichensteller fungieren. Besonderes Augenmerk liegt hierbei auf der Erklärung des veränderten interventionsstaatlichen Eingriffs in die Regulierung der Rechnungslegung, der auch wesentlicher Gegenstand der vorliegenden Arbeit ist.

Mein Dank gilt an dieser Stelle einer Vielzahl von Personen, die mich während meiner Zeit als Doktorand unterstützt und damit einen Beitrag zum Gelingen dieser Arbeit geleistet haben. In erster Linie möchte ich meinem Doktorvater, Professor Jochen Zimmermann, für die Betreuung der Arbeit sowie die Übernahme des Erstgutachtens danken. Besonders spreche ich ihm meinen Dank aus für das Vertrauen in mein Promotionsvorhaben, der Förderung meines Interesses an der interdisziplinären Forschung im Bereich der Rechnungslegungsregulierung sowie für die zahlreichen inspirierenden Gespräche, die einen wertvollen Beitrag zu dieser Arbeit geleistet haben. Ein großer Dank gilt auch Professor Herbert Obinger vom Bremer Zentrum für Sozialpolitik, der das Zweitgutachten übernommen hat und durch sein Engagement den raschen Abschluss des Promotionsverfahrens möglich gemacht hat. Ich danke auch vielmals den Professoren Wolfram Elsner, Institut für institutionelle Ökonomik und Innovationsökonomik Universität Bremen, und Jörg R. Werner, Accounting Department Frankfurt School of Finance and Management, sowie meinen Kollegen Steffen Bohm und Jan Volckmer für ihre Teilnahme an der Prüfungskommission.

Dank schulde ich ebenfalls dem *Wiwib e.V. – Wirtschaft-Wissenschaft-Bremen* (Verein zur Förderung des Fachbereichs Wirtschaftswissenschaft der Universität Bremen und dessen Zusammenarbeit mit der Bremer Wirtschaft) für die finanzielle Unterstützung bei der Veröffentlichung der Arbeit.

Meinen besonderen Dank möchte ich auch meinem ehemaligen Bürokollegen und Freund Johannes Schymczyk aussprechen, der immer ein offenes Ohr – nicht nur in Forschungsangelegenheiten – für mich hatte. Die vielen anregenden Diskussionen bei gemeinsamen Teedegustationen waren ein Zugewinn für den Reifungsprozess der Arbeit. Gleicher Dank gebührt auch meinem Freund, Mitbewohner und Kollegen Jan Hendrik Hammermeister, mit dem ich den universitären und wissenschaftlichen Weg von der Wiege bis zur Bahre gemeinsam bestritten habe. Des Weiteren danke ich meinen ehemaligen Kollegen (Stephan Abée, Alexander Huuk, Jan-Philipp Kilian, Philipp Knigge, Tim Meyer-Schell, Michael Meser, George Khishtovani, Nikoloz Koiava, Christoph Lippert, Erekle Pirveli, Henning Syllwasschy und Stefan Veith), die zum Amüsement auch außerhalb des Lehrstuhls beigetragen haben und den studentischen Hilfskräften des Lehrstuhls. Außerdem möchte ich mich an dieser Stelle bei Heidi und Dirk Peters bedanken, die als Fachfremde die Herausforderung des Korrekturlesens der Arbeit angenommen haben.

Zuletzt gebührt ein außerordentlicher Dank meiner Familie, die mich während der gesamten Promotionsphase in jedweder Art und Weise unterstützt hat. Allen voran gilt dieser Dank meinen Eltern, Margitta und Hans-Joachim Oehr, sowie meiner Partnerin Sandra Lingner, die mich stets ermutigt und aufgemuntert haben.

Geleitwort

Die neuere Rechnungslegungsforschung ist traditionell auf mikroökonomischen Denkfiguren begründet. Denkmuster der Prinzipal-Agenten-Theorie oder der Informationsökonomik gehören inzwischen genau so zum Kern der Rechnungslegung wie die Bewertungslehre, die Zahlungsströme mit ihren Risiken in Gleichgewichtsmodellen berücksichtigt. So unabdingbar dieser Bezug bei der Neuentwicklung des Fachs war, birgt er aber auch die Gefahr, dass sich die Rechnungslegung von den Unternehmen ablöst, über die sie berichten soll. Ursache dieser Ablösung ist die Abstraktion von institutionellen Besonderheiten, die Unternehmen und ihre Umwelt prägen.

Die vergleichende Rechnungslegungsforschung hat in den letzten zwei Jahrzehnten gezeigt, wie stark unternehmerisches Handeln in ein jeweils verschiedenes gesamtwirtschaftliches Gepräge eingebettet ist. In der Sprache des *varieties of capitalism*-Ansatzes lassen sich Länder mit koordinierten und solche mit marktbasierten Wirtschaftsordnungen unterscheiden. Erstere verlassen sich stärker auf hierarchisch strukturierte, wiederholte Handlungen; bei letzteren stehen abstrakte Marktbeziehungen im Vordergrund, bei denen die Akteure so behandelt werden oder werden sollen, als seien sie einander unbekannt. Für eine lange Zeit galten marktbasierte Volkswirtschaften wie die der USA und des Vereinigten Königreichs als Vorbilder, die etwa über das *arm's length*-Prinzip auch zunehmend das normative Denken bestimmt haben.

Doch nicht nur diese Organisationsprinzipien hat die vergleichende Institutionenforschung herausgearbeitet; Unterschiede bestehen auch auf der Mikro-Ebene. Weder kann von einer internationalen Vereinheitlichung der Unternehmensfinanzierung und damit einer homogenen Eigentümer- und Gläubigerstruktur gesprochen werden, noch von einer einheitlichen Lösungsform für Konflikte, die sich in der bestehenden Rechtsordnung niederschlägt. Auch die Rolle des Staates, der in den Wirtschaftswissenschaften gerne übersehen wird, variiert. Nicht nur dient der Staat stets als letzte Instanz der Regeldurchsetzung. Seine legitimierende Rolle findet sich verschieden ausgeprägt in den einzelnen Ordnungssystemen. Der Staat kann allokative Funktionen des Marktsystems rechtfertigen, indem er distributiv faire und akzeptierte Regeln schafft. Er kann zudem zum zwingenden Partner werden, ohne den Innovationen bei Regeln nicht durchgesetzt werden können.

Auch wenn die Wissenschaft in den letzten Jahren immer besser verstanden hat, wie und warum sich Systeme in einzelnen Ländern unterscheiden, bleiben eine Reihe unbeantworteter Fragen, auch und gerade in der Rechnungslegung. So wissen wir zwar, dass Rechts- und Finanzsystem mit ihren jeweiligen Anreizmechanismen einen Einfluss auf die Art und Weise haben, wie Rechnungslegung betrieben wird. Jedoch ist das Verhältnis dieser beiden Variablen zueinander ungeklärt. Wenn beide Systeme mit ihren Rechts- und Gerechtigkeitsvorstellungen wie auch den Wirkmechanismen nicht zufällig entstanden sind, deutet dies auf die Endogenität dieser beiden Variablen hin – und die Suche nach dem wahren Grund der Unterschiede und der Veränderungen ist noch nicht beendet.

Genau so gibt es noch keine befriedigende Erklärung, warum die internationalen Rechnungslegungsregeln IFRS bei allen ihren oft beschriebenen Vorzügen Jahrzehnte für ihre Durchsetzung benötigt haben und warum nun die IFRS zumindest für die kapitalmarktorientierte Informationsbilanzierung eine so wichtige Rolle eingenommen haben. Es müssen also Hindernisse in der Umsetzung bestehen, institutionelle Rigiditäten und Pfadabhängigkeiten, möglicherweise aber auch Legitimationsdefizite. Schließlich sind die IFRS zumindest staatsfern organisiert und stellen den Informationscharakter der Rechnungslegung in den Vordergrund. Da Rechnungslegungsregeln nicht neutral sind, sondern ökonomische Wirkungen haben, entstehen durch die IFRS Umverteilungseffekte mit Gewinnern, aber möglicherweise auch mit Verlierern. Diese Umverteilung muss gesellschaftlich akzeptiert werden. Die Erfassung der Vorzüge einer einheitlichen Rechnungslegung blendet aber diese Umverteilungsfrage regelmäßig aus.

Die im Fachbereich Wirtschaftswissenschaft der Universität Bremen und im Sonderforschungsbereich 597 *Staatlichkeit im Wandel* entstandene Arbeit von Tim-Frederik Oehr beschäftigt sich interdisziplinär mit diesen Themenstellungen. Auf Basis einer institutionellen Theorie versucht Tim-Frederik Oehr die Frage zu beantworten, ob nicht gesellschaftliche Wertvorstellungen die Rechnungslegung mit ihren Regeln stärker prägen als bislang angenommen. Ihm gelingt der Nachweis, dass marktorientierte Volkswirtschaften eher auf eine informationsökonomische und an Umverteilung interessierte eher auf vorsichtige Rechnungslegung setzen. Seine Begründung: In marktorientierten Gesellschaften kann und soll sich ein autonom handelndes Wirtschaftssubjekt selber schützen, sofern es informiert ist – Umverteilung zu weniger Schutzwürdigen ist nicht erforderlich. In Volkswirtschaften mit einem gesellschaftlichen Umverteilungsinteresse spielen absichernde, also vorsichtige Rechnungslegungsregeln eine bedeutendere Rolle. Auch gelingt ihm im institutionellen Kontext eine Erklärung, warum die IFRS Jahre zur Durchsetzung bedurften. Zwar hatten international tätige Prüfungsunternehmen schon frühzeitig die Idee, Rechnungslegungsregeln zu vereinheitlichen, um so Gewinne aus Skaleneffekten zu ziehen. Einer Vereinheitlichung lag dabei kein rein ökonomisches Argument im Weg. Es fehlte die Einbeziehung legitimierender Akteure, die das ökonomische Interesse der Prüfungsgesellschaften flankierten und die Umverteilungsrisiken zu tragen bereit waren. Erst mit der Einbindung staatlicher Akteure begann der Siegeszug der IFRS. Er gelang erst in den späten 1990er Jahren mit der neoliberalen Wende der Staatstätigkeit, die bereits wieder zurückgenommen wird.

Die Arbeit von Tim-Frederik Oehr legt damit eine Vielzahl neuer Erkenntnisse und Einsichten über die Verortung und Entwicklung der Rechnungslegung vor. Sie zeigt, wie fruchtbar die Verbindung mehrerer Forschungsstränge aus Ökonomie, Politik und Soziologie ist, um zu einer besseren und empirisch gehaltvollen Erklärung zu kommen. Ich wünsche der Arbeit einen großen Leserkreis und eine weiterführende fachliche Diskussion.

Bremen, im Mai 2012

Prof. Dr. Dr. h.c. Jochen Zimmermann

Inhaltsverzeichnis

Abbildungsverzeichnis

Tabellenverzeichnis

Abkürzungsverzeichnis

AcSB	Accounting Standards Board
AcSC	Accounting Standards Committee
AcSOC	Accounting Standards Oversight Council
AICPA	American Institute of Certified Public Accountants
AMF	Autorité des Marchés Financiers
ANC	Autorité des Normes Comptables
ARAB	Accounting Research Advisory Board
ARC	Accounting Research Committee
ASB	Accounting Standards Board
ASBJ	Accounting Standards Board of Japan
ASC	Accounting Standards Committee
BAC	Business Accounting Council of Japan
BADC	Business Accounting Deliberation Council
BilMoG	Bilanzrechtsmodernisierungsgesetz
CASE	Committee on Accounting for Smaller Entities
CC	Consultative Comité
CCAB	Consultative Committee of Accountancy Bodies
CICA	Canadian Institute of Chartered Accountants
CNC	Conseil National de la Comptabilité
CNCC	Compagnie Nationale des Commisaires aux Comptes
COB	Commission des Opérations de Bourse
CRC	Comité de la Réglementation Comptable
CU	Comité d´urgence
DACA	Dominion Association of Chartered Accountants
DRS	Deutsche Standardisierungsrat
DRSC	Deutsche Rechnungslegungs Standards Committee
EFRAG	European Financial Reporting Advisory Group
EG	Europäische Gemeinschaft(en)
EIC	Emerging Issues Committee
EITF	Emerging Issues Task Force
EU	Europäische Union
EWG	Europäische Wirtschaftsgemeinschaft
FAF	Financial Accounting Foundation
FASAC	Financial Accounting Standards Advisory Council
FASB	Financial Accounting Standards Board

FASF	Financial Accounting Standards Foundation
FraCourt	Französische Gerichte
FraGov	Französische Regierung
FRC	Financial Reporting Council
FSAJ	Financial Services Agency Japan
GerCourt	Deutsche Gerichte
GerGov	Deutsche Regierung
IAS	International Accounting Standards
IASB	International Accounting Standards Board
IASC	International Accounting Standards Committee
IASCF	International Accounting Standards Committee Foundation
IDW	Institut der Wirtschaftsprüfer
IFAC	International Federation of Accountants
IFRIC	International Financial Reporting Interpretations Committee
IFRS	International Financial Reporting Standards
IOSCO	International Organization of Securities Commission
JapGov	Japanische Regierung
JICPA	Japanese Institute of Certified Public Accountants
KapAEG	Kapitalaufnahmeerleichterungsgesetz
KPMG	Klynveld Peat Marwick Goerdeler
NASDAQ	National Association of Securities Dealers Automated Quotations
NYSE	New York Stock Exchange
OEC	Ordre des Experts-Comptables
OECD	Organisation for Economic Co-operation and Development
PublG	Publizitätsgesetz
PwC	Price Waterhouse Coopers
RIC	Rechnungslegungs Interpretations Committee
SAC	Standards Advisory Council
SEC	Securities and Exchange Commission
UITF	Urgent Issues Task Force
UK GAAP	United Kingdom Generally Accepted Accounting Principles
UKGov	Britische Regierung
UN	United Nations
US GAAP	United States Generally Accepted Accounting Principles
USGov	US-amerikanische Regierung
WPK	Wirtschaftsprüferkammer

1 Einleitung

1.1 Motivation der Arbeit

In den vergangenen Jahren haben viele Länder der *Organisation for Economic Co-operation and Development* (OECD) ihre Rechnungslegungsregulierung grundlegend reorganisiert.[1] Seit den 1970er Jahren haben sich die formalen Strukturen der Standardsetzung signifikant verändert. Dieses gilt ebenfalls seit den 1990er Jahren für die materiell-inhaltliche Ausrichtung der Rechnungslegungsregeln. Insgesamt hat sich die staatliche Intervention in die Regulierung der Rechnungslegung verringert, und die Standardsetzungsaufgabe für kapitalmarktorientierte Unternehmen wurde an nicht staatliche (internationale) Akteure delegiert. Ebenfalls verändert hat sich die Intention der Rechnungslegung. Während die ehemals staatlich geprägten Rechnungslegungssysteme kontinentaleuropäischer Länder durch einen weiter gefassten Stakeholderansatz der Regulierung gekennzeichnet waren, so ist die staatsfernere Standardsetzung primär auf eine Verbesserung der Kapitalmarkteffizienz und den Schutz von Investoren programmiert. Insgesamt hat der Prozess zu einer Angleichung zwischen dem kontinentaleuropäischen und dem angelsächsischen Modell der Rechnungslegung geführt (z. B. Zimmermann *et al.*, 2008; Werner/Zimmermann, 2008: 275-299).

Stellvertretend für diesen Prozess steht eine zunehmende *IFRSization* (McSweeney, 2010: 12). In mehr als 120 Ländern ist die Erstellung des Konzernabschlusses börsennotierter Unternehmen mittlerweile entweder obligatorisch oder befreiend fakultativ an die Verwendung der *International Financial Reporting Standards* (IFRS) geknüpft, die von einer privaten internationalen Organisation, dem *International Accounting Standards Board* (IASB), erstellt und veröffentlicht werden.[2] Zu den Ländern, die die IFRS als verbindlichen Standard für die Erstellung des Konzernabschlusses vorsehen, gehören unter anderem alle 27 Mitgliedsländer der Europäischen Union (EU). Die IFRS sind

---

1 Der Begriff „Rechnungslegungsregulierung" sowie „Rechnungslegungssystem" steht während der gesamten Arbeit, sofern nicht anderweitig kenntlich gemacht, stellvertretend für die in einem Land existierenden Gesetze/Standards der Rechnungslegung, Funktionen der Rechnungslegung, die Rechenwerke Einzel- und Konzernabschluss und die formale Organisation der Genese von Rechnungslegungsnormen.

2 Sofern zutreffend, wird in dieser Arbeit auf die beiden Institutionen in ihrer aktuellsten Bezeichnung verwiesen: Die IFRS waren zuvor auch allgemein unter den *International Accounting Standards* (IAS) bekannt, und das IASB ist diejenige Organisation, die das ursprüngliche *International Accounting Standards Committee* (IASC) nach einer organisationalen Reform ersetzte.

Bestandteil des *acquis communautaire* der EU, und alle kapitalmarktorientierten Unternehmen wurden per EU-Verordnung dazu verpflichtet, ab 2005 den Konzernabschluss auf Basis der IFRS zu erstellen.

Neben der EU debattieren auch andere wirtschaftlich bedeutende OECD Ländern wie Japan, Kanada und die USA die Einführung der IFRS – mit von Land zu Land unterschiedlichen Ergebnissen. Japans Standardsetzer bemüht sich seit August 2007 (*Tokyo Agreement*) in Kooperation mit dem IASB, eine einseitige Annäherung seiner nationalen Regeln an die IFRS vorzunehmen. Die Konvergenzbestrebungen sind nunmehr so weit fortgeschritten, dass für das Jahr 2012 eine endgültige Entscheidung über eine verbindliche Einführung der IFRS für japanische Unternehmen gefällt werden soll. Diese Entscheidung wurde in Kanada bereits früher getroffen. Seit 2008 ist es kapitalmarktorientierten Unternehmen in Kanada erlaubt, einen von den kanadischen Standards befreienden Abschluss in Überstimmung mit den IFRS zu erstellen. Diese Wahlmöglichkeit wurde mit Wirkung für das Geschäftsjahr 2011 in ein verpflichtendes Gebot umgewandelt.

Auch die USA signalisiert, in Vertretung durch die für kapitalmarktorientierte Unternehmen zuständige *Securities and Exchange Commission* (SEC), die Standards des IASB in näherer Zukunft für börsennotierte US-amerikanische Unternehmen verpflichtend zu machen. Der für die Rechnungslegung in den USA verantwortliche privatrechtlich organisierte Standardsetzer, das *Financial Accounting Standards Board* (FASB), steht seit 2005 (*Norwalk Agreement*) im engen Kontakt mit dem IASB. Zielvereinbarung der beiden Standardsetzer ist eine gegenseitige Annäherung zwischen den *United States Generally Accepted Accounting Principles* (US GAAP) und den IFRS. Als ein Ergebnis dieses Prozesses ist die Anerkennung der Äquivalenz der IFRS mit den US GAAP durch die SEC zu werten. Ausländische Unternehmen, die auf einem US-amerikanischen Kapitalmarkt notiert sind und einen Abschluss nach IFRS erstellen, brauchen daher seit 2007 keine Überleitung mehr nach US GAAP vorzunehmen. Seitdem erhöhte sich der Druck seitens der US-amerikanischen Börsen, die IFRS auch für US-amerikanische Unternehmen als zulässig zu erklären. Die SEC veröffentlichte daraufhin einen Zeitplan, der für alle SEC registrierten Unternehmen eine verpflichtende Einführung der IFRS für 2014 anstrebt. Eine definitive Entscheidung der SEC steht jedoch noch aus. Bei mehr als 15.000 SEC registrierten Unternehmen würde die *IFRSization* dadurch eine noch größere Dimension erreichen. Tabelle 1 fasst die länderspezifischen Entwicklungen überblickartig zusammen.

Tabelle 1: Anwendung der IFRS in der EU, Japan, Kanada und den USA; Quelle: eigene Erhebung

Anwendung der IFRS für...	kapitalmarktorientierte Unternehmen aus dem Inland			kapitalmarktorientiert Unternehmen aus dem Ausland	Art der Konvergenz
	nicht zulässig	alternativ zulässig	bindend		
EU		vor 2005: national geregelt[3]	seit 2005	bindend seit 2009[4]	IFRS (i. d. F. der EU)
Japan	X		ggf. ab 2012	erlaubt ohne Überleitung	einseitige Konvergenz
Kanada		seit 2008	seit 2011	bindend seit 2011	IFRS
USA	X		ggf. ab 2014[5]	erlaubt ohne Überleitung	gegenseitige Konvergenz

Die Konvergenz der Rechungslegungsregulierung für kapitalmarktorientierte Unternehmen täuscht jedoch darüber hinweg, dass tradierte ländergruppenspezifische Unterschiede in der Regulierung der Rechnungslegung weiterhin fortbestehen. Dieses gilt insbesondere für die Regulierung des Einzelabschlusses (Nobes/Parker, 2011: 365 ff.). Im Gegensatz zum Konzernabschluss hat sich in kontinentaleuropäischen Ländern das Regulierungsmodell für den Einzelabschluss kaum vom tradierten staatlichen Modell der Rechnungslegungsregulierung entfernt. Beispielsweise müssen in Deutschland weiterhin alle Unternehmen einen Einzelabschluss auf Basis der nationalen Bilanzierungsregeln des Handelsgesetzbuches (HGB) erstellen. Der Staat – genauer das Bundesministerium für Justiz zusammen mit dem Bundestag – hält an der Standardsetzungsverantwortung für die Regeln des Einzelabschlusses fest. Darüber hinaus erfüllen die staatlich gesetzten Standards in Deutschland auch weiterhin eine gesellschaftliche Funktion, die über die reine Information von Kapitalmarktinvestoren hinausgeht. Die Standards für den Einzelabschluss dienen der Ausschüttungs-

3 In Deutschland und Frankreich war die Verwendung der IFRS für den Konzernabschluss kapitalmarktorientierter Unternehmen bereits seit 1998 alternativ zulässig, wohingegen in Großbritannien die Verwendung der IFRS erst mit der EU-Verordnung gestattet (bzw. verpflichtend) wurde.

4 Die Anwendung der IFRS ist nicht erforderlich, sofern die ausländischen Rechnungslegungsstandards als mit den IFRS äquivalent zu erachten sind. Im Sinne der EU gilt dieses z. B. für die japanischen und US-amerikanischen Rechnungslegungsstandards.

5 Der Abschluss nach US-GAAP von US-amerikanische Unternehmen, die auf dem kanadischen Kapitalmarkt notiert sind, bleibt jedoch weiterhin akzeptiert.

bemessung auf Basis eines vorsichtig kalkulierten Gewinns. Staatlich initiierte Reformen, wie etwa das Bilanzrechtsmodernisierungsgesetz (BilMoG) in 2009, zielten zwar ursprünglich auf die Annäherung der deutschen an die internationalen Standards, änderten aber aufgrund gesellschaftlicher Widerstände nichts am immanent konservativen Charakter des deutschen Bilanzrechts. Eine vergleichbare Intention der Rechnungslegungsregulierung wurde (bzw. wird) auch in anderen kontinentaleuropäischen Ländern wie beispielsweise Frankreich verfolgt. Der Einzelabschluss bleibt hier ebenfalls eng verwoben mit dem regulatorischen Rahmen und spielt eine bedeutende Rolle in der Regulierung des Beziehungsgeflechts zwischen den Anspruchsgruppen des Unternehmens (Hoarau, 2009).

Die Vorgehensweise kontinentaleuropäischer Staaten in der Regulierung des Einzelabschlusses steht im bemerkenswerten Kontrast zur Regulierung in anderen, insbesondere angelsächsisch geprägten Ländern. Für diese Ländergruppe ist eine Delegation der Standardsetzungsaufgabe an eine privatrechtliche, berufsständische Organisation ähnlich dem IASB charakteristisch. Des Weiteren orientiert sich die Rechnungslegung weitaus stärker an der Vermittlung entscheidungsnützlicher Informationen für Investoren. Der Einzelabschluss fristet in diesen Ländern eher ein regulatorisches Schattendasein. Einige Länder, darunter die USA, schenken der Regulierung des Einzelabschlusses kaum Beachtung. Aber auch wenn Standards für den Einzelabschluss gesetzt werden, so geht deren gesellschaftliche Funktion nicht über die reine Informationsfunktion hinaus. Neuere Entwicklungen bestätigen dieses: beispielsweise wird in Großbritannien erwogen, ab 2013 die nationalen Standards vollständig durch IFRS zu ersetzen.

Die Konvergenz in der Regulierung börsennotierter Unternehmen (Konzernabschluss) im Zusammenhang mit der Persistenz nationaler Unterschiede in der Regulierung des Einzelabschlusses hat zu einer Hybridisierung nationaler Rechnungslegungssysteme geführt. Die Hybridisierung bezieht sich zum einen auf die formale Organisation der Standardsetzung und zum anderen auf die materiell-inhaltliche Ausgestaltung der Standards. Eine weitere Dimension der Hybridisierung betrifft die Privatisierungs- und Transnationalisierungsvorgänge in der Standardsetzung sowie die teilweise Koexistenz unterschiedlicher Funktionen der Rechnungslegung in einem Land. Beides hat zu einer Veränderung der Rolle des Staates in der Rechnungslegungsregulierung beigetragen, wobei die bedeutendsten Änderungen in kontinentaleuropäischen Ländern stattgefunden haben. Die Aufrechterhaltung nationaler Besonderheiten in der Rechnungslegung im Zeitalter der *IFRSization* zeigt jedoch, dass deren Regulierung weder rein trivial ist noch rein technischen Aspekten zu folgen scheint. Die Beurteilung der Entwicklungen vor dem Hintergrund des (nationalen) institutionellen Umfeldes, in das die nationale Regulierung der Rechnungslegung eingebettet ist, hat sich diesbezüglich als ein vielversprechender Ansatz herausgestellt (Gernon/ Wallace, 1995: 215; Zimmermann/Werner, 2009).

Die vergleichende Rechnungslegungsforschung zeigt, dass die Rechnungslegung einen Teil der institutionellen Infrastruktur eines Landes darstellt und in einer komplementären Beziehung zu den anderen Elementen des institutionellen Rahmens steht. Eine isolierte Betrachtungsweise der Rechnungslegungsregulierung ist daher nicht möglich. Die Komplementarität der Rechnungslegung zu den anderen Elementen des institutionellen Umfeldes eines Landes, die bisher insbesondere für das Rechts- und Finanzsystem herausgestellt wird, bietet dementsprechend eine sachlogische Begründung für die Persistenz von Unterschieden in der Regulierung der Rechnungslegung (Leuz, 2010: 236). Ebenso sachlogisch lässt sich die Konvergenz der Konzernrechnungslegung für kapitalmarktorientierte Unternehmen, die zu einer Hybridisierung der Regulierung geführt hat, begründen. Die historisch gewachsene ökonomische und politische Interdependenz von Staaten hat die nationalen institutionellen Infrastrukturen vor Herausforderungen gestellt. In Bezug auf die Rechnungslegung hat sich dadurch die komplementäre Beziehung zwischen der Rechnungslegung und dem nationalen Umfeld teilweise verändert. Herausforderungen, die beispielsweise durch die Finanzmarktglobalisierung hervorgerufen wurden, haben insbesondere den Bedarf einer internationalen Vereinheitlichung der Rechnungslegungsregeln offengelegt und entladen sich derzeit in einer zunehmenden globalen Akzeptanz des IASB.

Die komparative Forschung orientiert sich bei ihren Untersuchungen zur Erklärung der Veränderungen bisher überwiegend an funktionalistischen und effizienztheoretischen Aspekten. Weitgehend unberücksichtigt bleibt jedoch, inwiefern gesellschaftspolitische Faktoren in dem Veränderungsprozess der Rechnungslegungsregulierung eine Rolle spielen. Hierunter fällt zum Beispiel die Frage nach der Legitimität, die bei der Delegation von Standardsetzungskompetenzen an gesellschaftliche Akteure von Bedeutung ist, aber auch die Frage nach der Wohlfahrtsverteilung, die von Staaten mit Blick auf die Relevanz der Rechnungslegung für die Ausschüttungsbemessung unterschiedlich gelöst wird. Eine solche Auseinandersetzung erfordert zwangsläufig eine genauere Analyse des staatlichen Anteils an den Veränderungen sowie eine systematischere Untersuchung der spezifischen Unterschiede in der Rolle des Staates bei der Bereitstellung und Ausgestaltung der Rechnungslegungsregulierung.

Hierzu möchte die vorliegende Arbeit einen Beitrag leisten: Durch die Einbeziehung länderspezifischer politischer Unterschiede in die Regulierung der Rechnungslegung wird eine ergänzende Erklärung für die Persistenz nationaler Unterschiede in der Rechnungslegung geliefert. Der Wohlfahrtsstaatstyp wird hierfür als neue Variable zur Erklärung unterschiedlicher Rechnungslegungssysteme eingeführt. Des Weiteren soll durch die stärkere Einbindung gesellschaftspolitischer Faktoren wie Legitimität eine Erklärung gefunden werden, warum es von der Gründung des IASB in den 1970er Jahren nahezu 25 Jahre bis zur Diffusion der IFRS dauerte, obwohl effizienztheoretische Aspekte bereits früher für eine globale Harmonisierung von Rechnungslegungsstandards gesprochen hätten. Auf Basis der Analyse sozialer Netzwerkstrukturen wird eine ergänzende Erklärung für die konvergente Entwicklung in der Rechnungslegungsregulierung geleistet. Eine stärkere Einbeziehung des Verhältnisses zwischen Staat und Gesellschaft in die Regulierung der Rechnungslegung kann darüber Aufschluss geben, inwiefern der Staat gesellschaftlich legitimiert ist, Veränderungen der nationalen Rechnungslegungsregulierung vorzunehmen, und inwieweit er ggf. legitimierend zu den Veränderungen beiträgt.

1.2 Struktur der Arbeit

Diese Arbeit ist wie folgt organisiert: Kapitel 2 legt die theoretischen Grundlagen zur Erklärung des Veränderungsprozesses von Rechnungslegungssystemen. Darüber hinaus werden die traditionellen Ansätze der vergleichenden Rechungslegungsforschung zur Erklärung der Persistenz und Konvergenz von Rechnungslegungssystemen aufgearbeitet. Diesbezüglich wird zunächst das unterschiedliche Verständnis von Institutionen in der Ökonomie, den Politikwissenschaften und der Soziologie skizziert. In den folgenden Abschnitten werden dann sowohl die theoretischen Aspekte als auch die traditionellen Gründe der Persistenz bzw. Konvergenz der Rechnungslegungsregulierung dargestellt. Die Pfadabhängigkeit wird als theoretisches Konzept zur Erklärung persistenter institutioneller Arrangements eingeführt. Hierbei wird explizit auf die Folgen der Komplementarität zwischen Institutionen eingegangen. Dieses geschieht vor dem Hintergrund, dass die Entstehung sowie die Begründung des Fortbestands unterschiedlicher Rechnungslegungssysteme auf Basis der komplementären Beziehung zum institutionellen Umfeld eines Landes diskutiert werden. Eine Erörterung der traditionell dargestellten Komplementaritätsbeziehung zwischen dem Rechts- bzw. Finanzsystem und der Rechnungslegung schließt sich an. Im Hinblick auf Konvergenz werden sowohl der Isomorphismus als auch daran anknüpfend die Pfadkreation als theoretische Erklärungskonzepte von Angleichungsprozessen dargestellt. Anschließend werden die Finanzmarktglobalisierung und die Europäisierung als traditionell diskutierte Ursachen für die Konvergenz der Rechnungslegungsregulierung aufgearbeitet. Beide Abschnitte münden in der Identifikation einer Forschungslücke bezüglich der Persistenz und der Konvergenz von Rechnungslegungssystemen.

Inhaltlich greift Kapitel 3 die identifizierte Forschungslücke bezüglich der Persistenz von unterschiedlichen Rechnungslegungssystemen auf. Ausgangspunkt bildet hier die Erklärung unterschiedlicher Intensitäten und Intentionen des Staatseingriffs in die Rechnungslegung. Es wird argumentiert, dass gesellschaftspolitische Differenzen, die sich besonders in der Ausprägung von Wohlfahrtsstaatlichkeit widerspiegeln, auch Einfluss auf die gesellschaftliche Funktion der Rechnungslegung nehmen. Die Dimension der Wohlfahrtsstaatlichkeit charakterisiert den Staat als intervenierenden Akteur, seine Interventionsziele können dabei dichotom unterschieden werden. Die interventionspolitischen Charakteristika der Typen korrespondieren hierbei mit verschiedenen gesellschaftlichen Wertesystemen, die eine spezifische gesellschaftliche Staatsnachfrage prägen. Daran anknüpfend wird die Regulierung der Rechnungslegung als Teilbereich wohlfahrtsstaatlicher Maßnahmen diskutiert. Ein spezieller Fokus liegt hierbei auf Frage, in welcher Form die Rechnungslegung dazu beiträgt, individuelle Ansprüche von wirtschaftlichen Akteuren abzusichern, und welche Rolle der Staat diesbezüglich bei der Organisation des Sicherungsmechanismus übernimmt. In Abhängigkeit der Staatsrolle und der unterschiedlichen Wertesysteme, die Wohlfahrtsstaaten zugrunde liegen, können für beide Wohlfahrtsstaatstypen idealtypische Modelle der Rechnungslegungsregulierung konstruiert werden, die unterschiedliche Intensitäten und Intentionen des Staatseingriffs erklären. Zur Validierung des Erklärungsgehalts des Wohlfahrtsstaates werden abschließend die Länderfälle Deutschland, Großbritannien und Kanada mit den Idealtypen abgeglichen.

Kapitel 4 nimmt Bezug auf die identifizierte Forschungslücke im Hinblick auf Art und Weise der Konvergenz der Rechnungslegungsregulierung. Das Kapitel soll darlegen, dass die Diffusion der IFRS nicht zufällig stattfand, sondern strategisch durch den Berufsstand der Wirtschaftsprüfer organsiert wurde. Dabei wird deutlich, dass die mögliche Realisierung von Effizienzvorteil durch einheitliche Rechnungslegungsstandards kein hinreichendes Argument für die Legitimierung des IASB als transnationaler Standardsetzer war, sondern dass der Prozess zur Schaffung einheitlicher Standards bewusst organisiert werden musste. Dieses Ergebnis stellt den Ausgangspunkt für die soziale Netzwerkanalyse dar. Kern der Untersuchung ist die Analyse der Entstehungs- und Entwicklungsprozesse des Netzwerkes und die Frage, inwiefern die Einbettung legitimierender Akteure in das transnationale Standardsetzungsnetzwerk durch das IASB notwendige Voraussetzung für dessen Effektivität war. Ein besonderes Augenmerk liegt daher auf der zeitlichen Veränderung der Akteurskonstellationen innerhalb des Netzwerks. Als (theoretischer) Rahmen für das Kapitel dienen die Motive der Wirtschaftsprüferbranche für eine Konvergenz von Rechnungslegungsregeln sowie die allgemeine Bedeutung von Netzwerken als eine Governancestruktur einer transnationalen Regulierung.

Die Arbeit endet mit einer Zusammenfassung der Ergebnisse in Kapitel 5.

2 Theoretische und empirische Aspekte der Veränderungen in der Rechnungslegungsregulierung

2.1 Institutionenverständnis in den Gesellschaftswissenschaften

2.1.1 Historische Einordnung

Seit der Wiederentdeckung der Bedeutung von Institutionen im gesellschaftlichen Miteinander in den 1980er Jahren spielt die Einbeziehung institutioneller Aspekte eine einflussreiche Rolle für die Erklärung und Interpretation politischer, ökonomischer und gesellschaftlicher Phänomene (z. B. North, 1986; Hall/ Taylor, 1996; Thelen, 1999; Peters, 2005). Neoinstitutionalismus, Neuer Institutionalismus oder Neue Institutionenökonomik stehen seitdem stellvertretend für die verschiedenen neuen Theorieströmungen bzw. -ansätze, die sich in verschiedenen Forschungsdisziplinen der Gesellschaftswissenschaften, insbesondere den Politik- und Wirtschaftswissenschaft sowie der Soziologie, herausgebildet haben. Geformt wurden die Begrifflichkeiten durch Titel wie beispielsweise *Rediscovering Institutions* von March/Olsen (1989) oder *The New Institutional Economics* von North (1986). Es sollte zum einen das sich neu entwickelnde Interesse an der Entstehung und Wirkung institutioneller Faktoren zum Ausdruck bringen, und zum anderen handelte es sich um eine Wiederentdeckung bzw. -belebung alter Forschungszweige in den jeweiligen Disziplinen handelte.

Auf Basis ihrer disziplinären Herkunft können drei wesentliche Hauptströmungen unterschieden werden: (1) der neue ökonomische Institutionalismus, (2) der politikwissenschaftliche Institutionalismus und (3) der soziologische Institutionalismus (stellvertretend Jansen, 2000: 3-4.; Grande/Kaiser, 2004: 220). Es bestehen zwar auch feinere Taxonomien wie etwa von Peters (2005: 19-21), der sieben institutionalistische Strömungen unterscheidet. Im Folgenden wird jedoch die gebräuchliche Troika der Institutionalismen beibehalten, da in dieser Arbeit lediglich die grundlegenden Unterschiede im Verständnis von Institutionen relevant sind.

Die neuen institutionalistischen Sichtweisen traten in Konkurrenz zu den tradierten Forschungsparadigmen innerhalb der verschiedenen Disziplinen. In den Politikwissenschaften und der Soziologie ist der neue Institutionalismus als Gegenbewegung zum Behaviorismus und zur Rational Choice Theorie zu verstehen. Die neuen Forschungsparadigmen sollten jedoch keine subsituierende Wirkung haben, da zentrale Erkenntnisse der älteren verhaltens- und handlungstheoretischen Ansätze in die neuen institutionalistischen Theorien aufgenommen wurden (Powell/DiMaggio, 2008: 2). In der Wirtschaftswissenschaft entspricht die Neue Institutionenökonomik einer Erweiterung der vereinfachenden Annahmen des neoklassischen Forschungsparadigmas. Als zentrale Arbeiten, die die neue Betrachtungsweise in den Wirtschaftswissenschaften einführten und damit einen Umbruch einleiteten, sind die Arbeiten von Coase (1937), Arrow (1969), Williamson (1985) und North (1990) zu nennen, wobei Williamson (1975: 1) den Begriff der Neuen Institutionenökonomik (*new institutional economics*) prägte. Teiltheoriekonzepte der Neuen Institutionenökonomik, wie beispielsweise die Transaktionskostentheorie, wurden auch in andere Forschungsdisziplinen übernommen. Zu nennen sind hier beispielsweise die politikwissenschaftliche Forschung (z. B. Downs/Wildenmann, 1968) sowie in die Rechtswissenschaften zur ökonomischen Analyse des Rechts (z. B. Schäfer/Ott, 2005).

Die Übernahme von Theorieteilen und damit die interdisziplinäre Durchmischung und Verknüpfung der Theorienansätze zeigen, dass es sich nicht um konkurrierende theoretische Ansätze handelt, sondern sich die Theorien durchaus gegenseitig ergänzen können und bei Erklärung bestimmter Phänomene voneinander profitieren. Dennoch gibt es aufgrund der unabhängigen Entwicklung der Institutionalismen wesentliche Unterschiede zwischen den Theorieansätzen. Hall/Taylor (1996: 936) konstatieren diesbezüglich *„[s]ome of the ambiguities surrounding the new institutionalism can be dispelled if we recognize that it does not constitute a unified body of thought.“*. Die Unterschiede und Vielschichtigkeit der institutionalistischen Ansätze leiten sich aus deren differierenden Annahmen sowie unterschiedlichen analytischen Schwerpunktsetzungen ab. Zwar gibt es bisher kein generalisierendes Rahmenwerk, das alle institutionalistischen Strömungen in sich aufnimmt, jedoch gibt es Versuche, eine gemeinsame Forschungsagenda für die Kooperation der verschiedenen institutionalistischen Strömungen zu erarbeiten (DiMaggio, 1998).

Die Grundzüge des Institutionenverständnisses in den Gesellschaftswissenschaften werden nachfolgend skizziert, da sich die Normierung der Rechnungslegung im Schnittbereich der drei Institutionalismen bewegt. Dieses offenbart sich insbesondere in der zunehmenden Auseinandersetzung mit der Rolle der Rechnungslegung und deren Regulierung nicht nur im ökonomischen, sondern auch seit Beginn der 1980er Jahre im gesellschaftspolitischen Kontext diskutiert wird (stellvertretend Hopwood, 1976; Burchell *et al.*, 1980; Cooper/Sherer, 1984; Puxty *et al.*, 1987; Willmott *et al.*, 1992; Perks, 1993; Ordelheide, 2004; Potter, 2005; Perry/Nöelke, 2005; Volmer *et al.*, 2007; Zülch *et al.*, 2009; Büthe/

Mattli, 2011).[6] Einen Einblick, welche Kriterien und Gestaltungsziele im Prozess der Institutionalisierung in den jeweiligen institutionalistischen Strömungen hauptsächlich eine Rolle spielen, liefern Ansätze und Erkenntnisse, die zur Erklärung einzelner Facetten des Veränderungsprozesses in der Rechnungslegungsregulierung beitragen bzw. herangezogen werden können. Im Vordergrund der folgenden Ausführung stehen daher die prinzipiellen Unterschiede in der Logik von Institutionen, die allgemeingültig als "*[...] rules of the game in a society or, more formally, [..] the humanly devised constraints that shape human interactions.*" verstanden werden (North, 1990: 3).

2.1.2 Neuer ökonomischer Institutionalismus

Der neue ökonomische Institutionalismus setzt sich im Kern aus drei zusammenhängenden Theoriesträngen zusammen: (1) der Transaktionskostentheorie, (2) der Prinzipal-Agenten-Theorie sowie (3) der Eigentums- und Verfügungsrechtetheorie (Erlei *et al.*, 2007: 40-43).[7] Die individuelle Akteursrationalität, die im ökonomischen Institutionalismus zugrunde gelegt wird, ist die der begrenzten bzw. eingeschränkten Rationalität (*bounded rationality*) ökonomischer Akteure (Williamson, 1975: 4; North, 1978: 972).[8] Unter der begrenzten Rationalität im nutzenmaximierenden Handeln von Akteuren ist allgemein zu verstehen, dass Akteure Schwierigkeiten einerseits bei der Formulierung und Lösung komplexer Problemsituationen haben und andererseits lediglich eine begrenzte Informationsverarbeitungsfähigkeit besitzen (Streissler *et al.*, 2003: 4). Eine weitere Annahme bezüglich ökonomischer Akteure ist deren opportunistische Verhaltensweise gegenüber anderen Akteuren. Das institutionalistische Modell der Akteursrationalität ähnelt zwar damit dem ursprünglichen Akteursmodell der Neoklassik (*homo oeconomicus*), wobei jedoch deutlicher hervorgehoben wird, dass Akteure unter Entscheidungsrisiko agieren (Streissler *et al.*, 2003: 3-5).

Auch wenn die drei Theorienstränge üblicherweise nebeneinander gestellt werden, gilt innerhalb der neuen Institutionenökonomik die Transaktionskosten-

6 Mit Critical Perspectives on Accounting und Accounting, Organization and Society gibt es zwei internationale Journals, die dieses ebenfalls anerkennen und sich daher explizit mit den gesellschaftlichen und politischen Aspekten und Prozessen der Rechnungslegungsregulierung auseinandersetzen.

7 Ergänzend zu den drei Kernbereichen des ökonomischen Institutionalismus werden die Neue Politische Ökonomik und die Verfassungsökonomik unter dem ökonomischen Institutionalismus subsumiert, sollen aber unter dem ökonomischen Institutionalismus nicht weiter beachtet werden.

8 Das Rationalitätskonzept geht auf Simon (1959) zurück und wurde als Basiskonzept der Rationalität in den ökonomischen Institutionalismus übernommen.

theorie als überspannendes Theoriekonstrukt. Dieses folgt der grundlegenden Feststellung, dass die Einrichtung und Inanspruchnahme von Institutionen Kosten verursachen (Streissler *et al.*, 2003: 39). Arrow (1969: 48 zitiert in Furubotn/Richter, 1997: 40) versteht unter Transaktionskosten allgemein diejenigen Kosten, die für die Benutzung des Marktes anfallen *„[...] the costs of running the economic system.“*.[9] Darüber hinaus werden unter Transaktionskosten die Kosten der Einrichtung hierarchischer Organisationsstrukturen subsumiert sowie die Kosten der administrativen Koordination (Chandler, 2002: 490). Grundsätzlich handelt es sich also um diejenigen Kosten, die zusätzlich zu den Transformationskosten anfallen und ebenfalls eine handlungslenkende Wirkung entfalten, da ökonomische Akteure die Minimierung beider Kostenarten anstreben und die Transaktionskosten dementsprechend für ökonomische Prozesse entscheidungsrelevant sind (Streissler *et al.*, 2003: 74 ff.).

Vor dem Hintergrund von Transaktionskosten und -risiken wirtschaftlicher Tauschgeschäfte wird in der Transaktionskostentheorie primär deren Bedeutung für die Entstehung von Unternehmen diskutiert (grundlegend Coase, 1937; Williamson, 1975; Williamson, 1985). In dem Theorieansatz wird der Markt zwar grundsätzlich als die effizienteste Koordinationsform zwischen ökonomischen Akteuren angesehen, aber es wird ebenfalls in Betracht gezogen, dass der Marktmechanismus gelegentlich unterstützungsbedürftig ist. So begründet sich die Entstehung von Unternehmen dadurch, dass es Situationen gibt, in denen effizientere Koordinationsmechanismen existieren als der Marktmechanismus (Jansen, 2000: 5-6). Die Höhe der Transaktionskosten wird hierbei als zentrale Erklärungsfigur herangezogen, um die Wahl zwischen Markt und Unternehmen als Koordinationsmechanismus zu begründen. Faktoren, die dabei insbesondere die Höhe der Transaktionskosten beeinflussen, stellen die Häufigkeit der Transaktionen, die Komplexität und Spezifität der Transaktion sowie die Verhaltensunsicherheit hinsichtlich des Transaktionspartners (opportunistisches Verhalten) dar (Ebers/Gotsch, 2006: 281-284).[10]

Sofern die Transaktionskostenhöhe bzw. das Niveau des Absicherungsbedürfnisses eine Marktlösung verhindern würde, wird dem eventuellen Marktversagen durch die Einrichtung anderer institutioneller Arrangements (Governancestrukturen) vorgebeugt. Eine Typologisierung der verschiedenen institutionellen

9 Zu den (Markt-)Transaktionskosten zählen die Kosten der Vorbereitung und Organisation von Markttransaktionen, wie z. B. Such-, Informations-, Verhandlungs- und Entscheidungskosten sowie die Kosten der Absicherung des Leistungsaustausches zwischen den Akteuren, wie z. B. Kontroll- und Durchsetzungskosten (dazu ausführlich Furubotn/Richter, 1997: 40-43).

10 Mittels der Transaktionsspezifität und -komplexität wird dabei das Absicherungsbedürfnis der Transaktionspartner operationalisiert.

Arrangements kann wie folgt vorgenommen werden: (1) Märkte, (2) Hierarchien (Unternehmen) und (3) Kooperationen (dazu Williamson, 1991: 269-296). Die beiden zuerst genannten Koordinationsformen stehen sich dabei diametral gegenüber und erzeugen ein Kontinuum, auf dem sich die letzteren Arten der Koordination verorten lassen, da marktliche und hierarchische Elemente zu einem unterschiedlichen Grad gemischt auftreten (Ebers/Gotsch, 2006: 284). Das gewählte institutionelle Arrangement kann ebenfalls als effizient erachtet werden, da die Akteure danach streben, die kostenoptimale Governancestruktur zu finden. Transaktionskosten entfalten somit einen ordnenden Charakter, da sie die organisatorische Entscheidung von ökonomischen Akteuren, wie mit Transaktionskosten umzugehen ist, maßgeblich beeinflussen.

Die Prinzipal-Agenten Theorie bezieht sich auf Konstellationen, in denen ein Auftraggeber (Prinzipal) mittels Vertragsschließung Aufgaben und Befugnisse an einen Auftragnehmer (Agenten) delegiert, damit dieser die Interessen des Auftraggebers wahrnimmt. Die Theorie hat ihren Ursprung im Unternehmenskontext und zwar in der Analyse des Vertragsverhältnisses zwischen Manager und Eigentümer, das sich in Kapitalgesellschaften aus der Trennung von Eigentum und Kontrolle ergibt (Means, 1931; Jensen/Meckling, 1976).[11] Bei der Agenturtheorie handelt es sich um eine vertragstheoretische Perspektive auf das Unternehmen, wobei das Unternehmen als *nexus of contracts* dargestellt wird (z. B. Alchian/Demsetz, 1972; Jensen/Meckling, 1976; Fama, 1980; Easterbrook/Fischel, 1989). Im Mittelpunkt der Untersuchungen der Akteursbeziehungen stehen die Problemkreise und Kosten, die sich aufgrund der Unvorhersehbarkeit zukünftiger Ereignisse und der sich daraus ergebenden Unvollständigkeit von Verträgen ergeben (z. B. Hart/Moore, 1988). Die Unvollständigkeit von Verträgen, die sich auf asymmetrisch verteilte Informationen begründet und damit opportunistisches Verhalten zu lässt, kulminiert letztendlich in der Problematik, geeignete Anreizstrukturen zu setzen, die die Interessen- und Zielkonflikte zwischen den Vertragsparteien ausgleichen (Shleifer/Vishny, 1997: 741-745). Die Gestaltung von Anreizstrukturen ist dabei eng verbunden mit der Institutionalisierung geeigneter Informations- und Kontrollinstrumente, die eine

11 Neben diesem Verhältnis werden im Unternehmenskontext noch weitere Prinzipal-Agenten-Problematiken betrachtet, wie beispielsweise das Agenturverhältnis zwischen Manager (oder Eigentümer) und Fremdkapitalgeber (Jensen, 2003: 136-167). Denkbar sind noch weitere Akteursbeziehungen, die in die Betrachtung eingeschlossen werden können, was jedoch von der Definition der Unternehmensgrenzen abhängig ist (ausführlich van Mourik, 2010).

Leistungsbeurteilung des Agenten ermöglichen und dadurch dazu beitragen, potentielle Kosten unvollständiger Verträge zu reduzieren.[12]

Die Eigentums- und Verfügungsrechtetheorie greift sowohl Aspekte der Transaktionskostentheorie als auch der Agenturtheorie auf. Ausgangspunkt dieses Theoriestranges ist, dass die Ausgestaltung von Rechten die Allokation und Nutzung wirtschaftlich knapper Ressourcen auf spezifische und vorhersehbare Art und Weise beeinflusst (Furubotn/Pejovich, 1972: 1141-1148). Die Anreiz- und Verhaltenswirkung, die durch die (staatliche) Institutionalisierung von Eigentums- und Verfügungsrechten erzeugt wird, wirkt sich positiv auf die Erwartungssicherheit der Akteure aus. Sicherheit wird zunächst durch die Definition von Rechtsansprüchen erzeugt, die Akteure aus Verträgen und Gesetzen geltend machen können. Daneben werden die wirtschaftlichen Handlungsmöglichkeiten der Akteure eingeschränkt, da den Handlungen ein rechtlicher Rahmen auferlegt wird, der das legal zulässige Handlungsspektrum der Akteure begrenzt (North, 1990: 3-6). Das (nationale) Arrangement an Eigentums- und Verfügungsrechten prägt somit die (Transaktions-)Kosten wirtschaftlicher Austauschbeziehungen (Williamson, 1985).

Insgesamt folgt der ökonomische Institutionalismus einem breiten Institutionenverständnis. Der ökonomische Institutionenbegriff umfasst sowohl Routinen, Praktiken, Regeln und Standards, welche die Handlungsmöglichkeiten von Akteuren einschränken, als auch (rein) staatlich erlassene Gesetze (Schimank, 2007: 165). Wie anhand der Ausführungen zur Transaktionskostentheorie besonders deutlich wird, schließt das ökonomische Institutionenverständnis auch jegliche Formen organisationaler Ordnung (Governancestrukturen) wirtschaftlicher Prozesse mit ein, da sie ebenfalls dazu beitragen, die Erwartungs- und Entscheidungsunsicherheiten von Akteuren zu reduzieren und so die Effizienz wirtschaftlicher Aktivitäten und Prozesse verbessern (Streissler *et al.*, 2003: 8).

Zusammengefasst betrachtet sind Institutionen gemäß der neuen institutionenökonomischen Perspektive bewusst gestaltete verhaltensregulierende Maßnahmen, die Erwartungssicherheit erzeugen sowie freiwillig und auf Basis von Effizienzgesichtspunkten entstehen. Der Effizienzgedanke, d. h. Kosten-Nutzen-Kalküle, beherrscht dabei die Konfliktregelung und somit die Entstehung von Institutionen und ökonomischer Ordnung. Ist das Effizienzkriterium aufgrund der Kosten-Nutzen-Relation nicht mehr erfüllt, so führt die Dysfunktionalität unter ökonomischen Gesichtspunkten zwangsläufig zur Suche einer neuen Form der Konfliktregelung. Die Suche und Gestaltung effizienzerhaltender und

12 Für die Strukturierung von Akteursbeziehungen spielt insbesondere die Rechnungslegung eine bedeutende Rolle. Ausführlich wird dieses in Kapitel 3.3.1 dargestellt werden.

-steigernder Institutionen bildet daher den Forschungsschwerpunkt des ökonomischen Institutionalismus.

2.1.3 Politikwissenschaftlicher Institutionalismus

Der politische Institutionenbegriff umschließt alle politischen Regeln, Konventionen und Organisationen (Hall/Taylor, 1996: 936). Im engeren Sinne handelt es sich bei politischen Institutionen um Normen, die eine autoritär bestimmte Konfliktregelung vornehmen, deren Einhaltung durch geeignete Mittel und Instrumente durchgesetzt wird (Czada, 2005: 363). Demgemäß lassen sich unter politischen Institutionen grundsätzlich die politische Verfassung eines Landes verstehen sowie das gesamte System staatlich hergestellter Ordnung. Hierunter sind sowohl Gesetze und deren Regelungsinhalte als auch der organisatorische Aufbau des Regierungs- und Verwaltungsapparates zu verstehen. Schmalz-Bruns (1989: 3-11) sieht in politischen Institutionen ein Regelsystem, das der Herstellung einer „guten Ordnung“ dient. Hall (1986: 19) betont ebenfalls den ordnenden Aspekt politischer Institutionen:

> *„The concept of institutions...refers[s] to the formal rules, compliance procedures, and standard operating practices that structure the relationship between individuals in various units of the polity and economy.“.*

Der ordnende Aspekt politischer Institutionen bezieht sich also insbesondere auf deren strukturierende Funktion bzw. Wirkung bei der Gestaltung von Akteursbeziehungen (Steinmo *et al.*, 1992: 2). Daneben dienen politische Institutionen aber auch der Legitimierung administrativer Akteure, die mit der Erfüllung politischer Aufgaben betraut werden sollen (Csigo, 2006: 44).

Mit der Strukturierung der Interaktion zwischen Akteuren geht einher, dass den Mitgliedern einer Gesellschaft sowohl Rechte zugewiesen als auch Pflichten auferlegt werden (Czada, 2005: 363 ff.). Auch wenn es sich um autoritär bestimmte Regeln des Konfliktausgleichs handelt, erzeugen solche Regeln auf Seiten der betroffenen Akteure dennoch Erwartungssicherheiten (Hall/Taylor, 1996: 939). Im Hinblick auf wirtschaftliche Prozesse sei an dieser Stelle auf die im ökonomischen Institutionalismus angesprochenen Eigentums- und Verfügungsrechte hingewiesen. Die Verrechtlichung von Ansprüchen dient dem Ziel, Erwartungssicherheit zu schaffen sowie die Transaktionskosten wirtschaftlicher Tauschvorgänge zu minimieren. Der Vorgang der Verrechtlichung erfordert jedoch auch das Handeln politischer Akteure, was auf eine (enge) Verflechtung zwischen ökonomischen und politischen Prozessen bzw. Institutionen hindeutet (North/Weingast, 1989: 803-804).

Aus politikwissenschaftlicher Perspektive muss eine Institutionalisierung, wie beispielsweise von Eigentums- und Verfügungsrechten, jedoch nicht notwendigerweise dem Gesichtspunkt der Effizienz folgen. Auch wenn die Funktionsweise politischer und ökonomischer Institutionen miteinander vergleichbar ist, so unterscheidet sich doch die Art und Weise ihrer Institutionalisierung (Moe, 1990: 221). Eine Grundfrage politischen Handelns ist, wie (ökonomische) Akteure koordiniert werden können, damit auf gesamtgesellschaftlicher Ebene ein erstrebenswertes Verteilungsergebnis erzielt wird (Csigo, 2006: 41). Gemäß dem ökonomischen Ansatz der Konfliktregelung würde sich die Produktion einer Situation „wünschenswerter" Allokation als ein zu lösendes Effizienzproblem darstellen (Czada, 2005: 363 ff.). Eine politische Konfliktlösung stellt jedoch nicht nur allein auf materielle Werte ab, sondern es werden auch immaterielle Werte in die Konfliktlösung einbezogen (Moe, 1990: 221). Als immaterielle Werte gelten beispielsweise die Realisation von Freiheit oder Gerechtigkeit (Csigo, 2006: 33). Czada (1991: 257-258) argumentiert sogar so weit, dass ein ökonomischer Nutzen, der durch den Prozess der politischen Institutionalisierung entstünde, lediglich als ein Nebenprodukt der autoritären Konfliktlösung zu sehen wäre.

Politisches Handeln und damit auch die Koordination von (wirtschaftlichen) Akteuren gestaltet sich demnach in Übereinstimmung mit gesellschaftlichen Wertvorstellungen, die beeinflussen, was gesamtgesellschaftlich als wünschenswerte Allokation zu erachten ist. Moe (1990: 221-227) identifizierte diesbezüglich noch einen weiteren zentralen Sachverhalt, in dem sich die Logik politischer und ökonomischer Institutionalisierung elementar unterscheiden: Politisches Handeln ist gesellschaftlich legitimiert, sogar Umverteilungen (unter Einbezug der immateriellen Werte) gegen den Willen der Betroffen vorzunehmen, während ökonomisches Handeln auf Basis der Freiwilligkeit abläuft. Moe (1990: 213) assoziiert mit politischen Institutionen *„...weapons of coercion and redistribution."*, sieht in ihnen aber auch eine Möglichkeit *„...[to] mitigate collective-action problems..."*. Politische Institutionen entscheiden also, wie individuelle Präferenzen der Akteure gebündelt werden und ermöglichen die Zusammenfassung heterogener und gegensätzlicher Präferenzen in einer kollektiven Entscheidung, die für alle verbindlich ist.[13] Allerdings bedürfen politische Institutionen aufgrund ihres Zwangscharakters einer besonderen Legitimierung (Jansen, 2000: 7).

Die Möglichkeiten der Konfliktregelung unterscheiden sich daher fundamental – aufgrund dessen wird die Anwendung ökonomischer Erklärungsansät-

13 Moe (1990: 227) folgert aus dieser Überlegung auch, dass einer ökonomischen Ordnung immer eine politische Ordnung voraus geht.

ze zur Analyse politischer Prozesse bzw. politischen Handelns als nicht wirklich zweckmäßig angesehen (Jansen, 2000: 6). Analytischer Schwerpunkt des politikwissenschaftlichen Institutionalismus ist die Untersuchung wie politische Institutionen auf das Handeln politischer Akteure und den politischen Entscheidungsprozess wirken. Zentral ist hierbei, dass Institutionen durch (Leit-)Ideen geprägt wurden und institutionelle Arrangements daher als Verfestigung von Ideen in formalen Strukturen verstanden werden können (ausführlich dazu Campbell, 2002).

2.1.4 Soziologischer Institutionalismus

Neben dem politikwissenschaftlichen Institutionalismus stellt der soziologische Institutionalismus ebenfalls ein Gegengewicht zum ökonomischen Institutionalismus sowie der Maxime der Effizienz als Kriterium der Institutionalisierung dar (March/Olsen, 1984: 734-737; Hall/Taylor, 1996: 946). Der Ursprung des heutigen soziologischen Institutionalismus liegt in der soziologischen Organisationsforschung, weshalb oftmals auch vom organisationssoziologischen Institutionalismus gesprochen wird. Aus diesem Grund steht der Institutionenbegriff im soziologischen Institutionalismus auch synonym für Organisationen.

Das Institutionenverständnis des soziologischen Institutionalismus beschränkt sich nicht nur auf formale Regeln, Normen und Prozeduren, sondern umfasst ebenfalls gesellschaftliche Symbole und Moralvorstellungen (Hall/ Taylor, 1996: 947). Scott (2001: 38) definiert Institutionen als *„...cognitive, normative, and regulative structures and activities that provide stability and meaning to social behaviour.“*. Es ist somit ein sehr allgemein gefasster Institutionenbegriff, wobei auch immaterielle Werte nicht nur im Institutionalisierungsprozess aufgehen, sondern vielmehr für sich genommen eigenständige Institutionen darstellen.

Akteure befolgen institutionalisierte Regeln entgegen ihrer eventuell anders gerichteten individuellen Interessen aufgrund der von ihnen empfundenen *logic of appropriateness* (gesellschaftliche Angemessenheit) (March/Olsen, 1989: 22). Normen etwa sind als Formalisierung „angemessener“ Verhaltensweisen, deren Nichteinhaltung gesellschaftlich sanktioniert würde (Jepperson, 1991: 145). Institutionen sind also nicht im Sinne des politikwissenschaftlichen Institutionalismus als Zwangsnorm zu verstehen, die gegen den Willen von einigen Akteuren „durchgesetzt“ werden können. Institutionen haftet vielmehr eine derartige Legitimität an, dass sie ein regelkonformes Verhalten der Akteure veranlassen (March/Olsen, 1989: 22-26). Legitimität wird diesbezüglich interpretiert als Kongruenz der durch eine Institution repräsentierten Werte mit dem gesellschaftlichen Wertesystem oder umgekehrt (Meyer/Rowan, 1977: 344-345). Die Partizipation an einer Institution bestimmt sich demnach anhand von geteilten Wertvorstellungen, d. h., es herrscht eine Zielkonformität zwischen den Zielen der Akteure und den Zielen, die sich in der Institution manifestieren. Eine Übereinstimmung von Wertesystemen bedingt demnach die gesellschaftliche Akzeptanz bzw. Legitimität einer Institution (oder: Organisation) (March/Olsen, 1989: 118).

March/Olsen (1989: 188 ff.) unterscheiden diesbezüglich politische Institutionen in aggregative und integrative politische Institutionen. Aggregative Institutionen sind vertraglich fixierte Formen von Institutionen, an denen Individuen nur auf Basis des Eigennutzes teilnehmen. Integrative politische Institutionen entsprechen hingegen eher dem Institutionenverständnis, welches die normative Vorstellung der *logic of appropriateness* zum Ausdruck bringt und damit das zentrale Verständnis von Institutionen im soziologischen Institutionalismus. Die Partizipation von Akteuren an integrativen politischen Institutionen findet hierbei aufgrund ihrer Überzeugung von den Zielen, für die die Institution steht, statt. Teilhabe entsteht also auf Basis geteilter Wertvorstellungen, wodurch zum Ausdruck gebracht wird, dass es gemäß dieses Verständnisses von politischen Institutionen keine Aggregation verschiedener Interessen zu einer kollektiven Entscheidung geben kann, wie es im politikwissenschaftlichen Institutionalismus der Fall ist (Peters, 2005: 27).

Die Beziehung zwischen Institutionen und Akteuren ist insgesamt geprägt durch ein wechselseitiges Verhältnis von beiden Elementen. Institutionen bestimmen einerseits, was gesellschaftlich als angemessenes Verhalten zu deuten ist und nehmen daher Einfluss auf das Verhalten der Akteure. Andererseits tragen Akteure zur Legitimation von Institutionen bei, indem sie durch ihre Partizipation an der Institution deren allgemeine Akzeptanz stärken. Grundvoraussetzung dafür ist jedoch, dass Akteure ihr Verhalten an die Gewohnheiten der Institutionen anpassen (Csigo, 2006: 52). Das vorrangige Interesse des soziologischen Institutionalismus ist daher darauf ausgerichtet, zu erklären, wie die beiden zentralen Normen bzw. Grundprinzipien *Legitimität* und *Angemessenheit* entstehen. Daraus ergibt sich auch zwangsläufig der weitere Analysefokus des soziologischen Institutionalismus, nämlich, warum einige Institutionen als legitim angesehen werden und andere den Status der Legitimität nicht erreichen (Hall/Taylor, 1996: 949-950). Es wird deutlich, dass die technisch-ökonomische Effizienz im soziologischen Institutionalismus ebenso ein untergeordnetes Kriterium im Prozess der Institutionalisierung darstellt wie auch im politikwissenschaftlichen Institutionalismus. Die Legitimität von Institutionen steht im

Vordergrund, was sowohl im Hinblick auf die Entstehung als auch auf den Wandel von Institutionen gilt.

Die Übersicht über das Verständnis von Institutionen in den drei wissenschaftlichen Forschungsbereichen zeigt, dass trotz der disziplinären Trennung Gemeinsamkeiten im Verständnis von Institutionen erkennbar sind. Eine Gemeinsamkeit zeigt sich insbesondere darin, dass Institutionen der Stabilisierung von Entscheidungsmustern dienen und Erwartungssicherheit schaffen. Institutionen können zum einen handlungsermöglichender Natur sein und zum anderen strukturierendes Merkmal einer Gesellschaft bilden. Sie prägen das individuelle Verhalten von Akteuren und sind darüber hinaus Repräsentant gemeinsamer Wertvorstellungen von Akteuren (auch Peters, 2005: 155 ff.). Daneben wird aber auch deutlich, dass es gravierende Unterschiede gibt, insbesondere gilt dieses im Hinblick auf die Kriterien, an denen sich Institutionen messen lassen müssen bzw. wonach sich der Prozess der Institutionalisierung bemisst. Welche Rolle die jeweiligen Kriterien in Bezug auf die Veränderung von Institutionen spielen, steht im Mittelpunkt folgender Ausführungen.

2.2 Persistente institutionelle Arrangements

2.2.1 Theoretische Grundlagen: Pfadabhängigkeit

Disziplinübergreifend wird sich innerhalb der institutionalistischen Strömungen nicht nur mit der Entstehung, sondern ebenfalls mit dem Wandel von Institutionen auseinandergesetzt. Eng verbunden mit der Betrachtung und Erklärung von institutionellen Wandlungsprozessen ist das Konzept der Pfadabhängigkeit, das insbesondere als Erklärungsansatz für die Dauerhaftigkeit von Institutionen bzw. institutioneller Arrangements herangezogen wird. Kerngedanke des Konzepts ist die *history matters* These (dazu North, 1990: 100). Das bedeutet, in der Vergangenheit liegende Prozesse oder Entscheidungen sind ebenfalls relevant für nachfolgende (Weiter-)Entwicklungsprozesse von ökonomischen, politischen und/oder sozialen Institutionen. Das Pfadabhängigkeitskonzept distanziert sich damit grundlegend von einer ahistorisch geprägten Sichtweise auf Institutionen (Duschek, 2010: 232). In der Ökonomie wurde sich dadurch beispielsweise von der zentrale Thesen *„bygones are bygones"* (Teece *et al.*, 1997: 522) emanzipiert, was so viel bedeutet, dass frühere Entscheidungen irrelevant für gegenwärtige Entscheidungen sind.

Auch in den Politikwissenschaften und der (Organisations-)Soziologie wird Pfadabhängigkeit als Erklärungsansatz für die Persistenz institutioneller Arrangements aufgegriffen (z. B. Werle, 2007). Insbesondere in den Politikwissenschaften stellt das Pfadabhängigkeitskonzept das theoretische Grundgerüst dar, um die Reformträgheit politischer Institutionen, wie beispielsweise des deutschen Alterssicherungssystems (z. B. Czada, 2003: 69 ff.), zu erklären. Den Kern bildet dabei die Frage, inwiefern durch historische Entscheidungen eine politische Weichenstellung bedingt wurde, die sich derartig langfristig auf die politische Ordnung eines Landes auswirkt, dass sich einzelne Politikfelder einem Gestaltungszugriff entziehen (z. B. Thelen/Steinmo, 1992: 1 ff.; Pierson, 2000: 251-267; Schimank, 2007: 169).

Seinen Ursprung hat der Begriff der Pfadabhängigkeit jedoch in der Technologieforschung und der Erforschung der ökonomischen Gründe für die Verbreitung technologischer Innovationen. Begründer der originären Pfadabhängigkeitstheorie sind David (1985) und Arthur (1989). Ausgangspunkt ihrer Überlegungen zur Pfadabhängigkeit ist die Beobachtung, dass sich die Attraktivität einer technologischen Innovation bzw. einer zufällig gewählten Alternative mit steigender Anzahl an Nutzern erhöht. Der Grad der Diffusion einer Technologie kann dabei ein so gravierendes Ausmaß erreichen, dass die Effizienzvorteile alternativer Technologien überkompensiert werden. Langfristig kann dies einen *lock-in* auf einer ineffizienten Lösung zur Folge haben (Liebowitz/Margolis, 1995: 205).

Als Musterbeispiel für Pfadabhängigkeiten gilt die Konfiguration von Schreibmaschinen- und Computertastaturen, das im Jahr 1985 von David 1985 in seinem Aufsatz *Clio and the Economics of QWERTY* präsentiert wurde. Die QWERTY-Tastenbelegung, die im Jahr 1886 von Christopher L. Sholes eingeführt wurde, hat sich als Standardtastaturbelegung behaupten können. Der Erfolg der QWERTY-Tastenbelegung begründet sich jedoch nicht auf Basis ihrer Effizienzvorteile, da sie anderen Tastenanordnungen (z. B. der Dvorak-Tastatur) im Hinblick auf deren Effizienz (z. B. Fehlerhäufigkeit oder Geschwindigkeit) unterlegen ist. Vielmehr gilt lediglich der Zeitpunkt der Einführung als ausschlaggebend für ihre heutige Dominanz (Liebowitz/Margolis, 1995: 213). Arthur (1989) modifizierte die Darstellung von Pfadabhängigkeiten bzw. pfadabhängiger Prozesse mittels der Polya-Urne.[14] Das Polya-Urnenmodell zeigt auf,

14 Beim Polya-Urnenmodell handelt es sich um ein Beispiel aus der Stochastik, das Arthur (1989) zur Illustrationen der Pfadabhängigkeit verwendet hat. In einer Urne befinden sich zunächst zwei Kugeln mit unterschiedlicher Farbe. Die Wahrscheinlichkeit, eine Kugel der einen oder der anderen Farbe zu ziehen, ist anfänglich gleichverteilt (je 50 Prozent). In den darauffolgenden Schritten wird zufällig eine Kugel aus der Urne gezogen, und zusammen mit einer weiteren Kugel der gezogenen Farbe wieder zurück in die Urne getan. Hierdurch verschiebt sich die Verteilung der farbigen Kugeln zu Gunsten der gezogenen Farbe. Die Wahrscheinlichkeit, dass im nächsten Schritt wieder eine Kugel der zuvor gezogenen Farbe entnommen wird, steigt: Ein selbstverstärkender Prozess

dass trotz gleicher Ausgangsvoraussetzungen im Prozessverlauf eine Verschiebung zugunsten einer Alternative stattfindet, was letztendlich zu einem *lock-in by historical events* führt.

Liebowitz/Margolis (1995: 206-212) unterscheiden in einer effizienztheoretischen Konzeption unterschiedliche Grade von Pfadabhängigkeiten, die sich auf die Beständigkeit bzw. Dauerhaftigkeit ineffizienter Zustände beziehen, d.h. inwiefern der ineffiziente Zustand „geheilt“ werden könnte. Das QWERTY-Phänomen kann dabei der ausgeprägtesten Form von Pfadabhängigkeit zugeordnet werden. Diese Kategorie widerspricht dem neoklassischen Paradigma der effizienten Allokation am stärksten, da sie im Vergleich zu den anderen beiden Kategorien nicht mehr *ex post* korrigiert werden kann. Als kontinuitätserzeugende und -sichernde Mechanismen werden diesbezüglich *increasing returns* (steigende Skalenerträge) und *positive feedbacks* (positive Rückkopplungseffekte) identifiziert (Arthur, 1989). Steigende Skalenerträge können, intensiviert durch positive Rückkopplungseffekte, bewirken, dass sich die Struktur eines System auf Basis der zuvor stattgefundenen Ereignisse verfestigt (Arthur, 1989: 127). Bezogen auf die Diffusion von Technologien stimulieren positive Rückkopplungseffekte eine Nachfrage weiterer Nutzer, so dass sich der Nutzen einer Technologie für alle Anwender derart erhöht, dass ein späteres Verlassen des eingeschlagenen Pfades verhindert wird. Es entsteht ein sich selbstverstärkender Prozess.

In der Literatur werden verschiedene Arten positiver Rückkopplungseffekte diskutiert, wobei deren Begrifflichkeiten teils uneinheitlich, teils überlappend verwendet werden (siehe Ackermann, 1999: 46). Ackermann (1999: 46) hat daher eine Verdichtung auf vier Hauptarten vorgenommen: (1) Skalenerträge, (2) Netzwerkexternalitäten, (3) Eigendynamik kollektiver Lernprozesse und (4) Komplementarität technologischer Systeme. Die Ursache-Wirkungsbeziehung der positiven Rückkopplungseffekte werden aufbauend auf Ackermann (1999: 47-58) in Tabelle 2 dargestellt.

---

entsteht. Es zeigt sich, dass insbesondere die ersten Runden der Ziehungen entscheidend sind für die spätere Zusammensetzung der Kugeln in der Urne, da die mathematischen Wahrscheinlichkeit relativ schnell zu einer Verschiebung zu Gunsten einer Farbe führen (Pfadabhängigkeit).

Tabelle 2: Ursache-Wirkungsbeziehung positiver Rückkopplungen; Quelle: eigene Darstellung

Ursache	Wirkung
Skalenerträge (z. B. David, 1985: 334; Arthur, 1989: 126)	*Economies of scale* beschreiben die inverse Beziehung zwischen Outputmenge und Stückkosten. Bei steigendem Output findet aufgrund der Fixkostendegression eine Bewegung entlang der Durchschnittskostenkurve statt (statische Skalenerträge), zudem können Lernkurveneffekte eine Verschiebung der Durchschnittskostenkurve bewirken (dynamische Skalenerträge). Beides stärkt die Konkurrenzfähigkeit von Unternehmen bzw. baut *first-mover-advantages* aus, wodurch die Attraktivität einer Technologie steigt und durch Marktexpansion sowie technologischem Lernen ein selbstverstärkender Effekt eintreten kann.
Eigendynamik kollektiver Lernprozesse (z. B. David, 1985: 335-336)	Die Eigendynamik kollektiven Lernens rekurriert auf Lerneffekte, die bezogen auf die Nutzerseite einer Technologie eine technologische Bindung aufgrund der Aneignung spezifischen Wissens über die Technologie bewirken (*quasi-irreversibility of investment*). Ein Wechsel der Technologie würde hierbei hohe Wechselkosten verursachen. Ein weiterer Aspekt der Eigendynamik bezieht sich auf den Rückkopplungseffekt der Kaufentscheidung einzelner auf die Entscheidung möglicher anderer Käufer, wodurch ein selbstverstärkender Prozess ausgelöst werden kann.
Netzwerkexternalitäten (z. B. Katz/Shapiro, 1985: 424-426)	Netzwerkexternalitäten beschreiben den positiven Zusammenhang zwischen dem Nutzen einer Technologie und der Anzahl der Nachfrager/Nutzer. Je höher der Grad der Verbreitung der betreffenden Technologie, desto höher ist der damit in Verbindung stehende Nutzen (positive Externalität). Kompatibilität zwischen Nutzern wird hierbei also als wesentliche Ursache des positiven Rückkopplungseffekts angesehen.
Komplementarität technologischer Systeme (z. B. David, 1994: 214)	Interdependenzen zwischen technologischen Produkten stellen den Übergang von der Kompatibilität (Netzwerkexternalitäten) zwischen Nutzern dar. Technische Komponenten sowie Kompetenzen werden hierbei als Bündel betrachtet, deren Nutzen in einem wechselseitigen Abhängigkeitsverhältnis steht. Die Systembestandteile müssen daher bei der Weiterentwicklung des technologischen Systems berücksichtigt werden, was sich in deren Veränderungsgeschwindigkeit niederschlagen kann, da den Teilnehmern des Systems (Konsumenten, Produzenten etc.) durch die Komplementaritäten Restriktionen auferlegt werden.

Alle vier Verstärkungseffekte können auf ihre Weise die Entstehung von Pfadabhängigkeiten bedingen, da sie zur Entstehung von *increasing returns* beitragen. Die Erläuterungen der Ursache-Wirkungs-Beziehungen zeigen auch, dass sich die Herausbildung von Pfadabhängigkeiten als (evolutorischer) Prozess gestaltet. Der Prozess zur Pfadabhängigkeit lässt sich in verschiedene Teilphasen unterteilen. Schreyögg *et al.* (2011: 323-326) unterscheiden diesbezüglich drei Phasen, wie Abbildung 1 veranschaulicht, die sich an die von Arthur (1989) beschriebenen Merkmale des Ergebnisses selbstverstärkender Mechanismen richten.

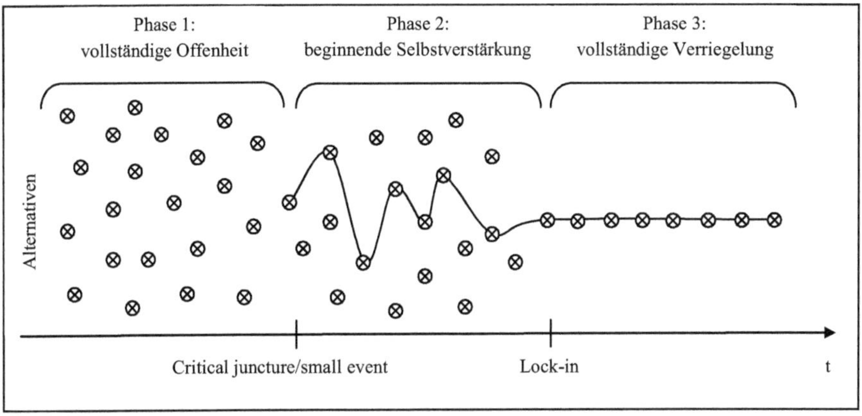

Abbildung 1: Phasenmodell der Pfadabhängigkeit; Quelle: angelehnt an Sydow et al. (2009: 692)

Charakteristisch für die erste Phase ist, dass eine Vielzahl gleichwertiger Entscheidungsoptionen bzw. -alternativen vorhanden ist und der Selektionsprozess vollständig offen und ungerichtet stattfindet. Es ist somit unvorhersehbar, welche der Alternativen sich durchsetzen wird. Für den Übergang von der ersten zur zweiten Phase ist das Auftreten eines *small event* bzw. einer *critical juncture* notwendig, wodurch der zufällige Auswahlprozess in einen Korridor gelenkt wird, der sich durch die entstehenden positiven Rückkopplungseffekte immer weiter verengt. Die durch die selbstverstärkenden Prozesse zunehmende Irreversibilität der Entscheidungen führt dann letztendlich zum *lock-in*, was zugleich den Übergang von der zweiten zur dritten Phase darstellt. Die dritte Phase beschreibt die *Lock-in-Phase*. Charakteristisch für sie ist die vollständige Verriegelung des Marktes durch eine Technologie (statisches Gleichgewicht), auch wenn diese sich im Nachhinein als ineffizient herausgestellt hat. Eine Auflösung dieses Zustandes ist dann nur durch sogenannte exogene Schocks bzw. radikale Veränderungen möglich (z. B. Djelic/Quack, 2007: 165). Die positiven Rückkopplungseffekte bedingen somit nicht nur die Entstehung, sondern auch die Stabilität der Verbreitung von Technologien.

Das Konzept der Pfadabhängigkeit im technologischen Bereich wird wenig später auch in die sozialwissenschaftlichen Forschung aufgenommen und in Bezug auf die verschiedenen Institutionenverständnisse adaptiert und erweitert (überblicksartig Djelic/Quack, 2007: 164-165). Einem sehr allgemeinen Verständnis von institutioneller Pfadabhängigkeit folgend wird unter Pfadabhängigkeit eine historische Entwicklung verstanden, die Einfluss nimmt auf das mögliche Ergebnis einer Reihe von nachfolgenden Ereignissen bzw. Entscheidungen. Dieses Verständnis von Pfadabhängigkeit folgt der zumeist relativ unbestimmt bleibenden *history matters* Hypothese (siehe North, 1990: 100). Enger anlehnend an das Verständnis des Pfadabhängigkeitsprozesses von David (1985) und Arthur (1989) definiert Mahoney (2000: 507) institutionelle Pfadabhängigkeit als *„[...] historical sequences in which contingent events set into motion institutional patterns or event chains that have deterministic properties.“*. Ein vollständiger *lock-in* wie im Beispiel der QWERTY-Tastatur ist hier zwar in der Regel nicht zu beobachten, allerdings sorgen pfadabhängige Prozesse für eine hohe Stabilität von Institutionen, deren Veränderung daher nur inkrementell verläuft (Werle, 2007: 123).

Der eher prozessbezogenen und stark an der Reproduktion institutioneller Arrangements orientierten Sichtweise von Pfadabhängigkeiten steht die Interpretation von Pfadabhängigkeiten der *varieties of capitalism*-Forschung gegenüber (Hall/Soskice, 2001). Die Fragestellungen in den *varieties of capitalism* sind eher darauf ausgerichtet, zu ergründen, wie der gegebene institutionelle Rahmen von Nationalstaaten das Verhalten und die Interaktion zwischen ökonomischen Akteuren beeinflusst oder beschränkt. Die Untersuchung der Faktoren, die das nationale institutionelle System stabilisieren und damit deren Persistenz bewirken, hat hier erst kürzlich an Bedeutung gewonnen (Djelic/Quack, 2007: 164).[15]

North (1992: 109-114) überträgt die Mechanismen positiver Rückkopplungseffekte, die zur Entstehung von *increasing returns* im Fall von Technologien führen, auf den Prozess der Institutionalisierung und erörtert diesbezüglich die Entstehung von Pfadabhängigkeiten. Im Hinblick auf die fortlaufende Stabilität von Institutionen adaptiert North (1992: 112-113) insbesondere den Selbstverstärkermechanismus der Komplementarität technologischer Systeme. North (1993: 37-38) stellt klar heraus, dass die Ursache institutioneller Pfadabhängigkeiten weniger auf einzelne Institutionen zurückzuführen ist, sondern vielmehr auf die Gesamtheit des institutionellen Arrangements (*institutional matrix*). So können beispielsweise staatliche Aktivitäten durch private und formlose Maßnahmen induziert werden, die diese daraufhin durch formgebundene Regeln er-

15 Die vorliegende Arbeit wird sich auf beide Sichtweisen von Pfadabhängigkeiten beziehen, wobei der Analyseschwerpunkt eher auf den Faktoren liegen wird, die eine Stabilität bzw. Persistenz von Rechnungslegungssystemen verursachen.

gänzen und umgekehrt (North, 1992: 113). Institutionen – informelle wie auch formelle – stehen somit in einem wechselseitigen Zusammenhang und erzeugen dadurch eine Pfadabhängigkeit institutioneller Arrangements, die erklärt, warum weniger leistungsfähige Ökonomien nicht einfach das institutionelle Arrangement effizienterer Wirtschaftssysteme übernehmen.

In einem stärker systematisierten Verständnis findet sich eine ähnliche Argumentation inzwischen auch in der *varieties of capitalism*-Forschung. Hier werden Nationalstaaten als komplexe institutionelle Systeme verstanden, die sich aus mehreren institutionellen Subsystemen zusammensetzen, wie beispielsweise das Produktionssystem von Unternehmen, das Finanzsystem, das Rechtssystem oder das Corporate Governance-System. Die Interdependenz und Komplementarität dieser Subsysteme bewirken eine gegenseitigen Stärkung sowie Rechtfertigung des Fortbestandes jedes einzelnen institutionellen Subsystems, wodurch die Stabilität des Gesamtsystems begründet wird (z. B. Hall/ Soskice, 2001).

Bezogen auf die Elemente eines einzelnen Systems definieren Schmidt/ Spindler (2002: 318 f.) Komplementarität als *„[e]lements...that fit together well...[so] that they mutually increase their benefit in terms of whatever the objective function or the standard for evaluating the system may be, and/or mutually reduce their disadvantages or costs."*. Sofern alle Systemelemente als komplementär angenommen werden können, ist das System insgesamt als konsistent zu bewerten (Schmidt/Spindler, 2002: 319). Entsprechendes würde folglich auch für die Betrachtung komplexerer institutioneller Systeme gelten. Die Eigenschaft des lokalen Optimums, die konsistente Systeme zumindest erfüllen, und die *switching costs*, die mit Veränderungen von einzelnen Elementen oder einzelnen Subsystemen assoziiert werden, erzeugen diesbezüglich die Pfadabhängigkeit institutioneller Systeme (Schmidt/Spindler, 2002). Diese Sichtweise der Pfadabhängigkeit von Institutionen ist jedoch sehr stark funktionalistisch geprägt. Eine institutionelle Reproduktion begründet sich auf der Einbettung von Institutionen in ein größeres übergeordnetes System, wodurch möglicherweise ineffiziente Institutionen bzw. institutionelle Arrangements überleben.

Daneben werden aber auch andere Ursachen institutioneller Pfadabhängigkeit diskutiert, die sich weniger stark funktionalistisch verorten. Pierson (2000: 259-263) unterstreicht beispielsweise die Bedeutung von unterschiedlichen Machtkonstellationen in der Gesellschaft zur Erklärung der Veränderungsresistenz von Institutionen. Die Ungleichverteilung von Macht zwischen gesellschaftlichen Gruppen wird hierbei als ausschlaggebender Faktor für institutionelle Pfadabhängigkeiten angesehen. Die Verfestigung der Machtunterschiede in Institutionen begünstigt nämlich eine bestimmte gesellschaftliche Gruppe gegenüber einer anderen Gruppe, welche dadurch in der Lage ist, ihre Einflussnahme auf die Institutionen weiter auszubauen (Mahoney, 2000: 521-522).

Darüber hinaus werden auch Ideen und Leit- bzw. Wertvorstellungen als Ursache für die Kontinuität von Institutionen herangezogen. Ideen und Leit- bzw. Wertvorstellungen konstituieren dabei eine bestimmte Vorstellung von dem, was als „richtig" zu erachten ist, wodurch sie zur Legitimierung von Institutionen beitragen. Mit fortschreitender Legitimierung von Institutionen bilden diese gesellschaftlichen Vorstellungen somit den Hintergrund der institutionellen Reproduktion (Scott, 1987: 493-501; Mahoney, 2000: 523-525). Staatliche Institutionen sollen beispielsweise die in der Gesellschaft vorherrschenden Leit- und Wertvorstellungen reflektieren. Sofern sich diese gesellschaftlichen Vorstellungen nicht ändern, bleiben (staatliche) Institutionen in den gesellschaftlich vorherrschenden Mustern verhaftet und bestimmen dadurch weiterhin das staatliche Handeln (Csigo, 2006: 46; Thelen, 2008: 214-222). Ein ähnlicher Grundgedanke findet sich auch bei North (1992: 113), der argumentiert, dass Lernen eine Pfadabhängigkeit in Ideen und Ideologien verursacht, welche sich auf Institutionen auswirkt, da Institutionen eine Reflexion des Lernprozesses darstellen.

Aus diesen Überlegungen kann ein anders gelagertes Verständnis von Komplementarität abgeleitet werden, das nicht allein auf der Komplementarität von Institutionen mit dem institutionellen System basiert. Institutionen verhalten sich somit nicht nur komplementär zu anderen Institutionen, sondern auch zu gesellschaftlichen Machtkonstellation sowie Leit- und Wertvorstellungen. Diese Komplementaritätsannahme abstrahiert dementsprechend von einer rein funktionalistischen Sichtweise der Pfadabhängigkeit, da davon auszugehen ist, dass sich beispielsweise gesellschaftliche Leit- und Wertvorstellungen zu einem gewissen Umfang in jeglichen Institutionen widerspiegeln und Änderungen daher eine gewisse Kompatibilität dazu aufweisen müssen (Höpner, 2005: 332-334). Institutionelle Pfadabhängigkeit im Zusammenhang mit komplementären Faktoren kann daher als ein zentrales Konzept verstanden werden, um lediglich inkrementelle Veränderungsprozesse von Institutionen zu erklären – also warum sich die institutionelle Ordnung eines Landes nur in kleinen Schritten verändert (z. B. Hall/Soskice, 2001). Insbesondere im Kontext der zunehmenden internationalen Interdependenzen und Verflechtungen, die einen zu vermutenden Konvergenzdruck ausüben, scheint dieses Konzept einen Erklärungsgehalt für die Persistenz institutioneller Arrangements zu liefern.

2.2.2 Gründe für die Persistenz der Rechnungslegungsregulierung

2.2.2.1 Vorbemerkungen

Auch in der Rechnungslegungsforschung hat sich ein komparatistischer Forschungsbereich herausgebildet, der die institutionalistische Argumentation aufgreift. Zunächst war die vergleichende Rechnungslegungsforschung darauf ausgerichtet, Länderunterschiede in der Bilanzierungspraxis von Unternehmen aufzudecken und zu untersuchen (z. B. Mueller, 1968). Mit Ende der 1970er Jahre wurde auch immer stärker die institutionelle Umwelt, in die die Rechnungslegung eingebettet zu sein schien, in den Fokus der Untersuchung gerückt (z. B. Frank, 1979; Nair/Frank, 1980). Dementsprechend entstand eine Diskussion, inwiefern nationale Unterschiede in der Regulierung der Rechnungslegung ebenfalls auf Basis des sonstigen institutionellen Arrangements erklärt werden können. Diesbezüglich hat sich ein Verständnis der Rechnungslegungsregulierung als Funktion oder Abbildung seiner Umwelt herausgebildet, d. h. Rechnungslegungsregulierung als komplementäres Gegenstück zu seiner sonstigen institutionellen Umwelt (z. B. Choi/Mueller, 1984; Nobes/Parker, 2008; Roberts *et al.*, 2008). Eine ausführliche Übersicht über die vielfältigen Ansätze des Vergleichs von Rechnungslegungssystemen geben Zimmermann/Werner (2009).

Hinsichtlich der Fülle möglicher komplementärer Beziehungen, die in der Literatur bisher diskutiert werden, haben sich insbesondere das Rechts- und Finanzsystem eines Landes als Erklärungsfaktoren durchgesetzt, um Unterschiede in der Rechnungslegungsregulierung zu erklären. Beide Erklärungsfaktoren haben in den 1990er Jahren stark an Bedeutung gewonnen. Anfang der 1990er Jahre führten Salter/Doupnik (1992) das Rechtssystem als analytischen Ausgangspunkt zur Untersuchung internationaler Unterschiede in der Rechnungslegungsregulierung ein. Ende der 1990er Jahre wurde die komplementäre Beziehung zwischen Finanzsystem und Rechnungslegung insbesondere von Nobes (1998) in den Mittelpunkt der Untersuchung gerückt. Teilweise wird die Rechnungslegung als Subsystem des jeweils betrachteten Systems begriffen: Leuz/Wüstemann (2004: 452) verstehen die Rechnungslegungsregulierung beispielsweise als Subsystem des Finanzsystems. Vor dem Hintergrund dieser eher funktionalen Komplementaritäten wird ebenfalls diskutiert, warum trotz zunehmender internationaler Interdependenzen Harmonisierungsbestrebungen einzelner Organisationen und einer Konvergenz im Bereich des Konzernabschlusses Unterschiede in der Rechnungslegung fortzubestehen scheinen (z. B. Leuz, 2010). Diese Unterschiede betreffen insbesondere Pfadabhängigkeiten in der Regulierung des Einzelabschlusses und der in einem Land dominanten Funktion der Rechnungslegung (Informations- *versus* Ausschüttungsbemessungsfunktion).

2.2.2.2 Unterschiede im Rechtssystem

In der Literatur finden sich mehrere Ansätze, die Ausprägungen von Rechtssystemen zu typologisieren. In Abhängigkeit von der gewählten Perspektive können Schlussfolgerungen bzw. Rückschlüsse auf die Entstehung unterschiedlicher Regulierungssysteme der Rechnungslegung gezogen werden. Die gebräuchlichste Art und Weise Rechtssysteme voneinander zu unterscheiden, erfolgt auf Basis von Rechtsfamilien. Auch wenn sich der rechtliche Rahmen zweier Länder grundsätzlich unterscheidet, gibt es dennoch Gemeinsamkeiten bezüglich gewisser wichtiger Aspekte zwischen nationalen Rechtssystemen, die eine Zusammenfassung in Rechtsfamilien rechtfertigen (z. B. David/Brierley, 1985; Zweigert/Kötz, 1996). Abgrenzungskriterien von Rechtssystemen oder Rechtsfamilien, die in der Literatur genannt werden, sind u. a. der sozio-historische sowie ideologische Hintergrund von Ländern, die charakteristischen Einrichtungen des Rechtssystems und diejenigen Quellen, die als Rechtsquelle Anerkennung finden (ausführlich Zweigert/Kötz, 1996: 68; Glendon *et al.*, 2002: 4-5).

Auf Grundlage dieser Gemeinsamkeiten werden nationale Rechtssysteme überlicherweise in zwei große Kreise von Rechtsfamilien unterteilt: in *common law* Länder (auch: angloamerikanische Rechtsfamilie) und in *code law* Länder (auch: kontinentaleuropäische Rechtsfamilie).[16] Das *common law* hat seinen Ursprung im englischen Recht, während das *code law* an die Traditionen des ehemaligen römischen Rechts anknüpft (La Porta *et al.*, 1998: 1115). Innerhalb der Gruppe des kontinentaleuropäischen Rechts kann des Weiteren eine Unterteilung in drei Untergruppen vorgenommen werden: französisches, deutsches und skandinavisches *code law*. Tabelle 3 liefert einen beispielhaften Überblick über die Zuordnung von Ländern zur jeweiligen Rechtsfamilie.

16 Code law Länder werden teilweise auch als civil law Länder bezeichnet (z. B. La Porta *et al.*, 1998: 1115).

Tabelle 3: Rechtsfamilien und Länderbeispiele; Quelle: LaPorta et al. (2008: 289)

Rechtsfamilie		Länderbeispiele
common law		Großbritannien, USA, Kanada (ohne Quebec), Irland, Australien, Indien
code law	französischer Prägung	Frankreich, Belgien, Niederland, Spanien, Italien
	deutscher Prägung	Deutschland, Japan (zum Teil), Österreich, Schweiz
	skandinavischer Prägung	Dänemark, Finnland, Island, Norwegen, Schweden

Grundlegende Unterschiede zwischen den beiden großen Rechtstraditionen können insbesondere hinsichtlich der originären Art und Weise der Rechtssetzung bzw. -entstehung sowie der Rechtsfortbildung festgestellt werden (Werner, 2006: 44). Charakteristisch für die angloamerikanische Rechtsfamilie ist, dass die Rechtsentstehung zumeist durch richterliches Fallrecht (Richterrecht) und Präjudizen geprägt ist.[17] Einzelfallentscheidungen durch die Gerichtspraxis der Gerichtshöfe sind für den jeweilig verhandelten Fall bindend und dienen als Rechtsgrundlage für vergleichbare Sachverhalte sowie die mögliche Übernahme in Gesetzesrecht (Jaggi/Low, 2000: 500). Durch die geringe Dichte an Gesetzesrecht findet eine Weiterentwicklung des rechtlichen Rahmens oftmals unter Mitwirkung von Experten oder privatrechtlicher Organisationen statt, was zu einer Rechtsfortentwicklung durch sog. Expertenrecht führt (Armour, 2005: 22). Im Gegensatz dazu sind für das Recht der kontinentaleuropäischen Rechtsfamilie kodifizierte Rechtsnormen charakteristisch, die für einen möglichst weitgefassten Kreis von Adressaten rechtsverbindlich sein sollen. Verglichen mit dem Einzelfallbezug des Richterrechts in *common law* Ländern sind die abstrakten gesetzlichen Normen in *code law* Ländern universell anwendbar für alle Einzelfälle. Die Judikative übernimmt hier die Aufgabe, auftretende Gesetzeslücken durch Rechtsauslegung zu schließen bzw. unbestimmte Rechtsbegriffe genauer zu bestimmen (Husa, 2006: 382 ff.). Gesetze nehmen also eine primäre Stellung als Rechtsquelle ein, während diese Stellung dem Richter- bzw. Fallrecht in der Rechtsfamilie des *common law* zuteil wird. Zweigert/Kötz (1996: 69) fassen die Unterschiede in der juristischen Denkweise zwischen beiden Rechtsfamilien wie folgt zusammen:

17 Anstelle von *common law* wird dementsprechend auch von der Rechtstradition des *case law* (Fallrecht) gesprochen.

"Das englische Common Law hat sich von Entscheidung zu Entscheidung durch eine allmählich wachsende Tradition entwickelt; es ist seiner historischen Herkunft nach nicht Gesetzesrecht, sondern Fallrecht. Dagegen ist der Weg auf dem Kontinent seit der Rezeption des römischen Rechts [...] zur abstrakten Normierung in nationalen Gesetzbüchern fortgeschritten. Die Wissenschaft des Common Law ist so in ihrem Ursprung forensisch, die kontinentale scholastisch.".

Das generelle System der Rechtssetzung in Ländern wird auch als Erklärungsfaktor für Unterschiede zwischen Ländern in der Art und Weise der Regulierung der Rechnungslegung bzw. der Entstehung von Rechnungslegungsnormen herangezogen (Nobes/Parker, 2011: 33) Rechnungslegungsregeln in *common law* Ländern basieren üblicherweise auf Rechnungslegungspraktiken, Empfehlungen und/oder Standards, die durch den privatrechtlichen Sektor, d. h. durch berufsständische oder berufsstandsnahe Organisationen herausgegeben werden (Alexander/Archer, 2000: 545). So werden beispielsweise in den USA Rechnungslegungsstandards durch das privatrechtliche FASB konzipiert, welche durch Regelungen anderer Akteure oder eine branchenübliche Bilanzpraxis ergänzt werden.[18]

Rechnungslegungsregeln in *code law* Ländern werden bzw. wurden hingegen ursprünglich durch Parlamente kodifiziert (Werner, 2006: 56).[19] Die detaillierten Regeln sind überwiegend Bestandteil des Gesellschaftsrechts oder Handelsrechts; typischerweise wird daher in *code law* Ländern, wie beispielsweise Deutschland, auch vom Bilanzrecht gesprochen (z. B. Moxter, 2007). Einschränkungen der eindeutigen Unterscheidbarkeit der Rechnungslegungsregulierung auf Basis der Rechtsfamilie haben sich aber beispielsweise in der EU durch die Anerkennung der IFRS als maßgeblicher Standard für die Konzernrechnungslegung für kapitalmarktorientierte Unternehmen ergeben.[20] Hierdurch

18 Ein Beispiel für die Bilanzierung gemäß branchenüblicher Bilanzierungspraktiken in den USA ist die Bilanzierung vom Emissionsrechten, wobei es sich um einen spezifischen Standard der amerikanischen Energiebranche handelt (siehe Veith, 2010: 88-89). Der Gesamtumfang des durch berufsständische oder ähnliche Organisationen gesetzten Regelwerks der US-amerikanischen Rechnungslegung wurde ehemals im *House of GAAP* geregelt (z. B. Haller, 1994: 76), welches im Jahr 2009 durch die sogenannten *FASB Accounting Standards Codification* ersetzt und neu hierarchisiert wurde (Zülch/ Pronobis, 2009).

19 Nähere Ausführungen zu den Veränderungen des ursprünglichen Normierungssystems der Rechnungslegung in *code law* Ländern finden sich dazu in den Kapiteln 3.4 und 4.3.

20 Eine eindeutige Unterscheidbarkeit zwischen anglo-amerikanischer und kontinentaleuropäischer Normsetzung in der Rechungslegung wird jedoch als fragwürdig erachtet, sofern die Gesamtheit aller Quellen betrachtet wird, die zur Erstellung von Jahresabschlüssen herangezogen werden (ausführlich Alexander/Archer, 2000: 550-555; Werner, 2006: 56-58).

wurden die Regeln aus dem nationalen Rechtssystem der europäischen *code law* Länder herausgelöst. Auch wenn die Grenzen vielleicht zunehmend undeutlicher werden, bleibt doch der wesentliche Unterschied von nicht-staatlicher *versus* staatlicher Regulierung der Rechnungslegung zumindest auf der Ebene des Einzelabschlusses bestehen. Analog zur Unterscheidung der Rechtsfamilien werden auch Rechnungslegungssysteme zum Teil in Systeme angloamerikanischer bzw. kontinentaleuropäischer Prägung eingeteilt (Nobes, 1983: 1-19).

Ausgehend von der Rechtstradition der Länder bestehen nicht nur basale Unterschiede in der Normsetzung, sondern zudem haben sich auch grundlegende Differenzen hinsichtlich der materiell-inhaltlichen Zielsetzung der Rechungslegung ergeben. Der Informationscharakter der Rechnungslegung in *common law* Ländern spiegelt sich in der Entscheidungsnützlichkeit als wesentliche Zielsetzung der Rechnungslegung wider, während die Funktion der Ausschüttungsbemessung (i. e. S. Gläubigerschutzfunktion) der Rechnungslegung typischerweise mit Ländern assoziiert ist, die der Rechtstradition des *code law* folgen (Zwirner, 2007: 40-46). Rückschlüsse bezüglich der Entstehung der funktionalen Unterschiede der Rechungslegung werden auf Basis unterschiedlicher Vertragsfreiheiten abgeleitet, die sich aus der Natur der Rechtssetzung und dem rechtlichen Rahmen der beiden Rechtsfamilien ergeben. Vertragsfreiheit kann auf unterschiedliche Weise differenziert werden: Jegliche Gestaltung von vertraglichen Rechten und Pflichten kann zum einen den Individuen selbst, d. h. den möglichen Vertragspartnern, zugeschrieben sein. Zum anderen können ausgehend von einer grundsätzlichen Vertragsfreiheit transaktionskostensenkende Standardverträge durch staatliche Regulierungen erlassen werden, die bereits gewisse Vertragspflichten und –rechte regeln. Aufgrund des Fallrechts ist die individuelle Vertragsabsicherung typisch für das *common law* Rechtssystem, da der individuelle Gestaltungsspielraum von Vertragsparteien eher wenig durch den gesetzlichen Rahmen eingeschränkt wird. Letzteres gilt dementsprechend eher für *code law* Länder (Zimmermann/Werner, 2012). Der unterschiedliche Umfang der Koordination per Gesetz hat folglich direkte Auswirkungen auf den Unternehmenskontext und die Unternehmensbeteiligten.

Das Gesellschaftsrecht, welches das Verhalten von Unternehmen bzw. die Regulierung privatrechtlicher Vereinigungen von Personen zum Gegenstand hat, weist in *code law* Ländern relativ strikte und zwingende (unabdingbare) Regeln auf. Die Koordination der Anspruchsgruppen des Unternehmens wird hier durch gesetzlich standardisierte Vertragsinhalte geregelt. Dagegen ist das Gesellschaftsrecht im *common law* Rechtssystem zwar nicht gesetzesfrei, baut aber traditionell eher auf dispositiven (abdingbaren) Rechtsnormen auf. Die individuelle Vertragsfreiheit bleibt dadurch nahezu uneingeschränkt bestehen, da Unternehmensbeteiligte durch anderweitige vertragliche Regelungen von den gesetzlichen Inhalten abweichen können (ausführlich Kraakman, 2009). Klassische Beispiele hierfür sind die unterschiedlich restriktiven Anforderungen bezüglich der Ausstattung von Kapitalgesellschaften mit Mindest- bzw. Haftungskapital sowie die Regelungen zur Dividendenausschüttung. Beide stellen Bestandteile gesellschaftsrechtlicher Kapitalschutzkonzepte dar (z. B. Wymeersch, 2001: 294 ff.; Heine, 2003).

Die unterschiedlichen gesellschaftsrechtlichen Koordinationsansätze wirken sich auf die Ausgestaltung der Rechnungslegung aus. Diese Ausgestaltung richtet sich insbesondere nach der regulatorische Aufgabe des Einzelabschlusses sowie der Funktion der Rechnungslegung das Ausschüttungspotential des Unternehmens an die Anteilseigner zu bemessen. Aufgrund seiner Verankerung im Gesellschafts- bzw. Handelsrecht ist in den meisten *code law* Ländern die Rechnungslegung auch fester Bestandteil der Unternehmensverfassung (Pellens *et al.*, 2011: 39). Der Einzelabschluss von Unternehmen dient hier als Basis für die Ableitung von etwaigen Rechtsfolgen, die neben der Kalkulation des distributionsfähigen Gewinns auch die Einleitung eines Insolvenzverfahrens umfassen können. Das deutsche Gesellschaftsrecht nennt beispielsweise explizit, dass lediglich der Bilanzgewinn an die Anteilseigner des Unternehmens ausgeschüttet werden darf.[21] Die Rechnungslegung bildet in diesen Ländern einen wesentlichen Bestandteil des gesellschaftsrechtlichen Kapitalerhaltungssystems und insbesondere des Gläubigerschutzes. Um diese Aufgaben zu erfüllen sowie eine übermäßige Verteilung an die Anteilseigner zu verhindern, wird die Ausschüttungsbemessungsfunktion durch vorsichtige Ansatz- und Bewertungsvorschriften flankiert (ausführlich Haller, 2003b: 413 ff.; Kilian, 2011: 81 ff.).[22]

In *common law* Ländern ist das Gesellschaftsrecht weniger bindendes Recht, d. h. es wird weniger stark durch gesetzlich fixierte Regelungen in das Vertragsrecht von vertragswilligen Unternehmensbeteiligten eingegriffen. Die Disponierbarkeit des Rechts gewährt somit einen höheren Grad an Vertragsfreiheit im Vergleich zu *code law* Ländern, was sich auch in der rudimentären gesellschaftsrechtlichen Regulierung der Rechnungslegung widerspiegelt (Nobes/ Parker, 2011: 32). Rechnungslegung ist in diesen Rechtstraditionen eher Bestandteil der individuellen Vertragsgestaltung. Es obliegt den Unternehmensbeteiligten, zu verhandeln, wie das Problem asymmetrisch verteilter Informationen

---

21 In § 58 (4) des deutschen Aktiengesetzes (AktG), zuletzt geändert am 22.12.2011, steht zum Beispiel wörtlich: „[..] Aktionäre haben Anspruch auf den Bilanzgewinn [...]". Der Bilanzgewinn ist gemäß § 158 Abs. 1 AktG definiert als: Jahresüberschuss/ Jahresfehlbetrag +/- Gewinn-/ Verlustvortrag aus dem Vorjahr + Entnahmen aus der Kapitalrücklage +/- Entnahmen/Einstellungen aus der/in die Gewinnrücklage.

22 In Deutschland ist das Vorsichtsprinzip gesetzlich verankert in § 252 (1) Nr. 4 HGB, zuletzt geändert am 22.12.2011.

gelöst werden soll.[23] Im Vergleich zu den ausführlichen Regelungen zum Bilanzrecht in *code law* Ländern sind die Vertragsparteien in *common law* Ländern dadurch flexibler, individuelle Bedürfnisse bezüglich der Informationen, die durch die Rechnungslegung vermittelt werden sollen, zu berücksichtigen (Choi/ Meek, 2008: 43 ff.). Aufgrund der gewährten Vertragsfreiheit fallen dementsprechend auch die Rechtsfolgen, die sich an die Rechnungslegung knüpfen, deutlich geringer aus als in *code law* Ländern. In den meisten *common law* Ländern, wie z. B. Großbritannien oder Kanada, ist der Einzelabschluss nahezu bedeutungslos für eine direkte Ausschüttungsbemessung bzw. -restriktion; die Ausschüttungsbemessung entspräche einer zu starken Einschränkung der individuellen Vertragsfreiheiten. Stattdessen verweist das Gesellschaftsrecht für gewöhnlich auf einen separaten Solvenztest, um die Berechnung des verteilungsfähigen Gewinns vorzunehmen (ausführlich Sellhorn/Gornik-Tomaszewski, 2006: 187 ff.). Einzelabschlüsse in *common law* Ländern übernehmen somit hauptsächlich eine generelle Informationsfunktion, während die Bedeutung der reinen Informationsvermittlung in *code law* Ländern nur eine untergeordnete Rolle spielt.

An die Stelle der gesellschaftsrechtlichen Verankerung der Rechnungslegung tritt jedoch die Verankerung im Kapitalmarktrecht in *common law* Ländern. Kapitalmarktrecht und Rechnungslegung gehen eine ähnlich symbiotische Beziehung ein wie Gesellschaftsrecht und Rechnungslegung in *code law* Ländern (Hammermeister, 2012). Dieses zeigt sich dadurch, dass in diesen Ländern lediglich kapitalmarktorientierte Unternehmen gesetzlich zur Rechnungslegung verpflichtet werden. Für diese Unternehmen existieren in der Regel umfangreiche, von privaten Standardsetzern erlassene Standardwerke. In den USA verpflichtet das Kapitalmarktrecht beispielsweise Unternehmen, die Eigen- oder Fremdkapital an einem öffentlichen Kapitalmarkt beschaffen und/oder handeln, zur Aufstellung eines Konzernabschlusses nach US GAAP, einem Regelwerk das vom privaten Standardsetzer FASB herausgeben wird. Die Funktion der Rechnungslegung bemisst sich hierbei nicht an der Festlegung von Ausschüttungspotentialen, sondern an der Entscheidungsnützlichkeit der durch die Rechnungslegung vermittelten Informationen. In erster Linie wird damit die Reduktion von Informationsasymmetrien zwischen Teilnehmern am Finanzmarkt ange-

---

23 Ausnahmen bilden hier insbesondere die common law Länder der EU, denen durch die 4. EG-Bilanzrichtlinie zahlreiche Rechnungslegungsvorschriften, die sonst nur in code law Ländern zu finden sind, in das Gesellschaftsrecht transplantiert worden sind. Die Implementierung der Richtlinie hat jedoch nichts an den kaum vorhanden Rechtsfolgen geändert, die sich an die Rechnungslegung knüpfen (vgl. hierzu ausführlich Kapitel 2.3.2.3).

strebt und darauf aufbauend der Schutz der Funktionsfähigkeit des Kapitalmarktes verfolgt (Haller, 1994: 57 ff.; Zimmermann *et al.*, 2010: 20-24).

Die Betrachtung unterschiedlicher Rechtstraditionen in Verbindung mit den Unterschieden zwischen nationalen Rechnungslegungssystemen zeigt, dass der rechtliche Rahmen eines Landes einen entscheidenden Einfluss auf die Ausgestaltung der Rechnungslegung nimmt. Zum einen wird deutlich, dass sich die Form der Rechtssetzung, die für die jeweilige Rechtsfamilie charakteristisch ist, ebenso in der Regulierung der Rechnungslegung widerspiegelt. Auch in der Rechnungslegung gibt es signifikante Unterschiede im Grad der staatlichen Einflussnahme: schwacher staatlicher Einfluss in *common law* Ländern gegenüber stärkerer Involvierung des Staates in den Normierungsprozess in *code law* Ländern. Zum anderen zeigen sich in Abhängigkeit von der gewährten Vertragsfreiheit deutliche Unterschiede hinsichtlich der inhaltlichen und funktionalen Zielsetzungen der Rechnungslegung. Dieses äußert sich in einer unterschiedlichen Verankerung der Rechnungslegung im jeweiligen rechtlichen Rahmen sowie dem jeweiligen Schutzgedanken, dem die Rechnungslegung folgt.

Kapitalmarktrecht und Rechnungslegung bilden in *common law* Ländern komplementäre Elemente innerhalb des rechtlichen Rahmens, während in *code law* Ländern primär Gesellschaftsrecht und Rechnungslegung eine komplementäre Einheit bilden. Die Einbettung der Rechnungslegung in die Regulierung des Beziehungsgeflechts von Unternehmen in *code law* Ländern wird insbesondere für die Rechnungslegung von Einzelabschlüssen als Barriere für eine weitere regulatorische Konvergenz hin zu einer stärker informationsorientierten Rechnungslegung gesehen (ausführlich Zimmermann/Werner, 2012). Die regulatorische Komplementarität, die sich durch die Knüpfung zahlreicher Rechtsfolgen an den Einzelabschluss ergeben hat, würde durch eine weitere Konvergenz entschieden gestört werden und eine Anpassung sämtlicher anderer Rechtsbereiche erfordern. Als besonders signifikant werden diesbezüglich in der Literatur die Auswirkungen auf das Gläubigerschutzsystem, das sich in diesen Ländern etabliert, angesehen (z. B. Kirsch, 2003: 275-278; Haller, 2003b: 413-424). Gemäß Schmitt/Spindler (2002) ließe sich hier argumentieren, dass *switching costs* eine Konvergenz der Rechnungslegung im Bereich des Einzelabschlusses verhindern – also Pfadabhängigkeiten induzieren. Es zeigt sich also, dass die Entstehung unterschiedlicher Rechnungslegungssysteme sowie deren Persistenz durchaus mittels des Rechtssystems als Erklärungsvariable begründet werden kann.

Die kausale Beziehung zwischen Rechtstradition und nationaler Regulierung der Rechnungslegung müsste dementsprechend auch einen Erklärungsansatz für die Konvergenz der Rechungslegung für kapitalmarktorientierte Unternehmen liefern. Das bedeutet im engeren Sinne die partielle Annäherung der Rechungslegungsregulierung von *code law* Ländern an die von *common law* Ländern. Die traditionelle Messung von Rechtssystemen gemäß der Rechtstradition erscheint hier jedoch problematisch, da sich beispielsweise die Art und Weise sowie die Ziele der Rechtssetzung durch den Gesetzgeber kaum verändert haben (La Porta *et al.*, 2008: 306-309). Die Einteilung von Ländern in *common law* und *code law* Länder erweist sich als relativ stabil und hat daher auch nur einen eingeschränkten Erklärungsgehalt für solche Art von Veränderungsprozessen; hierin besteht auch die allgemeine Kritik an dieser Klassifizierung von Rechtssystemen (z. B. Siems, 2005: 303-304; Werner, 2006: 45-46).

Eine Erklärung für die konvergente Entwicklung von Rechnungslegungssystemen muss sich daher aus einer dem Rechtssystem innewohnenden Dynamik ableiten, welche den beobachtbaren Wandel ermöglicht bzw. vorantreibt, aber durch die traditionelle Ausprägung von Rechtssystemen nicht erfasst werden kann. Folglich hat sich eine alternative Messung der Ausprägung von Rechtssystemen anhand des Grades des Anlegerschutzes, der sich aus dem Schutz von Eigenkapitalinvestoren und Kreditgebern zusammensetzt, entwickelt (Werner, 2006: 46). Die Messung kann sowohl zeitpunktbezogen (z. B. La Porta *et al.*, 1998) als auch mittels Indexverfahren im Zeitverlauf erfolgen (z. B. Lele/Siems, 2007). Im Gegensatz zum traditionellen Messkonzept kann daher die Änderungsdynamik des Rechts durch die stärkere inhaltliche Fokussierung des alternativen Messkonzepts besser gewürdigt werden.[24]

Aus der dynamischen Messung des Rechtssystems leiten sich Implikationen für die Regulierung der Rechnungslegung ab (Zimmermann/Werner, 2012). Indexbetrachtungen des Anlegerschutzes zeigen, dass die Ausgestaltung und Zielsetzung nationaler Gesellschaftsrechte nahezu unverändert geblieben ist, während das Kapitalmarktrecht auf ein nahezu einheitliches sowie höheres Schutzniveau konvergiert.[25] Dieses gilt insbesondere für die gesetzlichen Maßnahmen des Investorenschutzes sowie die Offenlegungspflichten (z. B. Lele/Siems, 2007). Folgen aus den Änderungen für die Rechnungslegung ergeben sich hierdurch hauptsächlich für *code law* Länder. Die Rechnungslegungsregeln für den Konzernabschluss in diesen Ländern, die ehemals auch komplementär zu den kapitalmarktrechtlichen Vorschriften waren, haben eben diesen Status verloren,

---

24 Eine zur Einteilung von Ländern gemäß der Rechtstradition komplett unterschiedliche Klassifizierung ergibt sich hierdurch nicht, da Rechtsfamilie und Grad des Anlegerschutzes korreliert sind. *Common law* Länder weisen typischerweise einen hohen Grad des Anlegerschutzes, während für *code law* Länder ein niedriger Grad an Anlegerschutz typisch ist (genauer La Porta et al., 1998).

25 In Zusammenhang mit den Änderungen des deutschen Kapitalmarktrechts sowie der Stärkung der Rechte für Investoren in Deutschland lassen sich hier beispielhaft das Erste, Zweite, Dritte und Vierte Finanzmarktförderungsgesetz von 1990, 1994, 1998 und 2002 nennen.

so dass Spielräume für eine Konvergenz der Rechnungslegungssysteme entstehen. Die den Variablen innewohnende Dynamik bietet somit einen Erklärungsansatz für konvergente Entwicklungen im Bereich der Konzernrechnungslegung börsennotierter Unternehmen. Eine ausführliche Diskussion für zentrale OECD Länder zum dynamischen Verhältnis von Anlegerschutz und Rechnungslegung nimmt Hammermeister (2012) vor.

2.2.2.3 Unterschiede im Finanzsystem

Neben dem Rechtssystem gilt auch das Finanzsystem als zentrale Einflussgröße auf die Regulierung der Rechnungslegung in einem Land. Dem Finanzsystem wird eine bedeutende Rolle für den wirtschaftlichen Wachstumsprozess zugeschrieben (stellvertretend schon Hicks, 1969). Generell kann unter einem Finanzsystem ein Interaktionssystem verstanden werden, in dem Angebot und Nachfrage nach finanziellen Leistungen aufeinandertreffen. Die Nachfrageseite setzt sich hierbei aus Wirtschaftsakteuren zusammen, die Kapital zur Finanzierung von Investitionen nachfragen (z. B. Unternehmen oder Staaten) oder auf eine Vermögensbildung abzielen (z. B. Haushalte). Die Angebotsseite des Finanzsystems bildet dagegen der Finanzsektor, der sich aus Finanzintermediären oder organisierten Finanzmärkten zusammensetzt, und der Nachfrageseite Investitions- und Finanzierungsalternativen vermittelt (Hackethal/Schmidt, 2000: 3-4). Finanzintermediäre wie Banken geben auf der Grundlage von vertraglichen Vereinbarungen Finanzmittel an nachfragende Wirtschaftssubjekte wie beispielsweise Unternehmen weiter (Nikolov, 2000: 33). Organisierte Finanzmärkte (Börsen) bezeichnen hingegen Märkte, auf denen Fremd- und Eigenkapitaltitel wie beispielsweise Unternehmensaktien oder -anleihen gehandelt werden. Ausgangspunkt für die Entstehung des Finanzsektors stellt hierbei die Minimierung von Reibungsverlusten des Marktes wie Informations- und Transaktionskosten dar (Levine, 1997: 691).[26]

Merton/Bodie (1995: 12) und Levine (1997: 691) nennen verschiedene Funktionen des Finanzsystems bzw. Finanzsektors. Ressourcenallokation und Risikodiversifikation sind als die beiden wichtigsten Funktionen von Finanzsystemen herauszustellen (Allen/Gale, 2001: 4). Finanzintermediäre und Finanzmärkte werden hierbei als Einheit der Intermediation von Finanzdienstleistungen betrachtet bzw. als Alternativen, die ein und dieselbe Funktion erbringen. Länderspezifische Untersuchungen von Finanzsystemen haben eine Differenzierung nach der jeweiligen Relevanz des Intermediationsmechanismus ergeben, die sich

26 Als weitere Komponenten des Finanzsystems werden oftmals auch der Markt für Unternehmenskontrolle sowie die Strategiebildung von Unternehmen verstanden (z. B. Hackethal/Schmidt, 2000: 3-4).

aus dessen dominierender Stellung für die Außenfinanzierung von Unternehmen ableitet. Ähnlich wie beim Rechtssystem wird auch hier oftmals eine dichotome Unterscheidung vorgenommen. So unterscheidet Rybczynski (1984) in Abhängigkeit von der relativen Bedeutsamkeit von Banken und Kapitalmärkten für die Außenfinanzierung von Unternehmen Finanzsysteme in bankorientierte und marktorientierte Systeme.[27] Eine ähnliche Unterscheidung nehmen auch Allen/Gale (2001) sowie Zysman (1983) vor.[28] Hinsichtlich der Klassifizierung von Ländern entsteht hierbei ein ähnliches Cluster wie bei der Unterscheidung nach Rechtsfamilien (z. B. La Porta *et al.*, 1998: 1145).[29] Die beiden Extreme der bipolaren Unterscheidung von Finanzsystemen stellen (bzw. stellten) Deutschland als Musterbeispiel eines bankbasierten Systems und die USA als Musterbeispiel eines marktbasierten Systems dar (Allen/Gale, 2001: 4).

Für bankbasierte Finanzsysteme ist charakteristisch, dass die Intermediation von Kapital über ein Bankensystem stattfindet, das die von Haushalten getätigten Einlagen in Form von mittel- und langfristigen Krediten Unternehmen zur Finanzierung anbietet (Jackson/Vitols, 2001: 171 f.). In bankbasierten Systemen stellen institutionelle Anleger wie Banken den Unternehmen aber auch Eigenkapital zur Verfügung und treten dabei oftmals als Großaktionäre in Erscheinung (Deeg, 2005: 175). Kapitalmärkte nehmen in diesen Systemen daher insgesamt eher eine untergeordnete Stellung bei der Unternehmensfinanzierung ein. Typisch für marktbasierte Finanzsysteme ist hingegen, dass eine direkte Intermediation zwischen Haushalten und Unternehmen stattfindet. Haushalte nutzen organisierte Kapitalmärkte, um ihr Kapital in die von Unternehmen ausgegebenen Wertpapiere zu investieren (Jackson/Vitols, 2001: 171 f.). Marktlich gehandelte Aktien und Anleihen bilden hier die wichtigste Säule der Unternehmensfinanzierung. Banken übernehmen lediglich eine kurzfristige Deckung des Finanzbedarfs von Unternehmen (Zysman, 1983: 70).[30]

---

27 Weitere Indikatoren stellen die Fragmentierung des Bankensystems (Universal- oder Trennbankensystem), die Art der Bankenregulierung sowie die Regulierung von Insidergeschäften dar (z. B. Allen/Gale, 2001: 3 ff.)

28 Zysman (1983) hebt hierbei explizit den Einfluss des Staates in der Entstehungsphase von unterschiedlichen Finanzsystemen hervor.

29 Nähere Erläuterungen über den Zusammenhang zwischen Rechts- und Finanzsystem finden sich in Kapitel 2.2.3.

30 Unterschiede in der Bedeutung des Kapitalmarktes stehen in enger Verbindung zum Sparverhalten und der Ausgestaltung nationaler Pensionssysteme. Das Alterssicherungssystem in marktorientierten Ökonomien ist beispielsweise viel stärker kapitalmarktorientiert ausgerichtet als in bankbasierten Ökonomien, was auf die geringe staatliche Absicherung der Altersvorsorge in marktbasierten Systemen zurückzuführen ist (ausführlich Boersch-Supan/Winter, 2001).

Die relativ höhere Bedeutung des Kapitalmarktes in marktbasierten gegenüber bankbasierten Finanzsystemen spiegelt sich auch in einer vergleichsweise höheren Liquidität des Kapitalmarktes in marktbasierten Systemen wider (dazu empirisch Werner, 2006: 84). Weitere Indikatoren für die Bedeutung des Kapitalmarktes sind beispielsweise das Verhältnis der Anzahl gelisteter Unternehmen zur Einwohnzahl oder das der Marktkapitalisierung zum Bruttoinlandsprodukt. Tabelle 4 stellt diese Indikatoren exemplarisch für die Jahre 2006 und 2010 für Deutschland und Frankreich (bankbasiertes Finanzsystem) sowie USA und Großbritannien (marktbasiertes Finanzsystem) gegenüber. Beide Indikatoren zeigen Unterschiede zwischen den Finanzsystemen im Hinblick auf die Relevanz des Kapitalmarktes auf.[31]

Tabelle 4: Unterschiede in der Kapitalmarktrelevanz bank- und marktbasierter Finanzsysteme; Quelle: World Development Indicators & Global Development Finance (2011)

Land	Marktkapitalisierung zu BIP		Anzahl gelistete Unternehmen je Mio. Einwohner	
Jahr	2006	2010	2006	2010
Deutschland	0,561	0,432	7,96	6,99
Frankreich	1,077	0,753	11,31	13,88
USA	1,457	1,175	17,19	13,84
Großbritannien	1,552	1,383	48,07	33,05

Die unterschiedlichen Makrostrukturen von Finanzsystemen reflektieren sich darüber hinaus auch in der Kapitalstruktur von Unternehmen. Empirische Evidenz zeigt, dass Unternehmen in bankbasierten Systemen einen höheren Verschuldungsgrad sowie höhere Anteile an (langfristigen) Bankkrediten zur Unternehmensfinanzierung aufweisen. So zeigt etwa Borio (1990), dass systematische Unterschiede zwischen den Kapitalstrukturen von Aktiengesellschaften der G7-Länder bestehen: Unternehmen aus Großbritannien, Kanada und USA haben im Vergleich zu den restlichen Ländern (Deutschland, Frankreich, Italien und Japan) einen traditionell niedrigeren Verschuldungsgrad. Heintges (2005: 67-77) zeigt, dass für die Jahre 1991 und 1992 bezogen auf die 30 umsatzstärksten

31 Festzuhalten ist, dass es sich hierbei lediglich um eine Momentaufnahme und Gegenüberstellung zweier Datenpunkte handelt. Die Daten können daher stark durch die aktuelle Verfassung des Markts beeinflusst sein (z. B. Finanzkrise). Eine detaillierte historische Untersuchung der makrostrukturellen Daten findet sich in Zimmerman/Werner (2012).

deutschen und US-amerikanischen Unternehmen strukturelle Unterschiede im Finanzierungsverhalten bestehen: US-amerikanische Unternehmen nehmen beispielsweise 55-60 Prozent des Eigen- und Fremdkapitals über den organisierten Kapitalmarkt auf, während der Anteil bei deutschen Unternehmen lediglich 30 Prozent beträgt. Bankkredite sind dagegen bei US-amerikanischen Unternehmen eher unterrepräsentiert, während diese bei deutschen Unternehmen circa 10 Prozent der Bilanzsumme ausmachen.[32]

Analog zum typischen Finanzierungsverhalten von Unternehmen gestalten sich deren Eigentumsstrukturen (z. B. Franks/Mayer, 1997: 30-31; Berglöf, 1998: 155 ff.). Marktfinanzierte Unternehmen weisen einen hohen Grad an Streubesitz auf, wobei Eigenkapitalinvestoren die primäre (finanzielle) Anspruchsgruppe des Unternehmens bilden. Die Eigentümerstrukturen kreditfinanzierter Unternehmen tendieren dagegen eher in Richtung eines konzentrierten Anteilsbesitzes. Die Anteilsbesitzer setzen sich hier primär aus Großaktionären wie Banken, Familien, anderen Unternehmen oder dem Staat zusammen (Dutzi, 2005: 19 ff.). Aufgrund dieser Konstellationen werden in bankbasierten Ländern, wie beispielsweise Deutschland und Frankreich, häufig die Aufsichtsrats- und Vorstandsmitglieder von Großaktionären nominiert, die aufgrund der Nähe zum Unternehmen auch auf entsprechende Insider-Informationen zurückgreifen können sowie den (strategischen) Entscheidungsprozess direkt mitbestimmen können (ausführlich für Deutschland Franks *et al.*, 2006). Folglich scheinen sich in bankbasierten Systemen Kontrollsysteme entwickelt zu haben, die eine Nachfrage nach umfangreichen marktgetriebenen Informationen über das Unternehmen redundant erscheinen lassen (Berglöf, 1998: 159-164; Franks/Mayer, 2001: 944).[33]

Aus diesen strukturellen Unterschieden von Finanzsystemen leiten sich wichtige Implikationen für die inhaltliche Ausgestaltung von Rechnungslegungsinformationen ab, da sich dadurch Unterschiede in der Struktur der Rechnungslegungsadressaten ergeben (grundlegend Nobes, 1998; Nobes/Roberts, 2000). Aufgrund der Distanz der Kapitalgeber zum Unternehmen in marktbasierten Systemen, wie beispielsweise den USA oder Großbritannien, sind diese weitaus stärker auf die Vermittlung von Informationen angewiesen. Die Rechnungslegung nimmt daher als Informationsquelle eine zentrale Stellung ein, um

32 Ähnliche Ergebnisse zeigen auch Studien von Francfort/Rudolph (1992), Rajan/Zingales (1995) sowie Schwiete/Wiegand (1997).

33 Anknüpfend an die Eigentümerstrukturen differenzieren Franks/Mayer (2001) und Berglöf (1998) Finanzsysteme in *insider* und *ousider* Systeme bzw. in *arm's length* und *control-oriented* Systeme. Auf die Einführung dieser beiden Typologien wurde aus Gründen der Verständlichkeit an dieser Stelle verzichtet.

die Informationsansprüche außenstehender Unternehmensbeteiligter (*outsider*) zu befriedigen (Achleitner *et al.*, 2009: 12). Die Informationswünsche richten sich hierbei primär an der Abbildung der wirtschaftlichen Lage des Unternehmens sowie der Vermittlung entscheidungsrelevanter Informationen (*fair presentation*) aus, um die Kosten der Informationsbeschaffung zu minimieren (Bushman *et al.*, 2004: 220 ff.; Nobes/Parker, 2011: 35). Hieraus ergibt sich auch die relativ hohe Bedeutung des Konzernabschlusses als relevanten Abschluss, da dieser über die Leistungen des Unternehmen als wirtschaftliche Einheit informiert und daher einen höheren Informationsgehalt besitzt als der Einzelabschluss des Mutterunternehmens (dazu Niskanen *et al.*, 1998b).

In bankbasierten Systemen nimmt die Rechungslegung aufgrund der Möglichkeit einer bilateralen Informationsbeschaffung als Instrument der Informationsvermittlung lediglich eine untergeordnete Rolle ein. Stattdessen werden in diesen Ländern durch die Kapitalgeber standardisierte Schutzmaßnahmen in Form von (gesellschafts-)rechtlichen Regelungen nachgefragt, um relationale Formen der Finanzierung zu vereinfachen. Der Staat hat meistens mit der Bereitstellung vorsichtiger Bilanzierungsrichtlinien, die der Kapitalerhaltung und Ausschüttungsbemessung dienen, auf dieses Bedürfnis der Kapitalgeber reagiert (Leuz/Wüstemann, 2004: 450-481). Aufgrund dieser rechtlichen Verknüpfungen ergibt sich eine hauptsächliche Relevanz des Einzelabschlusses für die Rechungslegung in bankbasierten Ländern. Aufgrund der Komplementarität der Rechnungslegung mit der in einem Land dominanten Kapital- und Eigentümerstruktur von Unternehmen gilt das Finanzsystem als solches als eine wichtige Determinante zur Erklärung der Entstehung unterschiedlicher Rechnungslegungssysteme (Ball, 2001: 127 ff.). Ebenso wird das Finanzsystem als ausschlaggebender Faktor für die Pfadabhängigkeit von Unterschieden in der Rechnungslegungsregulierung sowie deren Fortbestand gesehen (Leuz, 2010: 236; Zimmermann/Werner, 2012). Diese Schlussfolgerung ergibt sich auch aus der weitestgehenden Persistenz von Finanzsystemen, deren tradierte Strukturen im Kern erhalten bleiben (z. B. Schmidt, 2007: 332; Antzoulatos *et al.*, 2008: 977 ff.).

Hinsichtlich der partiellen Annäherung von Rechnungslegungsystemen bankbasierter Systeme an das marktbasierte Modell erscheint das Erklärungspotential der Variable „Finanzsystem" daher im ersten Moment nicht so eindeutig. Jedoch scheinen auch hier – ähnlich zum Rechtssystem – Veränderungen in einzelnen Teilbereichen bankbasierter Finanzsysteme eine Anpassung der Rechnungslegung an die geänderte Gesamtsituation zu erfordern. Deeg (2005) argumentiert beispielsweise in Bezug auf Deutschland, dass sich das bankbasierte System in zwei heterogene Subsysteme aufgespalten hat. Das eine Subsystem entspricht dem traditionellen bankbasierten System, was auch für die Persistenz des traditionellen Modells der Rechnungslegung sprechen würde. Die Eigenschaften des anderen Subsystems können dagegen eher im marktbasierten Finanzsystem verortet werden (Deeg, 2005: 178-184). Das Geschäftsmodell größerer Banken, insbesondere das Finanzierungsverhalten großer, global agierender Unternehmen, nähert sich hierbei dem marktbasierten System an. In Bezug auf die Unternehmen bedeutet dieses eine Veränderung der Balance zwischen Kapitalgebern, d. h. die Eigentümerstrukturen der Unternehmen sind stärker durch einen gestreuten (internationalen) Anteilsbesitz gekennzeichnet. Folglich ändert sich für das Unternehmenssegment – Leuz (2010) bezeichnet es als *global player segment* – das Interesse an der Rechnungslegung und den vermittelten Informationen. Eine Angleichung der Funktion der Rechungslegung an die Informationsvermittlungsfunktion marktbasierter Finanzsysteme sowie die Übernahmen internationaler Standards scheint dementsprechend erklärbar.

2.2.3 Identifikation einer Forschungslücke

Die vergleichende Rechnungslegungsforschung hat dazu beigetragen, Unterschiede zwischen nationalen Rechnungslegungssystemen zu identifizieren, aber auch diejenigen Bereiche, in denen die unterschiedlichen Systeme sich einander angenähert haben. Die Einbindung sogenannter sozio-ökonomische Umfeldvariablen (Erklärungsvariablen) wie etwa des Finanz- oder Rechtssystems in die komparative Länderanalyse hat diesbezüglich signifikante Fortschritte für den Erkenntnisstand des Forschungszweigs erreicht. Es konnten systematische Erkenntnisse erlangt werden hinsichtlich der Entwicklung unterschiedlicher Rechnungslegungssysteme, deren Persistenz sowie anzunehmenden zukünftigen Fortbestands (Nobes/Parker, 2008: 24 ff.).

Das Finanzsystem als Erklärungsvariable für Unterschiede in der Rechnungslegung verweist auf die unterschiedlichen Interessen von Kapitalgebern, die eine unterschiedliche Nachfrage nach Rechnungslegungsinformationen zur Folge haben. In Abhängigkeit von der Konfiguration des Finanzsystems ergeben sich unterschiedliche Hauptfunktionen der Rechnungslegung sowie eine unterschiedliche Relevanz des Einzel- und Konzernabschlusses. Die Einbeziehung des Rechtssystems als Erklärungsvariable zeigt auf, inwiefern die Rechnungslegung Anknüpfungspunkt für direkte Rechtsfolgen ist, was insbesondere die Verteilung von Dividenden betrifft. In *common law* Ländern ist die Rechnungslegung stärker verflochten mit dem Kapitalmarktrecht als mit dem Gesellschaftsrecht, in dem für gewöhnlich die Gewinnverteilung/-ausschüttung geregelt ist. Die Relevanz der Rechnungslegung für diese Form der Rechtsfolge ist in diesen Ländern somit gering. In *code law* Ländern ist die Rechnungslegung hingegen enger verflochten mit dem Gesellschaftsrecht als dem Kapitalmarktrecht und die Rechnungslegung ist der direkte Ausgangspunkt für die gesellschaftsrechtliche Regelung der Gewinnverteilung. Folglich bietet das Rechtssystem gegenüber dem Finanzsystem einen alternativen Ansatz zur Erklärung der dominierenden Funktionen der Rechnungslegung sowie der Rolle von Einzel- und Konzernabschluss.

Der Einfluss, den das Rechts- und Finanzsystem auf die Evolution von Rechnungslegungssystemen nimmt bzw. genommen hat, ist nicht von der Hand zu weisen. Allerdings lassen beide Variablen Fragen hinsichtlich der Ursache-Wirkungs-Kette der Entwicklungen der nationalen Rechnungslegungsregulierung unbeantwortet. Explizit bezieht sich dieses auf den fehlenden Erklärungsgehalt der beiden Variablen im Hinblick auf die Erklärung von Unterschieden, die sich beim Grad des Staatseingriffes in die Rechnungslegungsregulierung ergeben. Zweifel ergeben sich auch, inwiefern beide Variablen als exogen zu betrachten sind und damit überhaupt als Erklärungsvariable für Unterschiede von Rechnungslegungssystemen in Frage kommen.

Generell werden beide Variablen, also das Rechts- sowie Finanzsystem, als exogen angenommen. Die „wahre" Exogenität der Variablen ist in der Literatur jedoch heftig umstritten. In der *law and finance* Literatur wird beispielsweise die Exogenität des Finanzsystems angezweifelt, da es einen messbaren positiven Zusammenhang zwischen dem Rechtssystem (Grad des Investorenschutzes) und der Entwicklung des nationalen Finanzsystems gibt (La Porta *et al.*, 1997; La Porta *et al.*, 1998). Infolgedessen wird durch die aufgestellte *law matters* Hypothese der exogene Charakter des Finanzsystems in Frage gestellt (La Porta *et al.*, 1998). Demgegenüber wird argumentiert, dass eine umgekehrte kausale Beziehung zwischen dem Rechts- und Finanzsystem besteht (z. B. Cheffins, 2001). Die Kontroverse wird jedoch durch zahlreiche Ereignisstudien abgemildert, die einen positiven Zusammenhang zwischen Rechtsänderung und Kapitalmarktreaktion feststellen können (z. B. Bushee/Leuz, 2005; Michael *et al.*, 2006).

Die Möglichkeit der Endogenität *beider* Variablen wird von der Debatte aber weitestgehend ausgeklammert, was jedoch aufgrund des gleichartigen (bedingten) Auftretens der Variablen in den Länderclustern durchaus denkbar wäre. Das Rechtssystem wird unmöglich durch einen historischen Zufall entstanden sein, auch wenn es in der Literatur als die „echte" exogene Variable angesehen wird. Die Schaffung von rechtlichen Normen und Entscheidungen in beiden Rechtskreisen spiegelt vielmehr die grundlegenden und noch immer vorherrschenden gesellschaftlichen Vorstellungen von sozialer Gerechtigkeit hinsichtlich der Organisation des ökonomischen sowie gesellschaftlichen Miteinanders wider (z. B. Kennedy, 1976; Zweigert/Kötz, 1996). Rechtssysteme können dementsprechend als Spiegelbild unterschiedlicher ideologischer gesellschaftlicher

Gerechtigkeitskonzepte verstanden werden, was eine andere alternative Variable erforderlich macht, die diese gesellschaftlichen Grundkonstellationen greifbar macht.

Das Problem der Endogenität steht in enger Beziehung zur zweiten Einschränkung der traditionellen Kontextfaktoren hinsichtlich ihres Erklärungspotentials. Beide Variablen eignen sich nämlich nur eingeschränkt dazu, sich mit dem Thema der staatlichen Intervention auseinanderzusetzen, was jedoch nicht unerheblich ist, wenn es um Unterschiede in der Rechungslegungsregulierung geht. Dieses gilt insbesondere dafür, die unterschiedlichen Grade der staatlichen Einflussnahme in der Rechnungslegungsregulierung sowie das grundlegende gesellschaftliche Ziel der Rechnungslegung in unterschiedlichen Ländern zu verstehen bzw. zu erklären. Der Finanzsystemansatz ermöglicht beispielsweise nur eine durch die Interessen der Kapitalgeber des Unternehmens und deren unterschiedliche Nachfrage nach Rechnungslegungsinformationen geleitete Sichtweise auf die Unterschiede der Rechnungslegung. Aus dieser Perspektive folgen jedoch weder Implikationen für eine Nachfrage nach einem staatlichen Eingriff in die Rechnungslegung noch für ein staatliches Angebot der Rechnungslegungsregulierung.

Ähnliche Schwächen zeigen sich mit Blick auf das Rechtssystem. Der Rechtssystemansatz verdeutlicht, in welchem Umfang Rechnungslegung Gegenstand gesetzlicher und damit staatlicher Regulierungen ist. Dadurch wird deutlich, dass unterschiedliche Intensitäten des Staatseingriffs bestehen und sich in Abhängigkeit vom Grad des Staatseingriffs verschiedene Funktionen der Rechnungslegung ergeben. In der Rechnungslegung spiegelt sich dieses darin wider, dass Unterschiede hinsichtlich der Zwecksetzung und Strategie bestehen, die durch gesetzlichen Regelungen verfolgt werden (Djankov *et al.*, 2003; Mahoney, 2001; La Porta *et al.*, 2008). Der Rechtssystemansatz beschreibt also allgemein das gesellschaftlich akzeptierte Maß an Staatseinfluss, aber grundsätzlich trägt der Ansatz nicht dazu bei, Zielsetzung und Tiefe staatlicher Intervention erklären zu können. Daher ist es notwendig, den jeweiligen gesellschaftlichen Kontext zu erfassen, in dem die Rechtsetzung stattfindet, was durch die Rechtssystemvariable nur schwer möglich ist. Dieses spricht wiederum für einen alternativen Ansatz, der die gesellschaftlichen Aspekte besser approximiert bzw. misst.

Eine solche Alternative offeriert der grundlegende Ansatz von Puxty *et al.* (1987). Ausgangspunkt des von Puxty *et al.* (1987) dargelegten Arguments ist die Einbettung der Rechnungslegung(-sregulierung) in deren gesellschaftliche Umwelt in der Rechnungslegung stattfindet. Dieser eher sozialwissenschaftliche Blickwinkel auf die Rechnungslegung wird ebenfalls in vielen weiteren Arbeiten aufgegriffen, beispielsweise von Hopwood (1976), Burchell *et al.* (1980),

Burchell *et al.* (1985), Perks (1993), Hopwood/Miller (1994) sowie Ordelheide (2004). Unterschiede nationaler Rechnungslegungssysteme sind demnach bedingt durch die Einbettung der in die Rechnungslegung involvierten Akteure in unterschiedliche gesellschaftspolitische Kontexte (Puxty *et al.*, 1987: 282-283). Es wird angenommen, dass die in einer Gesellschaft vorherrschenden Grundüberzeugungen und Werte einen signifikanten Einfluss auf die Rechnungslegung nehmen. Der Einfluss bezieht sich dabei sowohl auf die materiell-inhaltliche Ausgestaltung der Rechnungslegungsregeln (*accounting policy*) als auch auf den Regulierungsmodus (*mode of regulation*). Beide Einflussbereiche werden zudem als gegenseitig voneinander abhängig gesehen, d. h. der Regulierungsmodus nimmt Einfluss auf die Ausgestaltung der Rechnungslegungsregeln und umgekehrt.

Als maßgeblichen Einflussfaktor auf die Rechnungslegung, der diese Aspekte aufgreift, sehen Puxty *et al.* (1987) das allgemeine Prinzip der sozialen Ordnung in einem Land, d. h. die Mischung aus Markt, Staat und Gesellschaft. Puxty *et al.* (1987) stellen somit einen Zusammenhang zwischen der Rechnungslegungsregulierung und der Forschungsarbeit von Streeck/Schmitter (1985) her. Das Prinzip „Gesellschaft“ (z. B. Berufsstände wie Wirtschaftsprüfervereinigungen) wird hierbei herangezogen, um sämtliche Abstufungen darzustellen, die zwischen den Extrempolen „Markt“ und „Staat“ bestehen, da weder das Markt- noch das Staatsprinzip in Reinform existieren. Die soziale Ordnung eines Landes ergibt sich somit aus der Schnittmenge zwischen den drei Prinzipien.

Die Arbeit von Puxty *et al.* (1987) bildet die Grundlage für eine Vielzahl von Forschungsarbeiten, die sich mit den Elementen der sozialen Ordnung und deren Zusammenspiel befassen. Das Rahmenwerk dient beispielsweise als analytisches Konzept, um die Rechungslegungsregulierung in einem Land zu untersuchen oder Länder auf Basis der Kategorien miteinander zu vergleichen (z. B. Parker, 1988). Eng verbunden ist damit ebenfalls die Analyse, wie sich die Konstellation des Dreiklangs Markt-Staat-Gesellschaft innerhalb von Ländern im Zeitablauf verändert. Der Forschungsschwerpunkt liegt hierbei insbesondere auf der Untersuchung der sich verändernden Bedeutung des Gesellschaftsprinzips in modernen Wirtschaftssystemen (z. B. Dyball/Valcarcel, 1999; Volmer *et al.*, 2007). Anwendung findet das Rahmenwerk jedoch auch bei der Analyse der Rechnungslegungsregulierung in Transformationsländern, wie beispielsweise Tschechien, China oder Türkei (z. B. Seal *et al.*, 1996; Hao, 1999; Elitas/Üç, 2009). Zudem wird mit einer ähnlichen Fragestellung der Einfluss von Veränderungen auf der „vertikalen Achse“ der Rechnungslegungsregulierung untersucht, d. h. welche Auswirkungen Verschiebungen zwischen der nationalen, supranationalen und transnationalen Ebene auf den Regulierungsmodus innerhalb der betroffenen Länder haben (z. B. Botzem/Quack, 2005; Suddaby *et al.*, 2007; Zimmermann, 2010b). Insgesamt steht hierbei auch die sich verändernde Bedeutung und Ausprägung des Gesellschaftsprinzips im Mittelpunkt der Untersuchungen sowie die Hinwendung des Staates zu eher liberalistischen Regulierungslösungen. Darüber hinaus wird auch immer stärker das Verhältnis zwischen Staat und Rechnungslegung in den Forschungsmittelpunkt gestellt (z. B. Miller, 1990; Robson *et al.*, 1994; Cooper/Robson, 2006; Zimmermann *et al.*, 2008).

Andere wiederum nutzen das Framework für eine komparative Analyse des Einflusses der ideologischen Kräfte, d. h. der Prinzipien der gesellschaftlichen Ordnung, auf die Regulierung materiell-inhaltlicher Bilanzierungssachverhalte. In diesem Zusammenhang zu nennen sind beispielsweise die Studien von Willmott *et al.* (1992), welche einen zeitpunktbezogenen Ländervergleich der Bilanzierung von Forschungs- und Entwicklungskosten vornehmen, oder Ding *et al.* (2008), die die Veränderungsphasen der Goodwillbilanzierung in vier Ländern näher beleuchten. Die Sichtweise der gesellschaftlichen *embeddedness* der Rechnungslegungsregulierung hat ebenfalls den Weg geebnet für die Einführung sozialwissenschaftlicher Forschungsmethoden, wie beispielsweise der *social network analysis* (z. B. Perry/Nöelke, 2005; Richardson, 2009).

Diese kurze Übersicht zeigt bereits, dass sich die Literatur schon ausführlich und in vielfältiger Art und Weise mit den Fragestellungen und Themen der Rechnungslegung als Funktion seiner gesellschaftlichen Umwelt auseinandergesetzt hat. Jedoch fehlt es bisher an einer systematischen Analyse der Beziehung zwischen der Rechnungslegungsregulierung und dem Einfluss unterschiedlicher gesellschaftlicher Ideale und Werte auf die Evolution unterschiedlicher Rechnungslegungssysteme. Es gibt zwar ein breites Spektrum an Forschungsbeiträgen, die sich insbesondere mit dem Zusammenhang zwischen kulturellen Werten und Unterschieden in der Rechnungslegungsregulierung auseinandersetzt (grundlegend Gray, 1988; überblicksartig Chanchani/MacGregor, 1999 sowie Doupnik/Tsakumis, 2004), allerdings ist dieser Ansatz auch ebenso heftig umstritten. Am stärksten wird bei diesem Forschungsansatz die generelle Annahme der Monokausalität von Kultur kritisiert, wodurch andere gesellschaftliche Effekte vernachlässigt werden, die möglicherweise die Einflussnahme kultureller Werte überlagern (ausführlich dazu McSweeney, 2002; Baskerville, 2003).

Diese gesellschaftlichen Effekte werden hier auf der Basis der unterschiedlichen Auffassungen des Wohlfahrtsstaates adressiert. Wohlfahrtsstaaten können als Ergebnis eines gesellschaftlichen bzw. politischen Konflikts über gesellschaftliche Werte und Ideale interpretiert werden, ein Tatbestand, der durch die Kulturdimension nicht aufgegriffen werden kann (McSweeney, 2002: 109-110). Der Typ des Wohlfahrtsstaates scheint, trotz seiner zeitlichen Nachrangigkeit zur Entstehung des Rechtssystems, hierbei besser geeignet, um gesellschaftliche Werte und Ideale abzubilden, da das vorherrschende soziale Sicherungssystem als besonders starker Ausdruck des gesellschaftlichen Willens gewertet werden kann. Der Typ des Wohlfahrtsstaates dient somit als Proxy für politische Differenzen und nationale Vorstellungen über soziale Gerechtigkeit, die in einer unterschiedlichen gesellschaftlichen Nachfrage nach staatlicher Intervention ausgedrückt werden.

Das Argument, dass der Wohlfahrtsstaat Einfluss nimmt auf die Rechnungslegung, steht in enger Beziehung zu dem Argument in Puxty *et al.* (1987) – nämlich dem Argument, dass die in einem Land vorherrschenden ideologischen Kräfte sich auf die Rechnungslegungsregulierung auswirken. Puxty *et al.* (1987) erklären zwar die Existenz verschiedener *modes of regulation* mittels unterschiedlicher gesellschaftspolitischer Hintergründe zwischen Ländern, vernachlässigen jedoch die eindeutige Benennung der gesellschaftlichen Motive, die den Unterschieden zugrunde liegen. Diese definitorische Lücke wird durch den expliziten Verweis auf den Wohlfahrtsstaat sowie dessen verschiedene Ausprägungen, die die ideologischen Triebkräfte approximieren, aufgegriffen. Daher ist anzunehmen, dass der Wohlfahrtsstaatstyp mit unterschiedlichen gesellschaftlichen Funktionen der Rechnungslegung korreliert, d. h. es besteht ein Zusammenhang zwischen dem Wohlfahrtsstaatstyp und der grundsätzlichen regulatorischen Zielsetzung der Rechnungslegung in einem Land. Darüber hinaus korreliert der Wohlfahrtsstaatstyp – ebenfalls unter Einbeziehung der Argumente in Puxty *et al.* (1987) – möglicherweise mit unterschiedlichen Graden der staatlichen Intervention in der Rechnungslegung, die sich in unterschiedlichen Formen der Regulierung ausdrücken.

Der wohlfahrtsstaatliche Ansatz erweitert die Perspektive der traditionellen Variablen des komparativen Rechnungslegungsvergleichs, da systematische Unterschiede in der allgemeinen gesellschaftlichen Rolle der Rechnungslegung in den Vordergrund gestellt werden. Die gemeinsame Betrachtung der Rechnungslegung und des Wohlfahrtsstaates schafft Erkenntnisse darüber, welche Bedeutung bzw. welchen Stellenwert die Rechnungslegung in der Gesellschaft einnimmt. Die gesellschaftspolitische Perspektive auf die Rechnungslegung bezieht sich im Allgemeinen auf den wohlfahrtsverteilenden Charakter der Rechnungslegung und im Speziellen auf deren Funktion im Hinblick auf den Interessenausgleich zwischen verschiedenen Anspruchsgruppen eines Unternehmens.

Eine tiefergehende Auseinandersetzung mit der gesellschaftlichen Funktion der Rechnungslegung könnte ebenfalls dazu beitragen, die gesellschaftliche Nachfrage nach staatlicher Einflussnahme in die Rechnungslegungsregulierung herzuleiten. Folglich kann die gemeinsame Betrachtung von Rechnungslegung und Gerechtigkeitskonzepten Aufschluss geben über die Rolle der Rechnungslegung in den verschiedenen gesellschaftlichen Systemen sowie über die Ausprägung der sozialen Ordnungsprinzipien Markt, Staat und Gesellschaft. Der wohlfahrtsstaatliche Ansatz würde somit eine wesentliche Erweiterung der eher funktionalistisch geprägten Erklärungsansätze des Rechts- und Finanzsystems darstellen. Der Ansatz ermöglicht ein generelles und umfassenderes Verständnis der Ursache-Wirkungs-Beziehung für die (Fort-)Entwicklung von unterschiedlichen Systemen der Rechnungslegungsregulierung. Die Betrachtung der Dynamiken in der Rechnungslegung im Lichte des Wohlfahrtsstaates kann dazu beitragen, ein vollständigeres Bild der Veränderungen darzustellen sowie die unterschiedlichen Wandlungsmuster zu erklären. Dieses ergibt sich aus der Annahme, dass der Wohlfahrtsstaatstyp möglicherweise einen Korridor definiert, in dem ein gesellschaftlich legitimierter Wandel stattfinden kann, da der Prozess zumeist auch immer mit einem Staatswandel einhergeht.

Folglich könnte die Frage, warum der Wandel in der Rechnungslegung in verschiedenen Bereichen in unterschiedlichen Geschwindigkeiten verläuft, in einer zufriedenstellenderen Art und Weise beantwortet werden: (1) hohe Veränderungsgeschwindigkeit im Bereich der Konzernrechnungslegung börsennotierter Unternehmen mit Tendenz zu einer staatsfernen Regulierung und (2) geringe Veränderungsgeschwindigkeit bzw. inkrementeller Wandel im Bereich des Einzelabschlusses und der Regulierung nicht börsennotierter Unternehmen.

Die Einbeziehung des Wohlfahrtsstaates zur Erklärung unterschiedlicher Rechnungslegungssysteme kann ebenfalls nützlich sein, um länderbezogene Sonderfälle der Rechnungslegungsregulierung zu erklären. Das bedeutet in Fällen, in dem das institutionelle Umfeld eines Landes von der gewöhnlichen Korrelation zwischen Rechts- und Finanzsystem abweicht, könnte der Wohlfahrtsstaatstyp eine gegenüber den beiden traditionellen Variablen besser geeignete Erklärungsvariable darstellen. Der Wohlfahrtsstaatenansatz würde es somit gegebenenfalls erlauben, Unterschiede zwischen Ländern zu erklären, die sich im gleichen Rechts- und/oder Finanzsystemcluster befinden. Größtmögliche Stütze für die These *welfare states matter* wäre ein Länderfall, wo weder Rechts- noch Finanzsystem die Konfiguration des Rechnungslegungssystems erklären, sondern allein die Wohlfahrtstaatsvariable Erklärungsgehalt besitzt. Um die Behauptungen im Hinblick auf den Erklärungsgehalt des Wohlfahrtsstaates zu untermauern, werden in Kapitel 3 anknüpfend an die theoretische und idealtypische Konstruktion des Verhältnisses zwischen Wohlfahrtsstaat und Rechnungslegungsregulierung drei Länderfälle untersucht. Großbritannien und Deutschland werden als typische Beispiele für Länder herangezogen, die jeweils einem korrespondierenden aber unterschiedlichen Rechts- und Finanzsystemcluster zugehörig sind, und Kanada als Sonderfall, da dessen Rechts- und Finanzsystem auseinanderfallen.

2.3 Konvergente institutionelle Arrangements

2.3.1 Theoretische Grundlagen: Isomorphismus und Pfadkreation

Exogene Schocks bzw. Herausforderungen können auch Wandlungsprozesse hervorrufen, die zu einer Aufhebung bzw. Verringerung der Unterschiede führen, die zwischen institutionellen Arrangements bestehen. Der Angleichungsprozess zwischen verschiedenen institutionellen Arrangements kann dabei in einer vollständigen Strukturgleichheit der Systeme kulminieren. Zur Beschreibung und Erklärung solcher Annäherungsprozesse im organisationalen Umfeld adaptieren DiMaggio/Powell (1983) den Begriff des Isomorphismus aus den Naturwissenschaften. Der Begriff beschreibt einen Wandlungsprozess von Organisationen, der dadurch geprägt ist, dass Organisationen sich anderen Organisationen in ihren Eigenschaften (z. B. Struktur und Praktiken) anzugleichen. Isomorpher Wandel definiert dementsprechend die Angleichung unterschiedlicher organisationaler Pfade. Im weiteren Sinne wird Isomorphismus auch mit dem Begriff der Konvergenz gleichgesetzt (Rodrigues/Craig, 2007: 742), obwohl Konvergenz eher ein Ergebnis als einen Prozess definiert. DiMaggio/Powell (1983) und anderen folgend soll Isomorphismus aber einen Transfer- und Diffusionsprozess organisationaler Eigenschaften kennzeichnen, der in einer Konvergenz münden kann.

Grundannahme des isomorphen Wandels ist, dass Organisationen die Strukturen, Praktiken oder Ziele anderer Organisationen nicht aus Gründen der Effizienzsteigerung übernehmen, sondern weil sich herausgestellt hat, dass deren organisationale Eigenschaften sich als besonders legitim und gesellschaftlich akzeptiert herausgestellt haben (Meyer/Rowan, 1977: 348; DiMaggio/Powell, 1983: 149). Der Wettbewerb von Organisationen erstreckt sich über die Grenzen der Konsum- und Gütermärkte hinaus und bezieht ebenfalls andere Aspekte der gesellschaftlichen *fitness* von Organisationen mit ein, wie beispielsweise Macht- und Legitimitätsaspekte. Dementsprechend wird das Isomorphismuskonzept in einen kompetitiven und institutionellen Isomorphismus unterschieden (DiMaggio/Powell, 1983: 149). Während der kompetitive Isomorphismus sich rein auf den Wettbewerb auf Märkten bezieht, wird durch den institutionellen Isomorphismus anerkannt, dass die Konkurrenz von Unternehmen über ökonomischen Faktoren hinausgeht.[34]

34 Im Vordergrund der folgenden Ausführung steht der institutionelle Isomorphismus. Isomorphismus wird daher im Weiteren synonym verwendet mit dem Verständnis des institutionellen Isomorphismus.

Veränderungsprozesse basieren auf einem Anpassungsdruck, der sich von der institutionellen Umwelt (andere Organisationen) auf einzelne Organisationen überträgt. Die Wirkung des isomorphen Drucks verstärkt sich dabei, sofern Organisationen in einem gemeinsamen organisationalen Feld agieren (DiMaggio/Powell, 1983: 148). Organisationale Felder definieren sich hierbei als ein gemeinsamer abgegrenzter Bereich des institutionellen Zusammenlebens wie beispielsweise wichtige Zulieferbetriebe, Regulierungsbehörden und andere Organisationen, die ähnliche Produkte oder Dienstleistungen anbieten. Innerhalb organisationaler Felder entstehen also Kräfte *„[...] that lead them to become more similar to one another."* (DiMaggio/Powell, 1983: 148). Organisationale Felder könnten folglich bedingen, dass auch eine Angleichung zwischen Organisationen stattfindet, die sich sonst in unterschiedlichen Kontexten bewegen, wie beispielsweise unterschiedlichen nationalen Kontexten. Der institutionelle Druck setzt sich dabei auf weiteren Ebenen fort: der organisationalen Ebene sowie der individuellen Entscheidungsebene. Verschiedene Faktoren, die auf der einzelnen Ebene wirken, wie beispielsweise geteilte Wertvorstellungen, beeinflussen hierbei den Angleichungsprozess (Carpenter/Feroz, 2001: 569).

DiMaggio/Powell (1983: 150) differenzieren drei Mechanismen des isomorphen Wandels: den erzwungenen, mimetischen und normativen Isomorphismus. Als Ursache des erzwungenen Isomorphismus werden Austausch- und Interdependenzbeziehungen zwischen Organisationen gesehen. Der Druck, der dadurch von einer Organisation auf eine andere ausgeübt wird, ist Ursache dafür, dass sie sich einander angleichen. Als Beispiel lässt sich hierfür die Einführung von Qualitätsrichtlinien in Zulieferbetrieben nennen. Daneben kann erzwungener isomorpher Wandel auch durch ein gesetzliches Diktat ausgelöst werden oder durch gesellschaftliche Erwartungen.

Ausschlaggebender Faktor mimetischer Prozesse sind Unsicherheiten, die durch eine sich ändernde institutionelle Umwelt entstehen können. Der Grad der Unsicherheit bedingt dabei den Grad der Imitation anderer, zentraler Akteure, deren Strukturen oder Prozeduren sich als robuster oder legitimer als die eigenen herausgestellt haben bzw. im organisationalen Feld so empfunden werden (Rodrigues/Craig, 2007: 743).

Normativer Isomorphismus entsteht durch den Prozess der Professionalisierung. Dieser Prozess wird insbesondere durch das Ziel der Verbreitung eigener Routinen, Praktiken oder Standards sowie einer gemeinsamen kognitiven Basis getrieben. Darüber hinaus dient die Professionalisierung auch der Legitimierung der eigenen beruflichen Souveränität. Die Errichtung und Entstehung von Netzwerkstrukturen übernimmt hierbei eine wesentliche Funktion, um den Prozess voranzutreiben (DiMaggio/Powell, 1983: 152-153).

Eine zentrale Rolle für die Entstehung isomorphen Wandels spielen Interaktions- und Kommunikationsprozesse. Interaktion und Kommunikation prägen zunächst die Entstehung und Strukturierung organisationaler Felder (DiMaggio/Powell, 1983: 148). Zum einen bemisst sich dieser Prozess an einer gesteigerten Interaktion und Kommunikation zwischen Organisationen, zum anderen am Auftreten von unterschiedlichen Formen und Mustern interorganisationaler Koalitionen sowie der Entwicklung eines Bewusstseins der beteiligten Organisationen, durch ein gemeinsames Vorhaben oder Ziel miteinander verknüpft zu sein (DiMaggio, 1982, zitiert in DiMaggio/Powell 1983: 148). Darüber hinaus sind Interaktions- und Kommunikationsprozesse von Bedeutung, damit organisationale Entscheidungsträger überhaupt wahrnehmen, welche Handlungsalternativen zur Verfügung stehen und umgesetzt werden könnten (Gertler, 2001: 5). Interaktions- und Kommunikationsprozesse bilden die Grundlage für Lernprozesse, die zur Erweiterung und Verbreitung bereits bestehenden Wissens beitragen. Beide Prozesse werden daher als wesentliche Voraussetzungen des institutionellen Isomorphismus verstanden (Hannan/Freeman, 1977: 939).

Isomorphe Wandlungsprozesse beschränken sich jedoch nicht nur auf den Bereich von Organisationen, sondern sind auch im Hinblick auf andere *„[..] set[s] of institutional arrangements [...]“* (Rodrigues/Craig, 2007: 742) zu beobachten, z. B. im Hinblick auf die Annäherung der institutionellen Pfade von einem Land oder einer Ländergruppe an ein anderes Land oder eine andere Ländergruppe. Die Angleichung oder Übernahme von Elementen aus dem regulativen Rahmen eines anderen Landes kann auch als regulatorischer Isomorphismus bezeichnet werden (Carpenter/Feroz, 2001: 570 ff.). In den Politikwissenschaften werden die Mechanismen des Isomorphismuskonzepts beispielsweise herangezogen, um den grenzüberschreitenden Transfer oder die Diffusion politischer Institutionen zu erklären (dazu Radaelli, 2000; Holzinger *et al.*, 2007: 12-13).

Politiktransfer und -diffusion bilden hierbei den Prozessverlauf ab, dessen Endpunkt eine Konvergenz politischer Institutionen sein kann. Dolowitz/Marsh (2000: 5) verstehen unter Politiktransfer einen Prozess, bei dem

> „[…] knowledge about policies, administrative arrangements, institutions and ideas in one political system (past or present) is used in the development of policies, administrative arrangements, institutions and ideas in another political system.".

Den analytischen Fokus von Transferstudien bilden demnach der einzelne Nationalstaat und die Übertragung von spezifischen Politikeigenschaften sowie deren Veränderung im Transferprozess (z. B. Kern, 2000). Politikdiffusion definiert hingegen einen Prozess, der sich nicht nur auf zwei Transfereinheiten/Länder beschränkt, sondern eine Übernahmesequenz mehrerer Länder beschreibt. Rogers (2003: 5) definiert den Diffusionsbegriff als Prozess, durch den sich eine (technologische oder politische) Innovation über bestimmte Kommunikationskanäle in einem sozialen System im Laufe der Zeit verbreitet. Diesem Verständnis folgend liegt der Fokus von Diffusionsstudien auf den Antriebskräften und Kanälen, durch die Innovationen (z. B. einzelne Politikprogramme oder -ideen) kommuniziert werden (Holzinger *et al.*, 2007: 14). Endergebnis dieser Übernahmeprozesse kann eine Politikkonvergenz sein, die sich darin äußert, dass *„[...] policies [..] grow more alike, in the form of increasing similarity in structure, processes, and performances."* (Drezner, 2001: 53).

Durch den Transfer- und Diffusionsprozess findet ein grenzüberschreitender Import und Export von politischen Institutionen statt, die sich als legitimiert erwiesen haben (Radaelli, 2000: 26-29). Zentral ist auch hierbei die Kommunikation und der Wissensaustausch zwischen Ländern, damit politische Entscheider überhaupt über die Entscheidungen und Maßnahmen anderer Ländern informiert sind (Strang/Meyer, 1993: 488). Transfer und Diffusion von politischen Institutionen werden dementsprechend in enger Verbindung zu den Konzepten des Politiklernens und Netzwerken als organisatorische Form des grenzüberschreitenden Lernens gesehen (z. B. Börzel, 1998; Knoepfel/Kissling-Näf, 1998; Meseguer, 2005).

Die Verbreitung von bestimmten Politikinnovationen oder generell von bestimmten institutionellen Neuerungen kann dabei der strategischen Steuerung und Beeinflussung des Prozesses durch Akteure unterliegen. Aufgegriffen wird diese Idee explizit durch Konzepte wie dem des *institutional entrepreneurship* (z. B. Eisenstadt, 1980; DiMaggio, 1988), des *policy entrepreneurs* (z. B. Roberts/King, 1991) oder des akteurszentrierten Institutionalismus (Mayntz/Scharpf, 1995). Die Gemeinsamkeit der Ansätze ist darin zu sehen, dass sie die Bedeutung von Akteuren für den Wandel bzw. als Ursache für den Wandel von Institutionen in den Vordergrund stellen (Mayntz/Scharpf, 1995: 46). Akteuren wird eine katalytische Wirkung für die Initialisierung des (strukturellen) Wandels zugesprochen.[35] Sie übernehmen die Funktion des Treibers sowie des Richtungsweisers institutionellen Wandels, indem sie neue spezifische Ziele artikulieren bzw. neuartige normative und organisationale Strukturen formulieren (Colomy/Rhoades, 1994: 554). Hierbei kann es sich auch um organisierte Akteursgruppen handeln, die über ausreichende Ressourcen verfügen, um die Entwicklung neuer Institutionen voranzutreiben, in denen sich aber auch ihre eigenen Interessen realisieren bzw. manifestieren (DiMaggio, 1988: 14). In Anlehnung

---

35 Im Folgenden wird der Begriff institutioneller Entrepreneur oder Entrepreneur synonym verwendet für die Ideen des *institutional entrepreneurs*, des *policy entrepreneurs* und des akteurszentrierten Institutionalismus o. ä. Konzepte des Akteurs als Ursache des Wandels.

daran definieren Maguire *et al.* (2004: 657) *institutional entrepreneurship* als *„activities of actors who have an interest in particular institutional arrangements and who leverage resources to create new institutions or to transform existing ones."*.

Einzelne oder kollektive Akteure spielen aus dieser Perspektive als institutionelle Entrepreneure für den Wandlungsprozess eine zentrale Rolle. Ihr Handeln wird hierbei nicht losgelöst von der institutionellen Umwelt verstanden, sondern als in diese eingebettet angesehen. Mayntz/Scharpf (1995: 43) unterstreichen beispielsweise im akteurszentrierten Ansatz des Institutionalismus, dass „[i]nstitutionelle Faktoren [...] einen – stimulierenden, ermöglichenden oder auch restringierenden – Handlungs*kontext* [bilden]". Akteurshandlungen werden also durch ihr institutionelles Umfeld beeinflusst; nicht in der Hinsicht, dass das institutionelle Umfeld ihre Handlung determiniert sondern, dass ihnen dadurch ein Handlungsspielraum gewährt wird, in dem Akteure schöpferisch tätig werden können (Strobel, 2009: 16).

Garud/Karnøe (2001) greifen den Gedanken des „schöpferisch Tätigwerdens" von Akteuren im Konzept der Pfadkreation (*path creation*) auf.[36] Anknüpfend an den schumpeterianischen Prozess der „schöpferischen Zerstörung" beschreibt Pfadkreation eine *mindful deviation* von Entrepreneuren von einem bereits existierenden Pfad in Verbindung mit der Schöpfung eines neuen Pfades. Pfadschöpfung sieht hierbei nicht notwendigerweise die Erzeugung eines vollständig neuen institutionellen Pfades von Grund auf vor, sondern kann sich stattdessen auch in einer (Re-)Kombination bestehender Elemente äußern (dazu Djelic/Quack, 2007: 167). Das bewusste und absichtliche Abweichen von bestehenden institutionellen Strukturen und Gegebenheiten bildet jedoch den Kern des Pfadkreationskonzepts, wobei auch hier dieser Prozess nicht ungeachtet der bestehenden institutionellen Strukturen stattfindet (Garud/Karnøe, 2001: 6-7).

Auslöser des Pfadkreationsprozesses bzw. der schöpferischen Zerstörung bilden mögliche Ineffizienzen von Strukturen oder Systemen, die zwar zum Zeitpunkt der Entstehung effizient waren, dies sich jedoch im Zeitverlauf durch die Einwirkung exogener Faktoren geändert haben kann (Schumpeter, 1942). Die Schöpfung eines neuen institutionellen Pfads muss jedoch nicht zwangsläufig durch funktionalistische Motive wie die Herstellung einer neuen Effizienz

36 Bezugspunkt des Pfadkreationskonzepts von Garud/Karnøe (2001) ist die Erforschung des Pfadkreationsprozesses bei technologischen Innovationen. Das Konzept findet jedoch vermehrt auch allgemein Anwendung in anderen institutionalistischen Forschungsbereiche (z. B. Fligstein, 2001; Morgan/Kubo, 2005; Djelic/Quack, 2007) aus deren Perspektive folgende Ausführungen zu Garud/Karnøe (2001) auch geschrieben worden sind.

getrieben sein. Motive dafür können ebenso auf geänderte Wert- und Legitimitätsvorstellungen von Akteuren eines gesellschaftlichen Systems zurückzuführen sein (Mahoney, 2000: 517; Garud/Karnøe, 2001: 7 ff.). Dass bedeutet, ihre Vorstellungen über die Gewichtung immaterieller Werte, die in den Institutionalisierungsprozess eingegangen ist, hat sich im Zeitablauf geändert bzw. ihre Wahrnehmung der Angemessenheit oder Legitimität von gesellschaftlichen Institutionen. Diesbezüglich ist der Versuch von institutionellen Entrepreneuren, neue Überzeugungen, Normen und Werte durch neue Institutionen in das gesellschaftliche System einfließen zu lassen (Rao *et al.*, 2000: 240), als ein weiterer Auslöser für den Prozess der Pfadkreation zu werten. Daneben wird der Prozess der Pfadschöpfung auch von einem möglichen Nutzenzufluss und Eigeninteresse auf Seiten des institutionellen Entrepreneurs begleitet sein, da Akteure zumeist nicht altruistisch handeln (DiMaggio, 1988: 14). Die Möglichkeit strategischer Handlungen durch institutionelle Akteure ist insgesamt am größten, wenn die Unsicherheit in dem institutionellen Feld, in dem sie agieren, relativ hoch ist, d. h. wenn das Feld wenig Struktur aufweist und der Grad der Institutionalisierung relativ gering ist (Fligstein, 1997: 401).

Eine Pfadkreation lässt sich demnach auch als ein Versuch von Akteuren deuten, einer *lock-in* Situation zu entfliehen, wobei institutionelle Entrepreneure bestrebt sind, die verschiedenen Aspekte zu beeinflussen, die mit der Etablierung eines neuen institutionellen Pfades in Verbindung stehen (Garud/Karnøe, 2001: 7). Pfadkreation grenzt sich insofern von der Entstehung von Pfaden in der Tradition des Pfadabhängigkeitskonzeptes ab, das die Institutionalisierung von Pfaden als kontingent charakterisiert (Schreyögg *et al.*, 2003: 287). Aber auch wenn es sich bei der Pfadkreation um einen bewusst gesteuerten Prozess handelt, so bleibt dieser grundlegend experimentell. Dieses ergibt sich aus dem fehlenden Referenzmaßstab für die Umsetzung des zukünftigen wünschenswerten Pfadergebnisses, da sich dieser Maßstab erst im Verlauf der Pfadschöpfung herausbildet (Garud/Karnøe, 2001: 7-8).

Pfadkreation beinhaltet außerdem den Aufbau eines Interaktions- und Kommunikationsprozesses mit und zwischen verschiedenen Akteuren. Ein neuer Pfad kann lediglich dann erfolgreich sein, wenn alle relevanten Akteure auch zu einem gemeinsam abgestimmten Handeln bewegt und davon überzeugt werden können, den neuen Pfad auch „einzuschlagen" (Schreyögg *et al.*, 2003: 281). Der Interaktions- und Kommunikationsprozess wird in der Regel durch Entrepreneure organisiert und darauf ausgelegt, eine kritische Masse (*generating momentum*) bezüglich der Akzeptanz des neuen Pfades zu erreichen (Garud/Karnøe, 2001: 17). Dabei können Akteure aufeinander treffen, deren normativer Hintergrund und ökonomischen und politischen Interessen an der Gestaltung des neuen Pfades sehr heterogen sein können, was die Legitimierung des neuen Pfades erschweren kann. Vom Entrepreneur verlangt dieses eine genaue Auseinandersetzung und Abwägung zwischen den geäußerten Interessen, um eine taktische und strategische Entscheidungsfindung vornehmen zu können, die der Etablierung des neuen Pfades behilflich ist (Mayntz/Scharpf, 1995). Die Schöpfung neuer (technologischer) Pfade geht in der Regel auch mit der Etablierung neuer Organisationen und Organisationsformen einher. Beim Letztgenannten kann es sich sowohl um neue Organisations- als auch Governancestrukturen handeln. Damit werden insbesondere zwei Ziele verfolgt, und zwar (1) der Abbau von Unsicherheiten und (2) die Erzeugung von Legitimität (Rao/Singh, 2001: 244 ff.). Darüber hinaus ist anzunehmen, dass neue Organisationen und formale Strukturen notwendig sind, um den mit der Pfadkreation in Verbindung stehenden Interaktions- und Kommunikationsprozess möglichst effizient zu gestalten.

Aufgrund der hohen Komplexität und des langen Zeitraums, den der Pfadkreationsprozess umfassen kann, sehen Rao/Singh (2001: 263) wie auch Djelic/Quack (2007: 167) Parallelen zu einem politischen Prozess. Unabhängig von der Dauer des Prozesses kann eine erfolgreiche Pfadschöpfung einen isomorphen institutionellen Wandel zur Folge haben. Darüber hinaus kann eine derartige Stabilisierung des Prozesses eintreten, dass der institutionelle Entrepreneur selbst Teil eines sich selbst verstärkenden Prozesses wird, wodurch der Pfadkreation ggf. eine (neue) Pfadabhängigkeit folgt (Garud/Karnøe, 2001: 11).

2.3.1 Gründe für die Konvergenz der Rechnungslegungsregulierung

2.3.1.1 Vorbemerkungen

Isomorpher Wandel ist auch in der Rechnungslegung beobachtbar. Der Wandlungsprozess äußert sich primär dadurch, dass in allen OECD Ländern eine Reorganisation des Standardsetzungsprozesses für die Konzernrechnungslegung stattgefunden hat. Hierbei hat sich einerseits die formale Struktur der Standardsetzung verändert. Private Standardsetzer sind nunmehr fast in jedem Land aktiv. Andererseits hat sich die materiell-inhaltliche Ausrichtung der Rechnungslegungsregeln geändert. Nicht staatliche Institutionen setzen hauptsächlich Standards für kapitalmarktorientierte Unternehmen. Der Fokus der Standardsetzung liegt dabei auf dem primären Schutz von Investoren (Informationsfunktion) und unterscheidet sich damit von den stärker stakeholderorientierten Ansätzen ehemals rein staatlich geprägter Rechnungslegungssysteme. Mit der Diffusion der IFRS gipfelte dieser Prozess, insbesondere für die Regulierung börsennotierter Unternehmen, in einer Transnationalisierung der Rechnungslegung (ausführlich Zimmermann *et al.*, 2008; Büthe/Mattli, 2011: 60 ff.).

Als Auslöser isomorphen Wandels werden verschiedene Faktoren diskutiert, die den von DiMaggio/Powell (1983) identifizierten Formen des Isomorphismus zugeordnet werden können (z. B. Touron, 2005: 853 ff.; Rodrigues/Craig, 2007: 752-753; Judge *et al.*, 2010: 163-164). Treiber, die vielleicht den signifikantesten Einfluss auf die Konvergenz der Rechnungslegung nehmen, sind die Finanzmarktglobalisierung und Europäisierung. Bratton/Cunningham (2009: 989) interpretieren beispielsweise die Transnationalisierung der Rechnungslegung als unausweichliche Konsequenz der Globalisierung. Beiden Faktoren kann zudem eine sehr kontinuierliche und großflächige Einflussnahme auf den Wandel der Rechnungslegung unterstellt werden, während andere Treiber wie beispielsweise Krisen (Bhimani, 2008) lediglich einen episodischen oder punktuellen Einfluss ausüben (Oehr/Zimmermann, 2012).[37] Von der Darstellung anderer Faktoren als der Finanzmarktglobalisierung und Europäisierung wird daher abgesehen, auch wenn das Zusammenwirken *aller* Antriebskräfte für den institutionellen Wandel in der Rechnungslegung verantwortlich ist.

2.3.1.2 Finanzmarktglobalisierung

In der Globalisierungsforschung existieren verschiedene Ansätze und Definitionen für den allgemein verwendeten Begriff der „Globalisierung" (z. B. Levitt, 1983; Beck, 2004). Der Begriff umschreibt hierbei einen Prozess der zunehmenden Verflechtung, die sich in einer gesteigerten ökonomischen und politischen Interdependenz von Nationalstaaten und Gesellschaften äußert bzw. in deren abnehmender ökonomischer und politischer Unabhängigkeit voneinander (Hickel, 1998: 175; Elkins/Simmons, 2005). Vereinfacht gesprochen ist Globalisierung ein Sammelbegriff für die Internationalisierung der Güter-, Dienstleistungs- und Finanzmärkte (OECD, 2005: 16). Zur Messung der ökonomischen Globalisierung hat die OECD im Jahr 2005 vier Standardindikatoren formuliert: (1) ausländische Direktinvestitionen, (2) Aktivitäten multinationaler Unternehmen, (3) internationale Verbreitung von Technologien und (4) Internationalisie-

37 Auch wenn aktuell eine Reformierung der internationalen Rechnungslegung aufgrund der weltweiten Finanzkrise auf der globalen Agenda (G-20 Gipfel) steht und eine Umsetzung der Reformvorschläge globale Auswirkungen auf die Regulierung der Rechnungslegung hätte (z. B. Büthe/Mattli, 2011: 60), wird von einer Darstellung von Krisen als Treiber des Wandels abgesehen. Es handelt sich primär um Reformvorschläge, deren endgültige Umsetzung global wie national noch abzuwarten ist. Die Auswirkungen der Finanzkrise auf die Rechnungslegungsregulierung sind daher noch nicht abschließend zu beurteilen.

rung des Handels (OECD, 2005). Der OECD Generalsekretär Angel Gurría (2008) erläuterte in einer Rede vor Mitgliedern der Bertelsmann-Stiftung vom 09. April 2008, dass die Weltwirtschaft mit der derzeitigen Welle der ökonomischen Globalisierung ihre dynamischste Expansion erlebt:

> „In the past 15 years, world trade has tripled and the global stock of foreign direct investment (FDI) has grown five-fold. During that period, the number of multinational corporations more than doubled, while their subsidiaries around the world skyrocketed to 700,000 [...]."

Neben diesen Aspekten wird die Globalisierung als einer der wesentlichen (materiellen) Treiber für im Zeitablauf zunehmend ähnlich werdende nationalstaatliche Politiken diskutiert (Drezner, 2001: 53; Holzinger *et al.*, 2007: 11-35). Auch im Hinblick auf den weltweiten Wandel von Rechnungslegungssystemen und deren Konvergenz ist die ökonomische Globalisierung eine häufig analysierte Antriebskraft (z. B. Hopwood, 1994: 241-253; Busse von Colbe, 2002; Graham/ Neu, 2003: 235-247; Chua/Taylor, 2008: 462-473; Bratton/Cunningham, 2009: 989). Im Speziellen wird dabei auf die fortschreitende Finanzmarktglobalisierung rekurriert, die, getrieben durch die Deregulierung und Liberalisierung der Finanzmärkte mit Beginn der 1970er Jahre, zu einer zunehmenden Integration der Kapitalmärkte geführt hat (Lane/Milesi-Ferretti, 2008: 327). Bezogen auf die Rechnungslegung lassen sich die Harmonisierungsbestrebungen nationaler Regulierer hierbei im Wesentlichen als Folge des Nachfragedrucks global agierender Unternehmen und Investoren interpretieren (Hammermeister/ Zimmermann, 2010: 10-20). Beide Gruppen profitieren nämlich aufgrund der zahlreichen Effizienzvorteile und transaktionskostensenkenden Effekte von einem weltweit konsistenten Set an Rechnungslegungsregeln (Tweedie/ Seidenstein, 2005), denn allgemein kann davon ausgegangen werden, dass sich die Kosten der Informationsverarbeitung für Unternehmen und Investoren durch international einheitliche Rechnungslegungsregeln verringern (z. B. Barth, 2007). International vergleichbare Regeln haben somit insgesamt einem positiven Einfluss auf die Höhe der Opportunitätskosten.

Die globalisierungsinduzierten Probleme und Nachteile unterschiedlicher Sets an Rechnungslegungsstandards werden am deutlichsten im Zusammenhang mit börsennotierten Unternehmen und deren Zweitnotierungen auf ausländischen Kapitalmärkten (*foreign cross-listings*). Die Anteile eines Unternehmens werden also nicht nur in seinem Heimatland gehandelt, sondern mindestens auch in einem weiteren Land. Die Zahl von *foreign cross-listings* häufte sich insbesondere in den 1980er und 1990er Jahren (Kent Baker *et al.*, 2002: 495). Zielmärkte waren (bzw. sind zum Teil noch immer) die großen entwickelten angloamerikanischen Kapitalmärkte. Abbildung 2 zeigt diesbezüglich die Entwicklung ausländischer Börsennotierungen von Aktiengesellschaften an den beiden größten US-amerikanischen Handelsplätzen: NYSE und *National Association of Securities Dealers Automated Quotations* (NASDAQ).

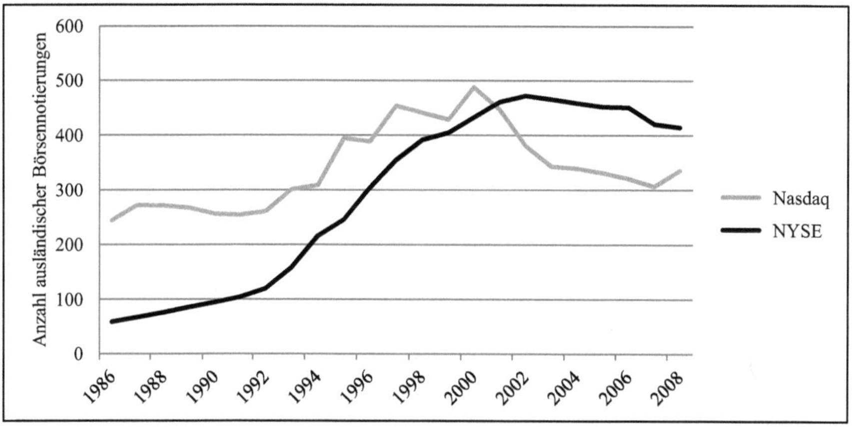

Abbildung 2: Entwicklung ausländischer Notierungen an der NYSE und im NASDAQ; Quelle: DAI Factbook (2009)

Das Schaubild zeigt, dass die Anzahl der ausländischen Börsennotierungen auf den beiden Börsenplätzen seit Ende der 1980er Jahre stetig gewachsen ist. Während der 1990er Jahre erlebten beide Handelsplätze einen relativ starken Anstieg ausländischer Börsennotierungen, wobei sich dessen Gesamtzahl bis zum Jahr 2000 mehr als verdoppelte. Seit dem Jahr 2000 sind die Zahlen erstmalig seit 1986 wieder rückläufig bzw. mit Blick auf den NASDAQ sogar stark abgefallen. Insgesamt bewegt sich die Zahl der ausländischen Notierungen jedoch noch weiterhin oberhalb des Niveaus der 1980er Jahre. Unternehmen, die während der 1990er Jahre eine Zweitnotierung vornahmen, kamen zumeist aus Ländern mit weniger entwickelten Kapitalmärkten (Saudagran, 1988), wozu u. a. Deutschland und auch Frankreich zählten. Die Motive für Unternehmen, den Schritt auf einen ausländischen Kapitalmarkt zu unternehmen, sind vielfältig und werden in der Literatur umfassend diskutiert (ausführlich Karolyi, 1998; Roll *et al.*, 1998; Abée, 2011).

Klassische Beweggründe, die im Zusammenhang mit *foreign cross-listings* genannt werden, beziehen sich zum einen auf die Verbesserung der Kapitalbeschaffung und zum anderen auf die Senkung der Kapitalkosten. Unternehmen haben durch eine ausländische Zweitnotierung die Möglichkeit, zusätzliches Kapital aufzunehmen, sofern die Kapazität des heimischen Kapitalmarktes einen Engpass darstellt, um damit Expansionen wie Unternehmensakquisitionen oder

Investitionen zu finanzieren (Doidge *et al.*, 2004: 207-208). Ein weiteres Motiv besteht in der Aussicht auf Senkung der Kapitalkosten. Als kapitalkostensenkende Faktoren werden in diesem Zusammenhang die Verbreitung und Diversifikation der Aktionärsbasis genannt, da durch die größere Risikoteilung (*risk sharing hypothesis*) erwartet werden kann, dass die von Investoren verlangte Risikoprämie sinkt (z. B. Errunza/Losq, 1985; Merton, 1987; Stulz, 1999).

Des Weiteren stellt der Abbau von Informationsasymmetrien zwischen dem Unternehmen und den Investoren einen wichtigen Faktor für *cross-listings* dar, der ebenfalls zur Senkung der Kapitalkosten beiträgt. Die Reduktion von Informationsasymmetrien wird hierbei insbesondere angetrieben durch ein (in den meisten Fällen) stärkeres *legal bonding* (z. B. Coffee, 2002). Global agierende Unternehmen konkurrieren nicht nur auf Produktmärkten, sondern auch auf Kapitalmärkten. Die Bindung an ein höheres regulatorisches Publizitätsniveau wird daher von Unternehmen forciert, die in einem Land mit einem schwachen *legal bonding* inkorporiert sind, um Nachteile höherer Kapitalkosten abzumildern. Ausländische Zweitnotierungen sind demzufolge ein einfacher Weg den Nutzen aus einer fremden Regulierung (höherer Anlegerschutz) zu ziehen, ohne dabei die hohen Kosten einer „faktischen“ Abwanderung tragen zu müssen (Reese/ Weisbach, 2002: 73; Siegel, 2005: 319-359).[38] Zimmermann/Abée (2006) wie auch Karolyi (2006) veranschaulichen jedoch, dass ausländische Zweitnotierungen nicht immer den erwarteten Effekt haben und die klassischen Argumente für *cross-listings* durchaus kritisch zu sehen sind.

Obwohl Unternehmen durch eine ausländische Zweitnotierungen zwar die Kosten der physischen Abwanderung vermeiden, stehen dem Nutzen eines höheren Publizitätsniveaus dennoch erhebliche *compliance costs* sowie weitere Kosten gegenüber, die zur Erfüllung der regulatorischen Anforderungen aufgebracht werden müssen (z. B. Roll *et al.*, 1998: 776-777; Pagano *et al.*, 2002: 2659-2660). Im Hinblick auf die Rechnungslegung wurden in der Regel die nach nationalen Vorschriften erstellten Abschlüsse zunächst nicht durch die zuständige Regulierungsinstanz im Zielland des *cross-listing* anerkannt. Unternehmen wurden dementsprechend damit konfrontiert, zwei Abschlüsse zu erstellen: einen Jahresabschluss gemäß nationalen Standards und einen weiteren in

---

38 Als ebenfalls förderlich für den Abbau von Informationsasymmetrien wird die gesteigerte öffentliche und mediale Wahrnehmung des Unternehmens durch die Zweitnotierung gesehen sowie die größere Abdeckung durch Finanzanalysten (z. B. Benos/ Weisbach, 2004). Im Zusammenhang mit der höheren Sichtbarkeit von Unternehmen werden auch positive Reputations- und Marketingeffekte für das Absatzgeschäft von ausländischen Unternehmen genannt (z. B. Bancel/Mittoo, 2001). Weitere Aspekte, die für die Vorteilhaftigkeit einer ausländischen Zweitnotierung sprechen, wie beispielsweise personalpolitische Aspekte, werden detailliert von Roll *et al.* (1998) dargestellt.

Übereinstimmung mit den ausländischen Rechnungslegungsregeln. So mussten ausländische Emittenten für eine Notierung an der NYSE gemäß den Anforderungen der SEC einen Konzernabschluss entweder vollständig auf Basis der US GAAP anfertigen oder eine Überleitungsrechnung mit Erläuterung der wesentlichen Unterschiede zu den nationalen Bilanzierungsregeln erstellen (am Beispiel deutscher Unternehmen Küting/Hayn, 1993: 408).[39] Für britische oder japanische Unternehmen wurden beispielsweise die Kosten für die jährliche Anpassung an die US-amerikanischen Rechnungslegungsanforderungen auf mindestens eine Million US Dollar geschätzt (Biddle/Saudagaran, 1991: 71-72). Die Pflicht zur Erfüllung ausländischer Regulierungsvorschriften war jedoch nicht nur ein erheblicher Kostentreiber für Unternehmen (Mittoo, 1992; Radebaugh *et al.*, 1995), sondern produzierte auch auf Seiten der Investoren eine informationelle Verwirrung, da unterschiedliche Abschlussdaten für Kennzahlen wie Gewinn und andere Bilanzkennzahlen publiziert wurden.

Notorische Unternehmensbeispiele für den verzerrenden Effekt unterschiedlicher Rechnungslegungsstandards auf den Abschluss international operierender Unternehmen sind die *foreign cross-listings* des deutschen Automobilherstellers Daimler-Benz AG (heute: Daimler AG) und des britischen Pharmaunternehmens Glaxo Wellcome plc. (heute: GlaxoSmithKline plc.). Im Fall der Daimler-Benz AG, die im Jahr 1993 eine Zweitnotierung an der NYSE vornahm, hatte die Überleitungsrechnung von den deutschen auf die US-amerikanischen Vorschriften zur Folge, dass anstelle eines soliden Gewinns von DM 602 Millionen ein massiver Verlust von DM 1.839 Millionen ausgewiesen werden musste (Radebaugh *et al.*, 1995: 158-192). Ein umgekehrter Effekt trat bei Glaxo Wellcome plc. ein. Das Eigenkapital der Glaxo Wellcome plc. bezifferte sich gemäß UK GAAP auf £ 91 Millionen, stieg aber nach der Überleitung auf US GAAP sprunghaft auf £ 8.168 Millionen an (Nobes/Parker, 2006: 4-5). Die jeweiligen Effekte wurden verursacht durch unterschiedliche zum Teil grundlegend verschiedene Ansatz- und Bewertungsvorschriften zwischen den jeweiligen nationalen Regelsets, die eine Neubewertung und Umklassifizierung einzelner Bilanzpositionen zur Folge hatten. Weitere Beispiele finden sich bei Nobes/Parker (2006: 4-5).

Die Unternehmensbeispiele zeigen eindrucksvoll, dass durch die „Entgrenzung" der unternehmerischen Finanzierungstätigkeiten die generelle Glaubwürdigkeit des Jahresabschlusses als Informations- und Kommunikationsinstrument in Frage gestellt wurde. Auf Seiten der Investoren zeichnete sich ein

---

39 Diese Pflicht entfällt jedoch mittlerweile gemäß SEC Release NOR. 33-8879 vom 21.12.2007 für ausländische Emittenten für Geschäftsjahre beginnend nach dem 15.11.2007, sofern der Abschluss auf Basis der IFRS erstellt wurde.

Vertrauensverlust in die veröffentlichten Daten ab, da keine Sicherheit mehr darüber bestand, welcher der Abschlüsse die „richtigen" Zahlen präsentierte (Flower, 2004). Darüber hinaus waren international agierende Unternehmen mit weiteren Kosten konfrontiert, die mit der steigenden Globalisierung der Geschäftstätigkeit und den Effizienznachteilen unterschiedlicher Rechnungslegungsstandards korrelierten. Hierzu gehörten beispielsweise die Kosten des Konsolidierungs- und Überleitungsprozesses der Abschlüsse internationaler Tochterunternehmen zur Erstellung des nationalen Konzernabschlusses (Choi/ Meek, 2008; Wagenhofer, 2009).

Dementsprechend kann angenommen werden, dass sowohl seitens der Unternehmen als auch seitens der Investoren die Nachfrage nach global einheitlichen Standards gestiegen war, die sich mit voranschreitender finanzieller Globalisierung noch weiter verstärkte (McSweeney, 2010: 9; Hammermeister/Zimmermann, 2010: 16-21). Der Druck auf die nationalen Regulierer, eine Lösung für die Entgrenzungsproblematik zu finden, stieg also stetig. Politische Akteure waren daher gezwungen, entweder die heimische Regulierung an die Nachfrage anzupassen oder heimische Unternehmen von eben dieser zu befreien, damit die Unternehmen gegenüber ihren globalen Konkurrenten keine Wettbewerbsnachteile erlitten (Werner, 2006: 135-137). Diesbezüglich zeigen Hammermeister/Zimmermann (2010: 16-21) für den Zeitraum von 1970 bis 2007, dass mit zunehmender Finanzmarktglobalisierung auch eine zunehmende Konvergenz der Rechnungslegung zu beobachten ist. Allerdings kann auch beobachtet werden, dass finanzielle Globalisierung und der Wandel von Rechnungslegungssystemen nicht im Gleichschritt stattfinden, sondern zeitversetzt.

Ein exemplarisches Beispiel für die Wirkung des Nachfragedrucks von Unternehmen und der Öffentlichkeit auf die Regulierungsentscheidung von politischen Akteuren ist die Verabschiedung des Kapitalaufnahmeerleichterungsgesetzes (KapAEG) in Deutschland zu Beginn des Jahres 1998 (Pellens *et al.*, 1998: 785). Das Gesetz sollte die Wettbewerbsfähigkeit deutscher Unternehmen auf ausländischen Kapitalmärkten verbessern und daneben eine Form der Inländerdiskriminierung abschaffen (Kirchhof, 2000: 688). Die Gesetzesnovelle erlaubte börsennotierten Unternehmen gemäß § 292a HGB, einen von den deutschen Rechnungslegungsregeln befreiten Konzernabschluss nach international üblichen Regeln zu erstellen – was zum damaligen Zeitpunkt entweder IAS oder US GAAP darstellten. Mit Einbettung dieser Verweisung in das deutsche Recht gewährte der Gesetzgeber deutschen börsennotierten Unternehmen somit die Wahl zwischen drei Standardsets: HGB, IAS und US GAAP. Mit der Öffnung des deutschen Rechts wurde zugleich ein Wettbewerb zwischen den deutschen und international anerkannten Normen initiiert (Zwirner, 2009: 425-429), der jedoch im Jahr 2002 per Regulierungsentscheidung der EU (IAS Verordnung Nr. 1606/2002) zugunsten der Standards des IASB entschieden wurde.

2.3.2.3 Europäisierung

Ein weiterer wichtiger Treiber in der (regionalen) Konvergenz der Rechungslegung ist die EU.[40] Dies ist erkennbar an den gravierenden Veränderungen in der Regulierung der Rechnungslegung, die sich seit Gründung der Europäischen Gemeinschaft für Kohle und Stahl im Jahre 1951 durch die Staaten Deutschland, Frankreich, Italien sowie die Beneluxstaaten bis zur heutigen, mittlerweile 27 Länder umfassenden EU ergeben haben. Als ein wichtiges politisches Ziel der EU gilt die Schaffung eines gemeinsamen europäischen Binnenmarktes, der frei von jeglichen Barrieren für Personen, Unternehmen, Kapital, Güter und Dienstleistungen ist. Erstmals vertraglich fixiert wurde diese Zielsetzung durch den Vertrag von Rom im Jahre 1957, der zur EWG führte (Wessels, 2008a: 53 ff.). Die Römischen Verträge definierten als Basis für den europäischen Binnenmarkt vier Grundfreiheiten: die Niederlassungsfreiheit, die Kapitalverkehrsfreiheit, die Dienstleistungsfreiheit sowie die Warenverkehrsfreiheit, die noch heute wesentlicher Bestandteil des EU Vertrags sind (EU Vertrag: Artikel 50).

Zur Schaffung eines gemeinsamen Binnenmarktes ist (bzw. war) die Harmonisierung nationaler Gesetze und Standards ein wesentlicher Bestandteil der europäischen Binnenmarktpolitik. Im Zuge dessen wurde auch die Harmonisierung der Rechnungslegung angestoßen, die zwar nicht explizit im EWG-Vertrag geregelt war, aber zusammen mit der gesellschaftsrechtlichen Harmonisierung erfolgen sollte (van Hulle, 1993: 389). Die gesellschaftsrechtliche Harmonisierung hat die Niederlassungsfreiheit von Unternehmen und die Gewährleistung eines Mindestmaßes an Schutz für alle Unternehmensbeteiligten in allen Mitgliedsstaaten zum Ziel. Ein weiteres Ziel, das mit der Harmonisierung der Rechnungslegung verfolgt wird, ist der Ausbau und die Stärkung des gemeinsamen europäischen Kapitalmarktes (als Teil des gesamten Binnenmarktes) sowie die Vereinfachung des grenzüberschreitenden Handels. Darüber hinaus soll ein regulatorischer Wettbewerb verhindert werden, der gegebenenfalls zu einem *race-to-the-bottom* führen könnte (van Hulle, 1992: 149).

Strategisches Ziel der Harmonisierung der Rechnungslegung war nicht deren Standardisierung, also die vollständige Vereinheitlichung der europäischen Rechnungslegungssysteme, sondern vielmehr, Unterschiede zwischen nationalen Rechnungslegungsystemen abzubauen und eine Vergleichbarkeit der Jahres-

---

40 Im Folgenden wird von der EU gesprochen, obwohl die EU faktisch erst seit deren Gründung im Jahr 1992 besteht und davor von der Europäischen Gemeinschaft (EG) bzw. der Europäischen Wirtschaftsgemeinschaft (EWG) zu sprechen wäre.

abschlüsse herzustellen. Die Harmonisierung der Rechnungslegung war seit Gründung der EWG ein Thema, aber wesentliche Maßnahmen wurden erst Ende der 1970er bzw. Anfang der 1980er Jahre eingeleitet (Thorell/Whittington, 1994: 217). Zur Umsetzung regulatorischer Vorhaben stehen der Kommission und dem Rat mehrere Alternativen zur Auswahl: Verordnungen, Richtlinien, Entscheidungen, Empfehlungen sowie Stellungnahmen (Wessels, 2008b: 654). Die regulatorischen Instrumente zur Harmonisierung der Rechnungslegung beschränken sich auf Richtlinien sowie Verordnungen. Verordnungen sind vollständig anwendbar und für alle Mitgliedsstaaten mit sofortiger Wirkung verbindlich (Jaag, 2003: 214-215). Richtlinien müssen zunächst von den Staaten in geltendes nationales Recht transponiert werden. Die Vorgehensweise bei der Umsetzung liegt im Ermessen der Staaten und gewährt ihnen einen gewissen Handlungsspielraum. Durch die Flexibilität der Richtlinien wird versucht, jeweilige nationale Besonderheiten zu respektieren (Lenaerts/Nuffel, 2005: 766).[41]

Maßgeblich für die Harmonisierung der Rechnungslegung sind die Vierte (78/660/EWG) und Siebte (83/349/EWG) gesellschaftsrechtliche Richtlinie des Rates der Europäischen Wirtschaftsgemeinschaft aus dem Jahr 1978 und 1983 (van Hulle, 2004: 350-352). Beide Richtlinien wurden in der Folgezeit mehrfach angepasst und haben bis heute Bestand. Die Vierte Richtlinie (auch: Bilanzrichtlinie) sieht eine Verpflichtung aller europäischen Kapitalgesellschaften zur Erstellung eines Einzelabschlusses vor. Darüber hinaus definiert die Richtlinie bestimmte Mindestanforderungen hinsichtlich der formalen Gliederung der Bilanz und Gewinn- und Verlustrechnung sowie Vorgaben für deren materiell-inhaltliche Ausgestaltung, wozu u. a. die Definition prinzipieller Bewertungsregeln und Offenlegungspflichten gehört. Als Grundprinzip für die Erstellung des Abschlusses wurde das *true-and-fair-view* Konzept in der Richtlinie verankert, das sich auf die Vermittlung eines den tatsächlichen Verhältnissen entsprechenden Bildes der Vermögens-, Finanz- und Ertragslage des Unternehmens bezieht (Thorell/Whittington, 1994: 217-221). Dieses Prinzip rückt primär die Informationsfunktion der Rechnungslegung in den Mittelpunkt. In (enger) Anlehnung an die Vorschriften und Grundsätze der Bilanzrichtlinie beinhaltet die Siebte Richtlinie die Verpflichtung für die Erstellung eines Konzernabschlusses (daher auch: Konzernabschlussrichtlinie). Zielsetzung dieser Richtlinie ist es, die Informationsbasis für Abschlussadressaten zu vereinheitlichen, um die Vergleichbarkeit

41 In Hinblick auf Entscheidungen, Stellungnahmen und Empfehlungen ist der verbindliche Charakter weiter abnehmend. Entscheidungen gelten beispielsweise nur für diejenigen, auf die sich die Entscheidung bezieht. Entscheidungen haben somit keine Folgen für die Gesamtheit aller Mitgliedsstaaten.

und Gleichwertigkeit der Informationen der finanziellen Verhältnisse von Konzernen zu realisieren (83/349/EG: 2).[42]

Aufgrund des Vorhabens der EU, die Rechnungslegung durch das Vehikel des Gesellschaftsrechts zu harmonisieren, galten die Richtlinien ausnahmslos für alle Kapitalgesellschaften, unabhängig von ihrer Größe oder dem Grad der grenzüberschreitenden Tätigkeiten. Die Bilanzrichtlinie betraf somit zum Zeitpunkt ihres Erlasses fast mehr als fünf Millionen Unternehmen (van Hulle, 2004: 351). Aufgrund ihrer Tragweite gewährten die europäischen Richtlinien den Mitgliedsstaaten zahlreiche Umsetzungswahlrechte und Interpretationsspielräume, die den Mitgliedsländern eine schrittweise Annäherung der unterschiedlich geprägten Rechnungslegungssysteme an die Richtlinien ermöglichen sollten. Insgesamt machten die Mitgliedsstaaten von den Ermessensspielräumen, die die Richtlinie gewährte, weitreichend Gebrauch, mit der Folge, dass die länderspezifische Prägung der Rechnungslegung weitgehend erhalten blieb. Ein Beispiel für die Ausübung von Wahlrechten zeigt sich bei der unterschiedlichen Umsetzung unrealisierter Gewinne im Rahmen von Währungsumrechnungen (Pellens, 2001: 407-408).[43] In Großbritannien war eine Verbuchung nicht realisierter Gewinne aus der Umrechnung von Fremdwährungsforderungen und -verbindlichkeiten zum Tageskurs vermögens- sowie erfolgswirksam erforderlich, während in Deutschland weder eine vermögens- noch erfolgswirksame Verbuchung zulässig war. Unrealisierte Umrechnungsverluste waren in beiden Ländern hingegen erfolgswirksam zu erfassen.

Das wohl prominenteste Beispiel mit dem schwerwiegendsten Effekt auf die Vergleichbarkeit der Abschlüsse ist die Umsetzung und Interpretation des *true-and-fair-view* Konzepts (Ordelheide, 1996). Das Prinzip wurde nach dem Beitritt von Großbritannien und Irland im Jahr 1973 als Kompromiss in Artikel 2 (3) und (5) in den bis dahin durch die kontinentaleuropäische Bilanzierungsphilosophie geprägten Entwurf der Richtlinie aufgenommen (Thorell/Whittington, 1994: 218).[44] Das angelsächsische Grundprinzip der Bilanzierung erfordert (1)

---

42 Weitere Spezialrichtlinien zu den Abschlüssen von Banken und Finanzunternehmen (86/635/EWG) sowie zum Konzernabschluss von Versicherungsunternehmen (91/674/EWG) wurden 1986 und 1991 erlassen.

43 Insgesamt befanden sich in der damaligen Vierte Bilanzrichtlinie 76 Wahlrechte. Eine dezidierte Auseinandersetzung mit den gewährten Wahlrechte und Interpretationsspielräume sowie der jeweiligen nationalen Umsetzung findet sich bei Kloos (1993: 90 ff.).

44 Erst durch den Beitritt von Großbritannien und Irland wurde die Harmonisierung der europäischen Rechnungslegungssysteme zwingend notwendig, da beide Ländern im Vergleich zu den übrigen Mitgliedsländern eine grundlegend andere Zielsetzung der Rechnungslegungsregulierung verfolgten, d. h. die Informationsfunktion war gegenüber

eine wahrheitsgetreue und vollständige Abbildung des Bilanzierungssachverhalts, (2) eine Offenlegung zusätzlicher Informationen über das gesetzlich geforderte Maß hinaus sofern dadurch die Vermittlung ein den tatsächlichen Verhältnissen entsprechendes Bild der Vermögens-, Finanz- und Ertragslage des Unternehmens gestärkt wird und (3) für Unternehmen die Möglichkeit, sich in Ausnahmenfällen über detailliert Bilanzierungsregeln hinwegzusetzen (*true-and-fair-view override*). Die Einführung dieses Prinzips veränderte den grundsätzlichen Charakter der Richtlinie stark und stellte Länder mit kontinentaleuropäischer Bilanztradition vor Probleme bei der Umsetzung der Richtlinie, da Ländern wie Deutschland und Frankreich insbesondere der *true-and-fair-view override* fremd war (Burnett, 1975: 23 ff.).

Beim Grundsatz des *true-and-fair-view* handelt es sich um einen unbestimmten Rechtsbegriff, da der europäische Gesetzgeber eine ausführliche Definition unterließ (Dragneva/Millan, 2002: 188). Die Mitgliedsstaaten nutzten den Ermessenspielraum aus, um im Hinblick auf ihren länderspezifischen Kontext diejenigen Sachverhalte zu definieren, die sich für den *true-and-fair-view override* eigneten (Alexander, 1993: 17 ff.). Belgien beschränkte die Anwendung des Prinzips beispielsweise auf Bewertungsfragen. Der deutsche, österreichische und schwedische Gesetzgeber ging noch restriktiver bei der Umsetzung und definierte keine Fälle, in denen das *override* Prinzip angewendet werden sollte (Dragneva/Millan, 2002: 188). Der deutsche Gesetzgeber interpretierte darüber hinaus das *true-and-fair-view* Konzept im Sinne der eigenen Bilanztradition, die zur britischen Bilanztradition konträr war (Ordelheide, 1996). Deutschland wie auch Frankreich hielten an der Ausschüttungsbemessung des Einzelabschlusses fest und verschoben die für den britischen Abschluss typische Erfüllung der Informationsfunktion in den Anhang (Otte, 1990: 514-515). Aufgrund des wenig zweckmäßigen Versuchs, beide Funktionen in einem Abschluss zu integrieren, konnte eine europaweite Vergleichbarkeit von Abschlüssen nur eingeschränkt erreicht werden.

Vor diesem Hintergrund sowie der Internationalisierung der Wertschöpfung europäischer Unternehmen und der zunehmenden Bedeutung internationaler Kapitalmärkte für die Finanzierung der Expansion änderte sich die Harmonisierungsstrategie des europäischen Gesetzgebers in den 1990er Jahren (van Hulle, 2004: 359-361). Im Jahr 1995 wurde von der europäischen Kommission ein Strategiepapier herausgegeben, das den Fokus europäischer Harmonisierungsbestrebungen auf eine internationale Konvergenz der Rechnungslegung für Kapitalmärkte lenkte. Die Bemühungen sollten sich daher auch ausschließlich auf

---

der Ausschüttungsbemessungsfunktion der Rechnungslegung dominant (Mandler, 1994: 169).

den Bereich des Konzernabschlusses beschränken, um die Kontroverse, die die inhaltliche Ausgestaltung der Rechnungslegung betraf, gering zu halten (Mitteilung der Kommission KOM (1995) 508: 5.6). Im Jahr 1999 wurde das Vorhaben der EU Kommission ergänzt durch den *Financial Service Action Plan*, in dem das Ziel der Verwirklichung eines integrierten europäischen Finanzdienstleistungssektors festgehalten wurde (Mitteilung der Kommission KOM (1999) 232). Der Plan sah weitreichende Änderungen in verschiedenen Bereichen der europäischen Finanzmarktregulierung vor. Hinsichtlich der Rechnungslegung wurde eine einheitliche Regelung für den Konzernabschluss börsennotierter Unternehmen angestrebt.

Bereits im Jahr 2002 wurde mit dem Erlass der sogenannten „IAS Verordnung" (Verordnung (EG) Nr. 1606/2002) ein bedeutender Schritt in Richtung Harmonisierung europäischer Rechnungslegungssysteme unternommen. Der europäische Gesetzgeber wählte hierbei bewusst das zwingendste regulatorische Instrument, um bei der Umsetzung durch die Mitgliedsstaaten eine Aushöhlung des legislativen Akts ähnlich wie bei den Richtlinien zu vermeiden. Durch die Verordnung wurden nahezu 7.000 börsennotierte Unternehmen dazu verpflichtet, ab dem Jahr 2005 für die Erstellung des Konzernabschlusses IFRS zu verwenden, wodurch die EU zum weltweit größten Anwender der Standards des IASB wurde (Perry/Noelke, 2005: 1). Die Entscheidung über eine mögliche Ausweitung der Pflicht zur Anwendung der IFRS beim Einzelabschluss kapitalmarktorientierter Unternehmen sowie bei den Abschlüsse nicht kapitalmarktorientierter Unternehmen wurde den Mitgliedsstaaten überlassen. Die Übernahme der Standards in europäisches Recht erfolgt nicht dynamisch, sondern durch einen Endorsement-Prozess, da es sich bei den IFRS um Standards einer privatrechtlichen Organisation handelt, die zudem außerhalb der europäischen Grenzen agiert (Chiapello/Medjad, 2009: 454-455). Der Übernahmeprozess soll (bzw. gewährleistet) die Legitimität der delegierten Standardsetzungsaufgabe und Konformität mit dem europäischen Recht gewährleisten (ausführlich dazu Luthardt/Zimmermann, 2009).[45] Das European Financial Reporting Advisory Group (EFRAG), ebenfalls ein privates europäisches Gremium, nimmt hierbei eine zentrale Stellung ein – wie auch Kapitel 4.3 zeigen wird.

45 Der Prozess steht in der Kritik, dass dadurch wesentliche Veränderungen an den IFRS vorgenommen werden, so dass EU-branded IFRS entstehen, was die globale Vergleichbarkeit von IFRS Abschlüssen einschränkt. Als Beispiel hierfür sind die *carve-outs* an IAS 39 zu nennen, die während des Übernahmeprozesses der Standards in europäisches Recht vorgenommen wurden, um die Interessen der europäischen Finanzindustrie zu wahren (Alali/Cao, 2010: 81-82).

Tabelle 5: Differenzierung der Rechnungslegungsanforderungen in der EU; Quelle: eigene Darstellung

	Konzernabschluss	Einzelabschluss
kapitalmarktorientierte Unternehmen	IFRS Standard (endorsed)	Nationale Regeln Vierte EG-Richtlinie[46]
nicht-kapitalmarktorientierte Unternehmen	Nationale Regeln Siebte EG-Richtlinie[46]	Nationale Regeln Vierte EG-Richtlinie[46]

Tabelle 5 zeigt, dass die Einführung der IFRS im Konzernabschluss kapitalmarktorientierter Unternehmen den Kernbereich der Konvergenz der Rechnungslegung in der EU bildet. International wird die Übernahme der IFRS als *„...the largest and most complex accounting conversion in history..."* gesehen (Brackney/Witmer, 2005:28) bzw. als *„[...] largest regulatory experiment in financial reporting ever undertaken, and may eventually prove to be a vital step towards global GAAP harmonization."* (Christensen *et al.*, 2007: 342). Die Wirkung auf eine globale Konvergenz der Rechnungslegung zeigt sich darin, dass die Übernahme der IFRS möglicherweise einen Ausstrahlungseffekt auf weitere ökonomisch bedeutende Staaten hatte. Länder wie Japan, Kanada und die USA intensivierten im Nachgang der europäischen Gesetzgebung ihre Konvergenzbestrebungen mit dem IASB und dies führte zu einer weiteren Anerkennung und Diffusion der IFRS Standards.[47] Die EU hat hierauf möglicherweise einen ent-

46 Gemäß Artikel 5 der IAS Verordnung überlässt die EU den Mitgliedsländern das Wahlrecht, die IFRS auch für den Konzernabschluss nicht-kapitalmarktorientierter Unternehmen oder den jeweiligen Einzelabschluss verpflichtend vorzuschreiben oder ein Unternehmenswahlrecht einzuführen bzw. die IFRS unberücksichtigt zu lassen. Die Optionen werden unterschiedlich wahrgenommen: Während beispielsweise Deutschland und Frankreich keinen Gebrauch von dem Wahlrecht im Einzelabschluss machen und die jeweiligen nationalen Regeln verpflichtend bleiben, gestattet Großbritannien seinen Unternehmen ein Wahlrecht. Hierzu: http://ec.europa.eu/internal_market/accounting/docs/ias/ias-use-of-options2010_en.pdf.

47 Der kanadische Standardsetzer begann daraufhin mit der Planung für die Einführung der IFRS als Standard für kapitalmarktorientierte Unternehmen im Jahr 2011 und dies wurde auch planmäßig durch das kanadische Accounting Standards Board (AcSB) umgesetzt. Japan unterzeichnete im Jahr 2007 zusammen mit dem IASB eine Vereinbarung (Tokyo Agreement) mit dem IASB über die Annäherung der japanischen Rechnungslegungsstandards für notierte Unternehmen an die IFRS (IASB, 2007). Eine ähnliche Vereinbarung wurde mit Norwalk Agreement bereits im Jahr 2002 zwischen dem amerikanischen Standardsetzer FASB und dem IASB getroffen, wobei das Abkommen auf eine gegenseitige Annäherung zwischen US GAAP und IFRS abzielt (FASB und IASB, 2002). Als Erfolg dieses Prozesses kann sowohl die Anerkennung von IFRS Abschlüs-

scheidenden Einfluss genommen, da auch Emittenten aus Drittländern, die auf einem geregelten Markt in der EU notiert sind, dazu verpflichtet wurden, einen konsolidierten Abschluss entweder nach IFRS oder nach äquivalenten Rechnungslegungsstandards zu erstellen (Verordnung (EG) Nr. 1289/2008).

Im Gegensatz zur Globalisierung als Treiber isomorphen Wandels hatte die Europäisierung direkte materiell-inhaltliche Konsequenzen für die Rechnungslegung. Es wurden nicht nur Konvergenzpotentiale offengelegt, sondern auch deren Ausgestaltung aktiv durch die übergeordnete Instanz der EU angegangen. Letztendlich erfolgte hierdurch für den Bereich des Konzernabschlusses eine Hinwendung des gesamten europäischen Wirtschaftsraums zur kapitalmarktorientierten Rechnungslegung angelsächsischer Prägung. Dieses zeigt sich nicht nur anhand der inhaltlichen Ausrichtung der IFRS, sondern ebenfalls durch die Privatisierung der Standardsetzung, da durch die Übernahme der Standards eine privatrechtliche Organisation, das IASB, mit – wenn auch eingeschränkten – regulatorischen Kompetenzen für das Gebiet der EU ausgestattet wurde (Chiapello/Medjad, 2009: 462). Die Einführung der IFRS hatte damit auch nicht unbedeutende Auswirkungen auf die Kompetenzverteilung innerhalb der EU und die einzelstaatliche Souveränität.

Aus Perspektive der EU als föderales Mehrebenensystem (dazu Börzel/Risse, 2000: 15) findet eine Regulierung der Rechnungslegung derzeit auf zwei Ebenen statt. Kapitalmarktorientierte Unternehmen werden zentral, auf föderaler Ebene, reguliert, während für alle anderen Unternehmen die Regulierungskompetenzen (mit Ausnahme der Richtlinien) dezentral, auf nationaler Ebene, organisiert bleiben. Gemessen an ökonomischen Kriterien kann das Mehrebenen-Modell der Regulierung als angemessen bewertet werden: Kosten und Nutzen der zentralen wie auch der dezentralen Rechnungslegungsregulierung stehen im Einklang mit den heterogenen nationalen Besonderheiten. Das föderalistische Prinzip der Subsidiarität, welches durch den Vertrag von Maastricht (Artikel G) seit 1992 in der EU maßgebliche Grundlage der Kompetenzverteilung bildet, wird demgemäß eingehalten (ausführlich Zimmermann, 2010b: 16-19).

2.3.3 Identifikation einer Forschungslücke

Stellvertretend für die Konvergenz in der Rechnungslegungsregulierung in den letzten Jahrzehnten steht die Diffusion zweier normativer Grundgedanken: (1) die Standardsetzung für die Rechnungslegung von Unternehmen sollte durch

---

sen von in den USA notierten ausländischen Unternehmen gewertet werden als auch die Erwägung der SEC, die IFRS für US-amerikanische Unternehmen in den nächsten Jahren zu akzeptieren.

Experten organisiert werden, d. h. professionelle Selbstregulierung, und (2) die Rechnungslegung dient primär der Effizienz von Kapitalmärkten. Neben der EU als größtem Anwender der IFRS werden die Bilanzierungsstandards weltweit von weit mehr als 120 Ländern als Standard für börsennotierte Unternehmen vorgeschrieben bzw. deren Verwendung für eine kapitalmarktorientierte Rechnungslegung als zulässig erachtet.[48] Analog zur Akzeptanz der IFRS innerhalb der jeweiligen Landesgrenze findet in der Regel auch eine mehr oder weniger vollumfängliche Delegation der Standardsetzungsaufgabe an einen privaten Akteur, dem IASB, statt, der unabhängig von irgendwelchen nationalen Grenzen agiert. Ergebnis dieses Prozesses ist sowohl eine Privatisierung als auch eine Transnationalisierung der Rechnungslegung.

Die ökonomische Globalisierung und Integration von Kapitalmärkten sowie die Harmonisierungsbestrebungen der EU können hierbei als Hauptantriebskräfte des isomorphen Wandels von Rechnungslegungssystemen identifiziert werden. Diese Prozesse haben ferner Auswirkungen auf die Interdependenz von Staaten, die dadurch stark zugenommen hat. Einen deutlichen Indikator dafür stellt die derzeitige Finanzkrise dar. Diese Entwicklungen haben ebenso wie in anderen Regulierungsbereichen auch im Bereich der Rechnungslegung einen gesteigerten Bedarf an einer grenzüberschreitenden Koordination nationaler Regulierungsaktivitäten sowie einer länderübergreifenden, transnationalen Regulierung offengelegt (Djelic/Sahlin-Andersson, 2006: 1-28; Quack, 2010: 4-5). Die Erkenntnisse, die sich aus der alleinigen Betrachtung der Globalisierung und Europäisierung für die Konvergenz der Rechnungslegung ziehen lassen, ermöglichen allerdings keine abschließende Erklärung dafür, warum zwischen dem ersten Aufkommen einer internationalen Debatte über die Vereinheitlichung von Rechnungslegungspraktiken, den ersten (regionalen) Harmonisierungsentwicklungen und der letztendlichen IFRS Revolution ein erheblicher Zeitraum vergangen ist. Eine vergleichbare Kritik wird auch von McSweeny (2010: 7) geäußert, der den kausalen Zusammenhang zwischen Globalisierung und Transnationalisierung der Rechnungslegung als zu oberflächlich erachtet. Globalisierung allein betrachtet erklärt weder das Tempo noch die Art und Weise oder Inhalte der Veränderungen. Aus den traditionellen Erklärungsfaktoren leitet sich folglich kein vollständiges Bild des isomorphen Wandels der Rechnungslegung ab.

Die Diskussion über international einheitliche Rechnungslegungsstandards begann bereits zum Ende des 19. Jahrhunderts, als britische Wirtschaftsprüfungsgesellschaften begannen international zu expandieren (z. B. Daniels *et al.*, 1989; Mandler, 1999; Wootton *et al.*, 2003). Seitdem hat sich im Zuge der Ent-

48 Stetig aktualisierte Zahlen über die Anzahl der Länder, die die IFRS anwenden, finden sich auf der Webseite von Deloitte: www.iasplus.com.

stehung großer weltumspannender Prüfungsgesellschaften die Diskussion stetig intensiviert. Der Berufsstand der Wirtschaftsprüfer erwies sich jedoch lange Zeit als wenig effektiv, eine Harmonisierung der Rechnungslegung herbeizuführen (ausführlich dazu 4.2). Ein Meilenstein für die Internationalisierung der Rechnungslegung war die Gründung des damaligen IASC (heute: IASB) durch die jeweiligen nationalen Berufsverbände der Wirtschaftsprüfer. Das IASC sollte sich der Aufgabe widmen, international anerkannte Rechnungslegungsstandards zu entwickeln. Wichtige Erfolge für die Anerkennung der Organisation als Standardsetzer konnte das IASC – wie in Kapitel 2.3.2 dargelegt – jedoch erst erhebliche Zeit danach verzeichnen. Nahezu 25 Jahre dauerte es, bis sich die EU und andere wirtschaftlich starke Länder wie Kanada, Japan und die USA dazu entschieden, entweder die IFRS als Standard zu übernehmen oder das eigenen Regelwerk maßgeblich an die Standards des IASB anzunähern. Insbesondere mit Blick auf die EU erscheint der lange Zeitraum bis zur Einführung der IFRS verwunderlich, da die Harmonisierung der Rechnungslegung von Anfang an als notwendige Voraussetzung zur Schaffung eines gemeinsamen europäischen Binnenmarktes galt. Darüber hinaus wurde das IASC zeitgleich zu den beginnenden europäischen Harmonisierungsbestrebungen in der Rechnungslegung gegründet.

Kapitel 4 greift diese Beobachtungen auf. In dem Kapitel wird auf Basis der Analyse von Netzwerkstrukturen eine Erklärung für die beträchtliche Zeitspanne in der Konvergenz der Rechnungslegung bzw. der Diffusion der IFRS gegeben. Die Netzwerkanalyse knüpft damit an die wenigen sozialen Netzwerkuntersuchungen an, die die Bedeutung und den Einfluss von Akteursnetzwerken auf den Prozess der Rechnungslegungsregulierung untersuchen (siehe Perry/Nöelke, 2005; Richardson, 2009; Ogata, 2010; Botzem, 2010: 160 ff.). Die Untersuchung in Kapitel 4 grenzt sich von den anderen Analysen im Wesentlichen dadurch ab, dass die Entstehung des Standardsetzungsnetzwerkes betrachtet wird, während die anderen Untersuchungen eher die Problematiken in der *post*-Delegationsphase der Standardsetzung untersuchen. Mittels Rückgriff auf die Methode der sozialen Netzwerkanalyse soll hier gezeigt werden, inwiefern die Konvergenz der Rechnungslegung abhängig war von der Entwicklung transnationaler Strukturen, welche die Antriebskräfte wie Finanzmarktglobalisierung und Europäisierung kanalisiert haben. Die Entwicklung von transnationalen Netzwerkstrukturen in der Rechnungslegung wird hier also nicht als ersetzender Erklärungsfaktor für die Konvergenz von Rechnungslegungssystem verstanden, sondern als eher ergänzender Faktor.

Bezüglich der Entstehung der Netzwerkstrukturen wird untersucht, ob die Entstehung eher zufällig auftrat oder der Berufsstand der Wirtschaftsprüfer hierbei als pfadkreierender Akteur agierte, d. h. der Prozess aktiv und zielgerichtet organisiert wurde. Fokussiert wird also der Aspekt, inwiefern der Berufsstand der Wirtschaftsprüfer als *institutional* bzw. *policy entrepreneur* in Erscheinung trat und den Aufbau eines transnationalen Standardsetzungsnetzwerkes für Rechnungslegungsstandards, in dem neue Ideen diskutiert und zirkuliert werden, vorantrieb. Ein wichtiger Aspekt aus Sicht des privaten Standardsetzers als Entrepreneur ist hierbei dessen Effektivität (*effectiveness*) als Regulierer, d. h. im Allgemeinen seine Anerkennung und Akzeptanz als Standardsetzer (Mattli/ Büthe, 2005: 406).[49] Den Mittelpunkt der Netzwerkanalyse bildet der Vergleich zwischen dem *prä-* und *post*-Delegationsstrukturen des Netzwerkes und die Frage, inwiefern es für die Effektivität des IASB als Standardsetzer ausschlaggebend war, *legitimierende* Akteure in die Netzwerkstrukturen einzubinden, um Standardsetzungskompetenzen übertragen zu bekommen. Inklusivität stellt – neben anderen Kriterien – einen wesentlichen Bestandteil für die (normative) Legitimität einer globalen Standardsetzung bzw. für einen globalen Standardsetzer dar (Dingwerth, 2004: 21 ff.). Es wird folglich ein Zusammenhang zwischen der Architektur des Netzwerkes (als Messung der Inklusivität) und der Effektivität (Akzeptanz als Standardsetzer) des IASB angenommen. Diese Gegenüberstellung soll Aufschluss über die vergangene Zeitspanne zwischen dem Aufkommen einer internationalen Debatte über die Vereinheitlichung von Rechnungslegungspraktiken und der letztendlichen Konvergenz von Rechnungslegungssystemen im Bereich der Konzernrechnungslegung geben.

49 Effektivität kann auch stärker ergebnisorientiert verstanden werden, nämlich inwiefern die Zielsetzungen des Standardsetzers als umgesetzt wahrgenommen werden. In Bezug auf die Rechnungslegung bemisst sich dieses beispielsweise an der Vergleichbarkeit von Abschlüssen oder der Stärkung der Kapitalmarkteffizienz (dazu Büthe/Mattli, 2011: 108 ff.). Eine solche Betrachtungsweise wird in Kapitel 4 jedoch ausgeklammert.

3 Rechnungslegungsregulierung aus wohlfahrtsstaatlicher Perspektive: eine Erklärung für Persistenz[50]

3.1 Wohlfahrtsstaatstypen als Ausdruck einer unterschiedlichen gesellschaftlichen Nachfrage nach staatlicher Intervention

Staaten sind facettenreiche Gebilde, in denen unterschiedliche Aktivitäten stattfinden und koordiniert werden. Aus einer funktionalistischen Perspektive bestehen Staaten aus vier sich teils überschneidenden Dimensionen: die Ressourcen-, die Rechts-, die Legitimations- und die Wohlfahrtsdimension (Zürn/Leibfried, 2005). In den 1960er und 1970er Jahren, dem „goldenen Zeitalter" des Nationalstaats, akkumulierten OECD Staaten alle vier Dimensionen auf der nationalstaatlichen Ebene. Eine zentrale Stellung nimmt diesbezüglich die wohlfahrtsstaatliche Dimension ein, die die OECD Staaten bis zum Ende der 1970er Jahre stark geprägt hat, wenn auch in unterschiedlicher Art und Weise. Diese Dimension beschreibt den Staat als Interventionsstaat, dessen Interventionen vor dem Hintergrund stattfinden, die Wohlfahrt der Bürger zu sichern (ausführlich Hurrelmann *et al.*, 2008: 25 f.). Wohlfahrtssichernde Eingriffe sollen zumeist wirtschaftliches Wachstums erleichtern und fördern, aber auch die soziale Gleichheit bzw. Gleichberechtigung der Bürger herstellen. Der Begriff des „Wohlfahrtsstaates" lässt sich jedoch nur schwer definieren, da es sich hierbei um einen Sammelbegriff handelt, unter dem die Vielzahl der staatlichen Aktivitäten sowie die individuell-staatlichen Merkmale der Interventionen zusammengefasst werden (Pierson, 2001). Ein Indiz dafür ist, dass es keine wirklich einheitliche Begriffsbestimmung gibt, sondern eine Fülle unterschiedlich eng oder weit gefasster Definitionen parallel existieren. Ein Berührungspunkt zwischen allen Definitionen ist jedoch, dass die Wohlfahrtsdimension im Allgemeinen als eine Dimension begriffen wird, welche die allokativen ökonomischen Begründungsfiguren für Staatsinterventionen, die Abfederung externer Effekte und Bereitstellung öffentlicher Güter, um distributive Motive erweitert.

Auch wenn wohlfahrtsstaatliche Aktivitäten in allen OECD Ländern beobachtbar sind, so gibt es zwischen den Ländern strukturelle Unterschiede hinsichtlich der organisatorischen und institutionellen Gegebenheiten. Diese Unterschiede resultieren in signifikant unterschiedlichen Rahmenkonzepten des staat-

---

50 Ergebnisse und Überlegungen aus diesem Kapitel sind veröffentlicht als Oehr/Zimmermann (2012).

lichen Eingriffs in ökonomische Prozesse. Die Umsetzung interventionistisch motivierter Politiken variiert beispielsweise in Hinblick auf die Angebotspalette und Reichweite staatlicher Aktivitäten sowie die verwendeten politischen Instrumente, um die wohlfahrtsstaatlichen Maßnahmen umzusetzen (Alber, 1988). Ganz grundlegend können Staaten gemäß ihrer wohlfahrtsstaatlichen Neigung in zwei Arten von Wohlfahrtsstaaten unterschieden werden: residuale und institutionelle Wohlfahrtstypen (z. B. Wilensky/Lebeaux, 1965; Titmuss, 1975; Alber, 1988).

Spezifisches Merkmal residualer Wohlfahrtsstaaten ist deren Bekenntnis zur Marktsouveränität. Märkte werden als Mechanismen verstanden, die zu einer optimalen Verteilung der gesellschaftlichen Wohlfahrt führen. Diese Sichtweise von Märkten stimmt mit der traditionellen ökonomischen Sichtweise überein, dass Märkte die effizienteste Form der Ressourcenallokation darstellen. Aktive Interventionen des Staates in ökonomische und gesellschaftliche Prozesse, um dadurch in die marktlich hergestellte Wohlfahrtsverteilung einzugreifen, werden als kritisch angesehen, und sollen daher nur in geringem Umfang stattfinden. Sie spielen damit lediglich eine untergeordnete Rolle. Der Fokus wohlfahrtsstaatlicher Politiken liegt auf dem Teil der Bevölkerung, der nicht oder nur schwer in der Lage ist, sich selbst abzusichern bzw. für sich selbst eine Lebensgrundlage zu schaffen. Die Erbringung wohlfahrtsstaatlicher Leistungen durch den Staat findet in diesem Rahmen nur statt, wenn der Empfänger das Kriterium der Bedürftigkeit erfüllt. Darüber hinaus sind die Leistungen zumeist in ihrem zeitlichen Umfang begrenzt. Hieraus leitet sich ab, dass das residuale Konzept der Wohlfahrt eher stärker durch das soziale Muster des Individualismus geprägt ist, dass also der überwiegende Teil der Gesellschaft fähig ist, sich selbst um die Sicherung ihrer Wohlfahrt zu kümmern, ohne dass der Staat hierbei eingreifen muss (Triandis, 1995: 19 ff.). Der Staat soll lediglich die Letztverantwortung übernehmen, d. h. korrektive Maßnahmen ergreifen, wenn der primäre Mechanismus der Wohlfahrtsverteilung, der Markt, nicht effizient funktioniert. Es gilt also das Argument, dass der Staat nur bei (drohendem) Marktversagen eingreifen sollte. Folglich sind die Grenzen für staatliche Interventionen in residualen Wohlfahrtsstaaten relativ eng und starr.

Im Gegensatz dazu sind die Grenzen für staatliche Interventionen in institutionellen Wohlfahrtsstaaten weiter gefasst. Institutionelle Wohlfahrtsstaaten sind im Vergleich zu ihrem Gegenpol, dem residualen Wohlfahrtsstaatstyp, umfassender aufgebaut hinsichtlich der Erbringung wohlfahrtsstaatlicher Leistungen. Darüber hinaus bemisst sich die Inanspruchnahme der Leistung in der Regel nicht an der Anspruchsvoraussetzung der Bedürftigkeit, sondern jeder Bürger ist grundsätzlich anspruchsberechtigt. Jedem Bürger wird das Recht eingeräumt, zumindest einen adäquaten Lebensstandard aufrechtzuerhalten, und weitere soziale Rechte, die dem Erhalt des sozialen Status dienen, sollen jedem Bürger ohne Einschränkung garantiert werden. Darüber hinaus ist das institutionelle Konzept der Wohlfahrt weniger geprägt durch das soziale Muster des Individualismus, sondern eher durch eine kollektivistische Sozialverantwortung: die Gesellschaft als Kollektiv soll die einzelnen Mitglieder der Gesellschaft unterstützen (Triandis, 1995: 19 ff.). Die Erbringung wohlfahrtsstaatlicher Leistungen ist daher auf alle Bürger ausgerichtet und wird nicht nur Bedürftigen zuteil. Dementsprechend verfolgt die Leistungserbringung in institutionellen Wohlfahrtsstaaten einen redistributiven Ansatz. Bei einer besonders starken Ausprägung der institutionellen Dimension des Wohlfahrtsstaates können soziale Rechte einen ähnlichen gesetzlichen Charakter besitzen wie Eigentumsrechte (Reich, 1964). Aufgrund der weiterreichenden (re-)distributiven Zielsetzung wohlfahrtsstaatlicher Aktivität in institutionell geprägten Ländern wird daher der Markt als effizientester Mechanismus der Wohlfahrtsdistribution angezweifelt. Er wird daher zum Teil supprimiert oder sogar vollständig durch andere Verteilungsmechanismen ersetzt. In diesem Fall nimmt die Funktion des Staates als distributive Instanz eine wichtigere Rolle gegenüber der Verhinderung von Marktversagen ein.

Wie sich aus der Gegenüberstellung des residualen und institutionellen Typs des Wohlfahrtsstaats zeigt, sind beide Typen Ausfluss genau entgegengesetzter gesellschaftlicher Vorstellungen über den Umfang und die Reichweite distributiver Interventionen und damit über den Staat als Korrektiv. In residualen Wohlfahrtsstaaten werden staatliche Interventionen daher insbesondere darauf ausgerichtet sein, ein Rahmenwerk zu schaffen, das die allgemeine distributive Funktion des Marktes aufrechterhält, d.h. Marktineffizienzen minimiert sowie dem Risiko des Marktversagens vorbeugt. Im Gegensatz dazu werden in institutionellen Wohlfahrtsstaaten staatliche Interventionen vor dem Hintergrund stattfinden, die (primäre) Wohlfahrtsverteilung des Marktes mittels verschiedener Politiken und Mechanismen der Risikoabsorption zu korrigieren. Reale Wohlfahrtsstaaten nehmen nicht genau die Ausprägung des einen oder des anderen Typs an, da es sich hierbei um zwei Extrempole handelt. Wohlfahrtsstaaten sind vielmehr Spiegelbild unterschiedlicher Kombinationen beider Elemente, weshalb sich die dichotome Unterscheidung von Wohlfahrtsstaaten in ein Kontinuum auflöst, das sich zwischen den beiden Idealtypen des Wohlfahrtsstaates aufspannt (Kvist, 2007). Wohlfahrtsstaaten sind demnach institutionelle Wohlfahrtsstaaten, wenn die Mehrzahl der Politikfelder eher durch institutionelle Elemente gekennzeichnet ist als durch residuale Elemente und umgekehrt. Folglich können residuale wie auch institutionelle Wohlfahrtsstaaten interventionistische Ansätze oder Elemente des jeweils anderen Idealtyps in sich aufnehmen, ohne dass sich dadurch die grundsätzliche Ausrichtung des Wohlfahrtsstaates ändern muss.

Die allgemeine Unterscheidung von Wohlfahrtsstaaten in residuale und institutionelle wurde noch weiter ausdifferenziert und hat in der Folgezeit zu weitaus feineren Unterscheidungen geführt (z. B. Esping-Andersen, 1990; Leibfried, 1992). Die prominenteste und in der wohlfahrtsstaatlichen Forschung am weitesten verbreitete Typologie ist die von Esping-Andersen (1990), der zwischen liberalen, konservativen und sozialdemokratischen Wohlfahrtsstaatstypen unterscheidet. Die neueren Ansätze unterscheiden sich jedoch nicht hinsichtlich der Grundidee des Wohlfahrtsstaates, dessen strukturelle Eigenschaften entweder in die Richtung des residualen oder des institutionellen Interventionstyps zeigen (Kvist, 2007). Die Typologien stellen somit lediglich feinere Abstufungen der klassischen Dichotomie des Wohlfahrtsstaates dar, wodurch diese nahezu unverändert bestehen bleiben. Liberale Wohlfahrtsstaaten betonen eindeutig residuale Prinzipien: Marktliche Lösungen im Vergleich zu staatlichen Lösungen der Wohlfahrtsverteilung werden bevorzugt, sowie die Idee des sozialen Grundmusters des eigenverantwortlichen Individuums (Individualismus) (Esping-Andersen/Korpi, 1987). Der konservative und sozialdemokratische Wohlfahrtsstaatstyp stimmt in vielerlei Hinsicht mit den Auffassungen überein, die den institutionellen Wohlfahrtsstaat beschreiben. Diesbezüglich ist die Ausprägung und Definition des sozialdemokratischen Wohlfahrtsstaates nahezu vollständig kongruent mit der des institutionellen Typs. Der konservative Typ beschreibt hingegen eine gemilderte Form des institutionellen Wohlfahrtsstaatstyps, der Individuen nicht ihren ökonomischen und sozialen Status garantiert, sondern lediglich zu deren Schutz beiträgt. Beiden Typen gemein ist jedoch, dass der Staat im Gegensatz zum liberalen Wohlfahrtstaatstypus eine übergeordnete Rolle spielt, um den Markt als distributives Gefüge der Wohlfahrt zu ersetzen.

Ein bedeutendes Messmodell, um die Variationen der strukturellen Eigenschaften zwischen den wohlfahrtsstaatlichen Realtypen empirisch darzustellen, ist das Konzept der Dekommodifizierung, welches im Allgemeinen mit dem Inputfaktor Arbeit in Verbindung steht und inwiefern dieser Produktionsfaktor als Ware aufgefasst wird (Holden, 2003). Da sich der Faktor Arbeit aufgrund seines besonderen Charakters grundlegend von anderen Produktionsfaktoren, wie bspw. Boden oder Kapital, unterscheidet, bedarf dieser insbesondere dann konservierender und fördernder Maßnahmen, wenn der Produktionsfaktor gerade nicht auf dem Arbeitsmarkt gehandelt wird (Offe, 1984). Das Konzept der Dekommodifizierung betrachtet diesbezüglich insbesondere zwei Ebenen staatlicher Interventionen: (1) direkte Eingriffe des Staates in den Arbeitsmarkt, um gerechte Strukturen für den Handel von Arbeit auf dem Arbeitsmarkt zu schaffen und (2) die Einrichtung von Maßnahmen, die es Individuen ermöglichen, auch unabhängig von deren Partizipation auf dem Arbeitsmarkt ein adäquates

Auskommen zu haben. Beide Eingriffsarten zielen also darauf ab, dem Faktor Arbeit seinen Charakter als Ware zu nehmen, indem soziale Sicherheit vom Arbeitsmarkt entkoppelt wird. In diesem Sinne beruht das Konzept der Dekommodifizierung darauf, den Bürgern soziale Rechte zu gewähren, denen ein vergleichbarer Status innewohnt wie Eigentumsrechten. Politiken entfalten somit einen dekommodifizierenden Effekt, wenn die Anspruchsberechtigung der (sozialen) Leistungen unentziehbar ist und dem einzelnen in Abhängigkeit von seiner gesellschaftlichen Zugehörigkeit und nicht seiner Leistung gewährt wird (Esping-Andersen, 1990: 21-22).

Eine Möglichkeit, die dekommodifizierende Wirkung von Politiken zu messen, ist, den Grad bzw. Umfang zu bestimmen, zu dem durch (sozial-)politische Maßnahmen die Marktlogik aufrechterhalten oder gerade eben diese durch staatliche Interventionen ausgeschaltet wird. Der Grad des Dekommodifizierungeffekts informiert demgemäß, wie stark die institutionelle Dimension in einem Wohlfahrtsstaat ausgeprägt ist. Aus der Höhe des Dekommodifizierungsgrades lässt sich zudem auch der Grad an staatlicher Intervention ablesen, da die Eindämmung von Marktkräften kaum ohne den Eingriff oder das Mitwirken des Staates möglich ist (Korpi, 1980). Je höher demnach der Grad der Dekommodifizierung ist, desto höher wird wahrscheinlich auch der Grad an Staatsintervention sein im Vergleich zu einem Land mit einem niedrigeren Niveau der Dekommodifizierung.

Eine weitere Möglichkeit, Dekommodifizierung zu messen, ist die Analyse der Bandbreite der (sozial-)politischen Maßnahmen, die die Bedürfnisse der Individuen befriedigen (Flora/Heidenheimer, 1981). Diese Dimension der Dekommodifizierung setzt sich mit dem Umfang an Politikfeldern auseinander, die nicht mehr nur durch reine Marktmechanismen abgedeckt werden, sondern zudem im politischen Verantwortungsbereich stehen, d. h. marktliche versus nichtmarktliche (politische) Bereitstellung von Leistungen. In Bezug zur klassischen Wohlfahrtsstaatentypologie ist für institutionelle Wohlfahrtsstaaten ein hoher Grad der Dekommodifizierung charakteristisch, während für residuale Wohlfahrtsstaaten tendenziell ein niedriger(er) Grad der Dekommodifizierung typisch ist. In institutionellen Wohlfahrtsstaaten wird demnach die Notwendigkeit für das Treffen privater/individueller Lösungen zur Sicherung der sozialen Sicherheit weniger stark ausgeprägt sein als in residualen Wohlfahrtsstaaten, wo der Staat durch sozialpolitische Maßnahmen lediglich eine gewisse Grundversorgung der Bevölkerung absichern wird. Das Treffen privater Vorsorgemaßnahmen über den Markt wird daher in residualen Wohlfahrtsstaaten viel stärker ausgeprägt sein als in institutionellen Wohlfahrtsstaaten. Tabelle 6 zeigt eine Zusammenfassung der grundlegenden Unterschiede zwischen beiden Typen des Wohlfahrtsstaates.

Tabelle 6: Typische Attribute residualer und institutioneller Wohlfahrtsstaaten; Quelle: eigene Darstellung

Charakteristika	Residualer Wohlfahrtsstaat	Institutioneller Wohlfahrtsstaat
Anerkennung der...	Marktsouveränität	Staatshoheit
Anspruchsvoraussetzung für wohlfahrtsstaatliche Leistungen	Bedürftigkeitsprüfung	Früherer sozialer Status/ Gleichheit
Verteilungsmechanismus der Wohlfahrt	Überwiegend marktlich	Überwiegend staatlich
Sozialer Status	Nicht konservierend	Konservierend
Wohlfahrtsidee basierend auf...	Selbstverantwortung	Gesellschaftlicher/ politischer Verantwortung
Schwerpunkt staatlicher Interventionen	Erhaltung der Markteffizienz	Korrektur der(primären) Marktverteilung
Dekommodifizierungseffekt	Marginal	Zentral
Bandbreite wohlfahrtsstaatlicher Politiken	Grundlegende Leistungen	Umfassende Leistungen
Public-Private-Mix	Private Maßnahmen/ marktliche Bereitstellung	Politische Maßnahmen/ nicht-marktliche Bereitstellung

Die beobachtbaren Unterschiede in der wohlfahrtsstaatlichen Dimension zwischen OECD Ländern können auf unterschiedliche politische Leitideen und Traditionen zurückgeführt werden (Alber, 1988) und daraus resultierenden unterschiedlichen Ideen über soziale Gerechtigkeit und die Lösung der Frage der Wohlfahrtsdistribution. Die jeweiligen Ideale und Werte, die in einer Gesellschaft vorherrschen, dienen demnach als Referenzrahmen für die Bewertung, inwieweit (re-)distributive Maßnahmen gesellschaftlich legitimiert sind (Mau, 1997). Diesbezüglich reflektieren Wohlfahrtsstaaten nicht nur grundlegende Unterschiede in den Prinzipien der sozialen Sicherung, sondern zeigen vielmehr, dass sich die Ausprägung und der Umfang allokativer und distributiver Maßnahmen durch gesellschaftspolitische Ideale und Werte determinieren. Dieses ermöglicht ebenfalls die Schlussfolgerung, dass es sich beim Wohlfahrtsstaat um die Manifestierung unterschiedlicher ideologischer Konzepte und Vorstellungen über den Staat als Akteur handelt.

Residuale Wohlfahrtsstaaten basieren auf der Wertvorstellung der (uneingeschränkten) Freiheit (Siegel, 2007). Das Prinzip der Subsidiarität, welches für diesen Wohlfahrtsstaatstyp ebenfalls prägend ist, betont demgemäß die Selbstbestimmung und Selbstverantwortung der Individuen in ihrem Handeln (Seliger,

2001). Durch das Subsidiaritätsprinzip wird postuliert, dass die individuelle Freiheit nur minimal durch gesellschaftliche Beschränkung begrenzt werden sollte, da die herrschenden Marktkräfte im Allgemeinen für eine adäquate Koordination der Interessen sorgen. Staatliche Aktivitäten werden deshalb durch Maßnahmen geprägt sein, die einerseits den individuellen Spielraum erweitern und diesen andererseits schützen. Im Gegensatz dazu sind institutionelle Wohlfahrtsstaatstypen eher durch ein paternalistisches Staatsmodell gekennzeichnet sowie dem Ideal der sozialen Gerechtigkeit. Bei einer besonders starken Ausprägung des Ideals der sozialen Gerechtigkeit in der Gesellschaft kann dieses in einem universalistischen Staatsverständnis münden, dominiert durch das Prinzip der sozialen Gleichheit (Peters, 2002). Zudem wird in institutionellen Wohlfahrtsstaaten die Souveränität des Marktes als Allokationsmechanismus der Wohlfahrt angezweifelt, auch wenn dieser effizient funktioniert, da davon ausgegangen wird, dass die Marktkräfte nicht zu einer gerechten Wohlfahrtsverteilung führen.

Diese basalen Motive und Wertvorstellungen bilden die Grundlage jeder Gesellschaft. Der Wirkungskreis der ideologischen Grundkonstellationen kann daher nicht nur auf den eigentlichen Bereich der sozialen Sicherung beschränkt gesehen werden. Schwartz (2001) argumentiert zudem, dass soziale Sicherheit auch durch eine Reihe von anderen staatlichen Aktivitäten geschaffen werden kann. Und zwar gilt dieses immer dann, wenn die staatlichen Maßnahmen darauf angelegt sind, Einkommensströme von marktlichen Prozessen und Ergebnissen abzukoppeln bzw. abzufedern. Aufgrund dessen ist es nicht abwegig anzunehmen, dass die typspezifischen gesellschaftlichen Motive und Wertvorstellungen sich auch in anderen Politikfeldern widerspiegeln, wie beispielsweise in der Regulierung der Rechnungslegung.[51] Auch in diesen Bereichen werden die gesellschaftlichen Vorstellungen auf die Nachfrage und das Angebot von staatlichen Interventionen Einfluss nehmen und als Benchmark für die Beurteilung der Qualität des staatlichen Eingriffs dienen (dazu Noll, 2002: 9).[52] Bezüglich der Rechnungslegung werden die gesellschaftlichen Ideale sich dementsprechend auf die Rolle oder Funktion der Rechnungslegung in der Gesellschaft auswirken sowie auf den Umfang staatlicher Einmischung in dessen Regulierung, was sich

51 Zur Sichtweise der Rechnungslegung als Politikfeld vergleiche ausführlich Zimmermann *et al.* (2008: 5-17).

52 Noll (2002: 9) sieht in Werten einen Ausdruck dessen, was eine Gesellschaft als wünschenswert erachtet. Werte dienen als Qualitätsmaßstab für die Wirklichkeit und beeinflussen damit die Auswahl zwischen verschiedenen Zielen, Mitteln und Handlungsweisen.

in unterschiedlichen formalen Strukturen der Standardisierung von Rechnungslegungsregeln abzeichnen wird: unterschiedliche *modes of regulation*.

3.2 Empirische Beobachtbarkeit und Stabilität der Wohlfahrtsstaatstypen

Die Bildung von Wohlfahrtstypologien zur Klassifikation unterschiedlicher Wohlfahrtsstaaten ist in der Literatur nicht unumstritten. Kritisch gesehen werden zum einen methodische Aspekte der Typenbildung und zum anderen der hohe Grad der Abstraktion und die Variantenarmut bei der Klassifikation von Staaten (Crouch, 2005). Aufgrund der weitreichenden Relevanz des typologischen Ansatzes von Esping-Andersen (1990) in der wohlfahrtsstaatlichen Forschung ist zumeist dieser Ansatz Gegenstand kritischer Auseinandersetzungen mit der Wohlfahrtsstaatensystematik (Arts/Gelissen, 2002). Esping-Andersen (1990) wird einerseits kritisiert für seine Vorgehensweise bei der Bildung dreier Wohlfahrtsstaatstypen (z. B. Pitruzello, 1999) und andererseits dafür, dass seine Typologie die Differenziertheit und Vielfalt sozialpolitischer Maßnahmen zwischen Ländern vernachlässigt (z. B. Leibfried, 1992). Letzteres würde demnach auch für die hier gewählte typologische Unterscheidung von Staaten in residuale und institutionelle Wohlfahrtsstaaten gelten. Die Wahl einer feineren Taxonomie würde jedoch keinen Vorteil bieten, da sich die Funktionen der Rechnungslegung unter zwei übergeordneten (gesellschaftlichen) Funktionen subsumieren lassen.[53] Darüber hinaus ist eine dichotome Darstellung der Kontextvariablen *state-of-the-art* in der vergleichenden Rechnungslegungsforschung (z. B. Zimmermann/Werner, 2009).

Trotz der zahlreichen Probleme und Kritik, die mit den verschiedensten typologischen Konzepten einhergehen, bieten diese einen systematischen Ansatz, programmatische Unterschiede zwischen Wohlfahrtsstaaten aufzuzeigen und zu untersuchen (Castles, 2001). Darüber hinaus sind die Ansätze hilfreich, die systemspezifischen Antworten und Pfade bei der Adjustierung von Wohlfahrtsleistungen zu identifizieren und zu erklären. Ein weiteres Verdienst der Klassifikation von Wohlfahrtsstaaten ist deren analytische Zweckmäßigkeit bei der Feststellung, ob Unterschiede zwischen Wohlfahrtsstaaten fortbestehen oder, sofern Wandlungsprozesse vorliegen, in welche Richtung sich Wohlfahrtsstaaten entwickeln: Konvergenz oder Divergenz wohlfahrtsstaatlicher Systeme.

53 Hierzu ausführlich Kapitel 3.3.1.

Die Stabilität der Wohlfahrtsstaatstypen ist ebenfalls zu einer zentralen Frage in der wohlfahrtsstaatlichen Forschung geworden und wird auf unterschiedlichste Art und Weise beantwortet. Aufgrund der zahlreichen Antriebskräfte und Faktoren für Wandlungsprozesse, wie beispielsweise die zunehmende Verbreitung neo-liberaler Ansätze, wird vermutet, dass sich die Art und Weise der Erbringung wohlfahrtsstaatlicher Leistungen grundlegend ändert und Wohlfahrtsstaaten sich dem residualen Wohlfahrtsstaatstyp annähern. In ländervergleichenden Studien wurde daher untersucht, ob die verschiedenen Dimensionen der Wohlfahrtsbereitstellung konvergente Entwicklungen aufzeigen. Die Ergebnisse dieser Studien sind relativ uneinheitlich und sehr heterogen, feststellbare Konvergenztrends der verschiedenen wohlfahrtsstaatlichen Indikatoren sind zudem im Großen und Ganzen marginal (übersichtsartig Obinger/Starke, 2007; Starke *et al.*, 2008). Die Hypothese einer Annäherung von Wohlfahrtsstaaten an das Modell des residualen Wohlfahrtsstaates kann daher nicht angenommen werden. Des Weiteren weisen die Unterschiede im Grad der Dekommodifizierung zwischen Wohlfahrtsstaaten eine relativ hohe Stabilität im Zeitablauf auf, was gegen eine Destabilisierung der Wohlfahrtsstaatstypen spricht (z. B. Scruggs, 2004; Starke *et al.*, 2008). Der Fortbestand von Unterschieden im Dekommodifizierungsgrad wurde sowohl für die 1970er Jahre als auch für die späteren Jahrzehnte nachgewiesen, als insbesondere die Rhetorik des *dismantling of the welfare state* den politischen Diskurs dominierte (Esping-Andersen, 1997). Tabelle 7 zeigt die Klassifikation von OECD Ländern gemäß dem Grad der Dekommodifizierung von Esping-Andersen (1990).

Tabelle 7: Klassifikation von OECD Ländern gemäß Esping-Andersen (1990); Quelle: Esping-Andersen (1990)

	Residuale Wohlfahrtsstaaten	Institutionelle Wohlfahrtsstaaten
Klassifikation basierend auf Esping-Andersen (1990)	Australien, Großbritannien, Irland, Kanada, Neuseeland, USA	Belgien, Dänemark, Deutschland, Finnland, Frankreich, Italien, Japan, Niederlande, Norwegen, Österreich, Schweden

Wohlfahrtsstaatliche Reformen und Einschränkungen wurden somit in Übereinstimmung mit der typspezifischen Grundausrichtung des jeweiligen Wohlfahrtsstaates vorgenommen (Esping-Andersen, 2000; Ferrera, 2000; Pierson, 2001). Neben den funktionalen Unterschieden sowie den individuell herausgebildeten gesellschaftlichen (Sicherungs-)Institutionen, spielen hierbei im Wesentlichen auch die in der Gesellschaft verankerten Ideale eine Rolle, die zuvor den politischen Entscheidungsprozess beeinflusst haben. Aufgrund ihrer langfristigen und profunden Wirkung können genau diese unterschiedlichen Ideale (noch immer) als Ursache für zwischenstaatliche Unterschiede in der Politik gesehen werden. Sie wirken im Hintergrund und beeinflussen die bzw. interagieren mit den Interessen von Individuen. Die Interessen von Individuen (hier: von politischen Akteuren) werden aber nicht nur von den eigenen Präferenzen geleitet, sondern ebenfalls von den Erwartungen, die andere Individuen (hier: die Gesellschaft) haben. Zugleich nehmen die gesellschaftlichen Ideale Einfluss auf die Bandbreite der möglichen politischen Alternativen, da die vorherrschenden Grundüberzeugungen das gesellschaftlich akzeptierte und legitimierte Handlungsspektrum der Politik begrenzen (Campbell, 2002). Politische Entscheidungsträger werden daher logischerweise eine moralische und gesellschaftliche Angemessenheit bei der Formulierung von Politiken verfolgen. Folglich ist zu erwarten, dass die gesellschaftlichen Motive und Wertvorstellungen, die einem bestimmten Wohlfahrtsstaatstyp innewohnen, noch immer die Art und Weise sowie den Umfang interventionistischer Staatsaktivitäten determinieren (zur Rigidität von Wertsystemen auch Williamson, 2000: 569 ff.).

Wie bereits an anderer Stelle herausgestellt, kann die Vielzahl der *varieties of welfare capitalisms* – ähnlich wie die dichotome Gruppierung von Ländern anhand des Rechts- oder Finanzsystems – in zwei basale Typen unterschieden werden: residuale und institutionelle Wohlfahrtsstaatstypen. Sowohl die Gruppierung der Länder gemäß ihrer Ausprägung des Rechts- wie auch des Finanzsystems weist hierbei starke Übereinstimmung zur Gruppierung der Länder anhand der Ausprägung des Wohlfahrtsstaatstyps auf. Wohlfahrtsstaaten, die entlang des Wohlfahrtsstaatenkontinuums eher dem residualen Ende zugeordnet werden können, weisen im Normalfall ein marktbasiertes Finanzsystem auf und sind der Rechtstradition des *common law* zu zuordnen (Jang, 2005). Im Gegensatz dazu weisen Länder, die stärker zum institutionellen Ende des Kontinuums tendieren, gewöhnlicherweise ein kreditbasiertes Finanzsystem auf und gehören der Rechtstradition des *code law* an. Tabelle 8 zeigt die Gruppierung der sechs größten OECD Länder hinsichtlich der heutigen Klassifikation von Wohlfahrtsstaaten und in Gegenüberstellung die anderen beiden Kontextvariablen. Es zeigt sich, dass Kanada und Japan Sonderfälle darstellen, da Rechts- und Finanzsystem nicht korrelieren. In diesem speziellen Fall ist gegebenenfalls der Typ des Wohlfahrtsstaates eine besser geeignete Erklärungsvariable, um Unterschiede in der Rechnungslegungsregulierung zu erklären, anstatt auf die Dominanz entweder des Rechts- oder Finanzsystems zu verweisen.[54]

---

54 Dieses erscheint insbesondere im Hinblick auf Kanada sinnvoll, da in Kanada zwei verschiedene Rechtssysteme existent sind. Die Provinz Québec folgt der Rechtstradition

Tabelle 8: Gruppierung der sechs größten OECD Länder bezüglich der sozio-ökonomischen Faktoren; Quelle: Calmès (2004); Demirguc-Kunt/Levine (1999); Nobes/Parker (2008)

	Residuale Wohlfahrtsstaaten	Institutionelle Wohlfahrtsstaaten
Korrespondierendes Rechts- und Finanzsystem	Großbritannien, USA	Deutschland, Frankreich
Nicht korrespondierendes Rechts- und Finanzsystem	Kanada	Japan

Diese Zusammenhänge ermöglichen es, den Einfluss der verschiedenen Wohlfahrtsstaatstypen auf die Regulierung der Rechungslegung genauer zu diskutieren. Diesbezüglich ermöglicht die folgende Erörterung der wohlfahrtsverteilenden Funktionen der Rechnungslegung in Verbindung mit den generellen gesellschaftlichen Motiven und Wertvorstellungen, die mittels des Wohlfahrtsstaatstyps approximiert wurden, eine stärkere Kontrastierung der prinzipiellen Idee, die der Rechnungslegung in einem Land zugrundegelegt wird. Die Einbindung gesellschaftspolitischer Grundmuster erweitert hierbei die Perspektive auf das allgemeine Verhältnis zwischen Staat und Rechnungslegung und im Speziellen auf die qualitative Nachfrage nach staatlicher Intervention in die Regulierung der Rechnungslegung. Ein Aspekt, der von den Ansätzen des Rechts- und Finanzsystems größtenteils vernachlässigt wurde und aus dessen funktionalistischem Blickwinkel auch nur schwerlich beantwortet werden könnte. In Verbindung damit kann ebenfalls eine neue Perspektive auf die Dynamiken innerhalb der Sphäre der Rechnungslegungsregulierung gewonnen werden und mithin auf die Entstehung eines nahezu staatsfreien Raums im Bereich der Konzernrechnungslegung. Der neue Ansatz erweitert somit nicht nur die Perspektive auf die Entwicklung(en) von Rechnungslegungssystemen, sondern bietet auch einen Erklärungsgehalt, der über die beiden anderen Ansätze hinausgeht.

des *code law*, während alle übrigen Provinzen der Rechtstradition des *common law* folgen.

3.3 Wohlfahrtsstaatstypen als Erklärungsansatz für Unterschiede in der Rechnungslegungsregulierung

3.3.1 Rechnungslegung als Instrument unterschiedlicher wohlfahrtsstaatlicher Interventionsziele

Rechnungslegung wird oftmals als ein rein technisches Instrumentarium deklariert, das von Experten für Experten gemacht wird. Diese Sichtweise auf die Rechnungslegung greift aber zu kurz. Dem durch Rechnungslegungsregeln produzierten Zahlenwerk wohnt eine nachweislich gesellschaftliche Komponente inne, durch die es in verschiedenster Form Einfluss nimmt auf die Handlungen von und Kooperation zwischen Individuen, die entweder an marktlichen Austauschprozessen interessiert bzw. darin involviert sind. Von Managern erstellte Finanzberichte dienen in erster Linie dazu, Rechenschaft abzulegen über vergangene Vorgänge gegenüber den Eigentümern, um anhand auf diese Weise ihre Entscheidungen zu erklären und zu rechtfertigen. Jahresabschlüsse skizzieren diesbezüglich die Vergangenheit wirtschaftlicher Transaktionen des Unternehmens, geben Aufschluss über die gegenwärtige Situation des Unternehmens (Darstellung der Vermögens-, Finanz- und Ertragslage) und zeigen, wie sich das Unternehmensgeschehen gegebenenfalls in Zukunft fortsetzt. Das Narrativ der wirtschaftlichen Vergangenheit des Unternehmens ist jedoch stark abhängigen und aufgeladen mit Werturteilen (z. B. Ordelheide, 2004; Zimmermann/Werner, 2004: 157-158).

Die Darstellung der wirtschaftlichen Vergangenheit, getrieben durch Werturteilsentscheidungen, determiniert insbesondere zwei Bereiche. Erstens, welche Teile der Unternehmensrealität gezeigt werden und zweitens, wie die Realität des Unternehmens dargestellt wird (Hines, 1988). Die Transformation der qualitativen Eigenschaften des unternehmerischen Handelns in quantitative Zahlen ist somit immer von der Entscheidung abhängig, welche Transaktionen im Jahresabschluss berücksichtigt werden sollen (Ansatzvorschriften) und wie die berücksichtigten Transaktionen zu bewerten sind (Bewertungsvorschriften). Entscheidungen bezüglich der Bewertungsmethoden gewinnen besondere Relevanz, da diese Entscheidungen sowohl positive als auch negative Auswirkungen auf die Hauptinteressengruppen der Unternehmen haben können (Zeff, 1978; Lev, 1988: 1 ff.). Die gesellschaftlichen Auswirkungen der Rechnungslegung werden ebenfalls von Ordelheide (2004) herausgestellt. Ordelheide (2004) hebt hervor, dass rechnungslegungsinduzierte Handlungen *inter alia* einen Einfluss haben auf die Wohlfahrt von Gesellschaftsmitgliedern und stellt damit einen Bezug zum wohlfahrtsverteilenden Charakter der Rechnungslegung her. In ähnlicher Art und Weise wird auch von Maltby (2000) herausgestellt, dass Rechnungslegung keine neutrale Technologie ist, die lediglich der Entscheidungsfindung dient, sondern vielmehr Wohlfahrtsverteilungen sowie gesellschaftliche Beziehungen legitimiert.

Vorangestelltes zeigt also, dass materiell-inhaltliche Entscheidungen der Rechnungslegungsregulierung Auswirkungen auf den schützenden sowie distributiven Charakter der Rechnungslegung haben können. Rechnungslegung kann somit dazu beitragen, soziale Sicherheit zu schaffen und hat dementsprechend gewisse Ähnlichkeiten mit sozialpolitischen Maßnahmen. Denn ähnlich wie Maßnahmen der sozialen Sicherung können der Rechnungslegung prinzipiell zwei Funktionen zugeordnet werden: eine handlungsermögliche Funktion und eine schützende bzw. statuserhaltende Funktion. Hinsichtlich der handlungsermöglichenden Funktion dienen Rechnungslegungsinformationen der Allokation von ökonomischen Ressourcen auf Märkten, der Verbesserung von deren Effizienz und als Mechanismus der Verhaltenskontrolle bei individuellen Vertragsausgestaltungen. Üblicherweise wird in diesem Zusammenhang die Entscheidungsnützlichkeit der Rechnungslegung diskutiert sowie deren Anreiznützlichkeit als Hilfsmittel zum Abschluss effizienter Verträge (Wagenhofer/ Ewert, 2007: 89 ff.). Bezüglich der schützenden bzw. statuserhaltenden Funktion der Rechnungslegung wird hingegen der Ansatz verfolgt den Unternehmensgewinnen zwischen den unterschiedlichen Anspruchsgruppen zu verteilen, was durch die Intention geleitet ist, die verschiedenen Interessenlagen auszubalancieren. Die folgenden Ausführungen zeigen, dass zwischen beiden Ansätzen der Rechnungslegung Unterschiede bestehen, inwiefern der Einzelne zur Sicherung seiner Ansprüche für sich selbst Verantwortung trägt und was dieses für die Auffassung von gesellschaftlicher Wohlfahrt impliziert.

Im Hinblick auf die handlungsermöglichende Funktion der Rechnungslegung werden die Verbreitung von Rechnungslegungsinformation sowie die Verwendung rechnungswesenbasierter Verträge als mögliche Wege gesehen, Marktineffizienzen auszugleichen (Fields *et al.*, 2001). Marktteilnehmer bewerten auf Basis der zur Verfügung gestellten Abschlussinformationen die vergangene wie auch zukünftige Leistungsfähigkeit der berichtenden Einheit und fällen daraufhin ökonomische Entscheidungen. Rechnungslegung wird somit eine Schlüsselfunktion zuteil, Informationen zu übermitteln, die es Marktteilnehmern ermöglicht, zu entscheiden, ob sie dem Unternehmensnexus beitreten oder nicht. Aus dieser Perspektive erschließt sich das Unternehmen als eine Einkommensquelle für Individuen, weswegen rechnungswesenbasierte Entscheidungen sich entweder positiv oder negativ auf die individuelle Wohlfahrt auswirken können.

Die Wohlfahrtseffekte der Rechnungslegung finden Anwendung auf eine Vielzahl von Vertragsparteien und mögliche Beziehungen des Unternehmens.

Fehlerhafte Rechnungslegungsinformationen können beispielsweise zu einer Fehlinterpretation des ökonomischen Wertes des Unternehmens durch (mögliche) Investoren führen sowie des zukünftigen Erfolgspotentials und dementsprechend zu einer fehlgeleiteten bzw. schlechten Anlagestrategie (sell-, buy- oder hold-Strategie). Kreditgeber könnten während der Phase der Bonitätsprüfung negativ beeinflusst werden, wenn die Rechnungslegungsinformationen ein verzerrtes Bild der Kreditwürdigkeit des Unternehmens und der zukünftigen Schuldendeckungspotentiale nachzeichnen. Auf ähnliche Art und Weise können die vermittelten Informationen sich auch (negative) auf die Handelsbeziehungen zwischen Unternehmen auswirken, wenn nämlich Waren und Dienstleistungen auf Ziel verkauft werden. Auch in Arbeitgeber-Arbeitnehmer-Beziehungen könnten Rechnungslegungsinformationen möglicherweise eine Rolle spielen, wenn die übermittelten Information den Arbeitnehmern beispielsweise behilflich sind, um zu entscheiden, dem Unternehmen beizutreten oder nach einer Alternative zu suchen, wenn sie auf Basis der Informationen Zweifel an der Qualität der Beschäftigung haben (dazu Flower, 2004; Wagenhofer/Ewert, 2007). Folglich hat Rechnungslegung als entscheidungsrelevantes Informationsinstrument einen nicht unerheblichen Effekt auf die Entscheidungen von Individuen und deren Wohlfahrt, wie auch auf die Allokationseffizienz verschiedenster Inputmärkte.

Obwohl die Verbreitung verlässlicher und relevanter Rechnungslegungsinformationen wichtig ist, kann die reine Informationsversorgung der unterschiedlichen Akteure unter Umständen nicht ausreichen, um deren ökonomisches Wohlergehen zu sichern. Dies gilt insbesondere für (längerfristige) Vertragsbeziehungen zwischen Marktteilnehmern und dem Unternehmen. Beispielsweise haben Kreditgeber im Vergleich zu Aktionären eine asymmetrische Nutzenfunktion (Basu, 1997: 9; Watts, 2003: 212). Denn aufgrund der vertraglich fixierten Ansprüche profitieren Kreditgeber nicht von einer außerordentlich guten Unternehmensperformanz, sind aber vollständig betroffen von negativen Ereignissen, wie beispielsweise Liquiditätsproblemen oder einer Insolvenz des Unternehmens, da ihre monetären Ansprüche in der Regel dadurch eingeschränkt werden oder sogar verlorengehen.

Rechnungswesenbasierte Verträge bieten einen Weg, um Agenturprobleme abzuschwächen und die sich daraus ergebenden Kosten zu senken. Rechnungslegungsdaten werden dementsprechend von anspruchsberechtigten Personen gegenüber dem Management bzw. Unternehmen genutzt, um einerseits (Leistungs-)Anreize zu setzen und andererseits, um die Ansprüche gegenüber der Ausbeutung durch andere Personen zu schützen (Ahmed *et al.*, 2002; Kilian, 2011). Letzteres scheint gerade aus Sicht der eigenen sozialen Sicherung (Wohlfahrtserhaltung) einen nicht unwesentlichen Nutzen rechnungswesenbasierter Verträge darzustellen. Typischerweise enthalten solche Verträge daher Vorsichtsmaßnahmen, die einer Erosion der antizipierten Ansprüche vorbeugen sollen. Diese präventiven Maßnahmen können (vorsichtige) Ansatz- und Bewertungsvorschriften für bestimmte bilanzielle Sachverhalte umfassen, um Ausschüttungen zu beschränken und Liquidität im Unternehmen zu binden, oder es werden Ausschüttungssperren festgelegt, die wirken, wenn bestimmte Bilanzrelationen über- oder unterschritten werden (Fülbier *et al.*, 2008: 1321). In Kreditbeziehungen bzw. Kreditverträgen sind dieses die sogenannten *debt covenants* (dazu Zimmermann *et al.*, 2011: 20 ff.; Zimmermann *et al.*, 2012: 3 ff.). Die vertragstheoretischen Aspekte der Rechnungslegung zeigen, dass die Einbettung von Rechnungsweseninformationen in relationale Verträge es ermöglicht, Vertragsbeziehungen effizient zu gestalten. Rechnungslegung ist dementsprechend ein wirkungsvolles Hilfsmittel, um die Gesamtheit des (vertraglichen) Beziehungsgeflechts des Unternehmens zu stabilisieren, da es dabei hilft, die individuellen Beziehungen des Unternehmens zu strukturieren. Dieser Aspekt hat insbesondere für diejenigen Anspruchsgruppen des Unternehmens einen hohen Stellenwert, die sich nicht kurzfristig aus dem Unternehmensnexus zurückziehen können.

Aus vertragstheoretischer Perspektive betrachtet, basiert der schützende Charakter der Rechnungslegung somit überwiegend auf dem selbstständigen Handeln von Individuen. Sie werden auf Grundlage der Rechnungslegungsinformationen (explizit) in die Lage versetzt, eigenständig präventive Maßnahmen vorzunehmen, um ihre Ansprüche zu schützen. Diese Notwendigkeit ergibt sich insbesondere für Anspruchsgruppen, die in einer längerfristigen Vertragsbeziehung mit dem Unternehmen stehen und sich ohne eine individuelle Absicherung mittels rechnungswesenbasierter Verträge nicht sicher sein können, ob ihre Ansprüche gegenüber den Interessen anderer Gruppen geschützt sind. Aus den vorherigen Darlegungen wird ersichtlich, dass die handlungsermöglichende Funktion der Rechnungslegung von Individuen sowie deren Beziehungen zueinander und deren Status abstrahiert, da die Rechnungslegung von sich aus keinerlei Schutzwirkung entfaltet. Die Vertragsfunktion der Rechnungslegung bezieht sich zwar auf die Beziehungen zwischen Individuen, ist aber letztendlich auch nur ein ökonomisches Instrument, um Markteffizienz zu gewährleisten. Rechnungswesenbasierte Kreditverträge strukturieren beispielsweise die Beziehung von Kreditnehmer und Kreditgeber und schaffen ein gewisses Vertrauensverhältnis. Im Kern geht es hierbei jedoch um die Effizienz der Vertragsbeziehung. Die Vertragsfunktion der Rechnungslegung schafft also Effizienz in gesellschaftlichen Bereichen, wo sie nicht durch die reine Verbreitung von Rechnungsweseninformationen sichergestellt werden kann. Das aus der handlungsermöglichenden Perspektive folgende Verständnis von Wohlfahrt ist daher eher als eine Aggregation der individuellen Wohlfahrt zu verstehen als von der Gesellschaft als wohlfahrtsmaximierendes Aggregat (Cooper/Sherer, 1984).

Die schützende bzw. statuserhaltende Funktion der Rechnungslegung bezieht sich hingegen direkt auf die Beziehungen zwischen den jeweiligen Anspruchsgruppen und dem Versuch des Interessenausgleichs zwischen den einzelnen ökonomischen Akteuren. Die zugrundeliegende ökonomische Motivation ist die gleiche: Kreditgeber werden aufgrund ihrer asymmetrischen Nutzenfunktion eher der (direkten) Sicherung ihrer Ansprüche eher eine höhere Priorität zuordnen als dem alleinigen Schutz durch Rechnungsweseninformationen. Gleiches gilt für das Anspruchsdesign anderer Anspruchsgruppen, wie beispielsweise Zuliefererfirmen oder auch Arbeitnehmern. Beispielsweise könnten Unternehmensschieflagen zu Gehalts- oder Lohneinschränkungen oder sogar zur betriebsbedingten Kündigungen des Arbeitsverhältnisses führen, was Auswirkungen auf die Wohlfahrt der Arbeitnehmer hätte. Diese Anspruchsgruppen werden demgemäß ein Interesse an der Langlebigkeit des Unternehmens haben sowie dessen Erhalt als Einkommensquelle. Folglich werden diese Anspruchsgruppen eher dazu neigen Sicherungsmechanismen nachzufragen, welchen den Abfluss von finanziellen Ressourcen (an die Aktionäre) regulieren und der Kapitalerhaltung im Unternehmen dienen.

Hauptaufgabe der Rechnungslegung wird es dementsprechend sein, eine Verteilung des Unternehmensgewinns zwischen den Anspruchsgruppen des Unternehmens vorzunehmen (Oguri, 2005). Der Fokus der Rechnungslegung wird diesbezüglich darauf liegen, das Ausschüttungspotential des Unternehmens (Gewinn) zu messen und zu definieren, welcher Geldbetrag an die Anteilseigener ausgeschüttet werden kann (Ausschüttungsbemessungsfunktion der Rechnungslegung). Sofern die Beantwortung der Verteilungsfragen direkt an die Rechnungslegung gebunden ist, ist der Ausgestaltung der bilanziellen Bewertungsregeln eine besondere gesellschaftliche Relevanz einzuräumen, da die konfliktären Interessen zwischen den Anspruchsgruppen sorgsam ausbalanciert werden müssen. Langfristig orientierte Anspruchsberechtigte bzw. Akteure mit einem festen Anspruch gegenüber dem Unternehmen werden beispielsweise eher eine vorsichtige Bemessung des Unternehmensgewinns nachfragen, wohingegen kurzfristig orientierte Anspruchsberechtigte, zumeist Aktionäre, eher das Gegenteil nachfragen werden, da deren Auszahlungen (Dividenden) direkt vom gemessenen Gewinn abhängig sind (Moxter, 1984). Folglich muss es eine (gerechte) Balance zwischen der Gewährleistung und der Restriktion von Ausschüttungen geben, um die verschiedenen Interessen im Design der Bewertungsregeln zu inkludieren. In Abhängigkeit vom Messmodell, das den Bewertungsregeln zugrunde gelegt wird, kann durch die Regeln daher ein mehr oder weniger starrer Beziehungszustand institutionalisiert werden. Bewertungsregeln fungieren infolgedessen als moderierender Mechanismus, der genutzt werden kann, um allgemeine Stabilität im Beziehungsgefüge der Anspruchsberechtigten zu erzeugen.

Eine Ausgestaltung der Rechnungslegung, die den Stabilitäts- und Sicherungscharakter hervorhebt, wird ohne eine klare hierarchische Ordnung der Präferenzen der Anspruchsgruppen das zum Ausdruck bringen, was gesellschaftlich als wünschenswert angesehen wird. Diesbezüglich bemisst sich die Rechnungslegung nicht am Kriterium der Markteffizienz, sondern an einer Reihe von anderen Kriterien. Als Referenzpunkt dient dann gegebenenfalls der Schutz von Anspruchsgruppen, die sich aufgrund ihrer geringen fachlichen Kompetenz nicht selbst schützen können oder dem Ausgleich einer Ungleichverteilung von (wirtschaftlicher) Macht zwischen den Parteien. Präventive Schutzmaßnahmen werden direkt in den Rechnungslegungsregeln institutionalisiert mit der Folge, dass die Allokation von Ansprüchen ebenfalls direkt über die Daten stattfindet, die aus der Rechnungslegung – insbesondere der Gewinn- und Verlustrechnung – gezogen werden. Der Einzelne kann sich hierbei auf eine vorbestimmte Verfassung stützen bzw. verlassen, welche die Beziehungen zu den anderen Anspruchsgruppen regelt. Rechnungslegungsregeln stellen somit eine implizite und automatische Sicherungs- und Schutzinstitution dar. Per staatlicher Intervention wird den jeweiligen Anspruchsgruppen also die Verantwortung genommen, eigenständige Schutzvorkehrungen auf Basis rechnungslegungsbasierter Verträge zu treffen.

Die primäre Bedingung für die Verbesserung der Wohlfahrt basiert in diesem Fall nicht mehr auf der Markteffizienz, sondern auf anderen gesellschaftlich wünschenswerten Bedingungen und Ideen. Denn die implizit schützende Dimension der Rechnungslegung verfolgt eher distributive Zielsetzungen als optimale Allokation von ökonomischen Ressourcen auf Märkte, insbesondere Kapitalmärkte. Individuelle Maßstäbe einer optimalen Verteilung des Unternehmensgewinns werden dementsprechend einer gesellschaftlich wünschenswerten Verteilung untergeordnet, die sich in der inhaltlichen Ausgestaltung der Rechnungslegungsregeln im Allgemeinen und den Bewertungsregeln im Speziellen manifestiert. Folglich drückt sich hierdurch im Vergleich zur handlungsermöglichenden Funktion der Rechnungslegung ein grundlegend anderes Verständnis von Wohlfahrt aus. Wohlfahrt im Sinne der schützenden bzw. statuserhaltenden ist daher eher zu verstehen als Wohlfahrt der Gesellschaft als Aggregat und weniger als Aggregation der individuellen Wohlfahrt. Dieses Verständnis leitet sich daraus ab, dass nicht die individuell effizienteste Antwort im Vordergrund steht, sondern eine, die gesamtgesellschaftlich gewollt ist.

Zusammenfassend bleibt festzuhalten, dass es in einer Gesellschaft sowohl eine Nachfrage nach der reinen Informationsfunktion der Rechnungslegung gibt als auch nach deren Funktionsweise als Verteilungs- bzw. Sicherungsmechanismus von Ansprüchen. Die zuerst genannte Funktion bezieht sich dabei auf die handlungsermöglichende Funktion der Rechnungslegung, während die zuletzt genannt Funktion zu der schützenden bzw. statuserhaltenden Funktion der Rechnungslegung in enger Beziehung steht. Allerdings besteht zwischen beiden gesellschaftlichen Funktionen der Rechungslegung ein Zielkonflikt, da die ordnungspolitischen Zielsetzungen nicht komplementär zueinander sind und deshalb nicht gleichzeitig verwirklicht werden können. Bei der Regulierung der Rechnungslegung muss sich daher entschieden werden, welcher regulatorische Ansatz mit der Rechnungslegung verfolgt werden soll. Hauptaufgabe wird es also aus regulatorischer Perspektive sein, beide Alternativen gegeneinander abzuwägen und zu definieren, welche gesellschaftliche Funktion die Rechnungslegung erfüllen soll. Jegliche Form der Gewichtung der beiden ordnungspolitischen Alternativen induziert dabei unterschiedliche Verteilungseffekte zwischen den Anspruchsgruppen und privilegiert gegebenenfalls eine bestimmte Gruppe (ausführlich Fülbier/Gassen, 2009: 136 ff.). Das normative Urteil hinter der gesellschaftlichen Modellierung der Rechnungslegung, was als eines der Kernprobleme deren Regulierung gilt (Albert, 1998), kann möglicherweise mit Blick auf den in einem Land vorherrschenden Typ des Wohlfahrtsstaates erfasst werden.

3.3.2 Konstruktion von Systemarchetypen der Rechnungslegungsregulierung

3.3.2.1 Analyserahmen

Der vorherrschende Typ des Wohlfahrtsstaates lässt sich als Emanation des gesellschaftlichen Willensbildungsprozesses verstehen – unterschiedliche gesellschaftliche Wertvorstellungen haben zu einer Verschiedenheit in der gesellschaftlichen Auslegung von Wohlfahrt geführt, was unterschiedliche regulative Ansätze der Erhaltung von Wohlfahrt impliziert. In vergleichbarer Art und Weise kann die Entscheidung, welche primäre Rolle die Rechnungslegung in einem Wohlfahrtsstaat spielt, als gleichgewichtiges Resultat des gesellschaftlichen Willensbildungsprozesses interpretiert werden. In Abhängigkeit von den unterschiedlichen Intentionen der Rechnungslegung, die verschiedene distributive Folgen verkörpern, existieren auch Unterschiede in der staatlichen Regulierung der Rechnungslegung. Die Nachfrage nach bzw. die Intensität der staatlichen Einflussnahme ebenso wie das Angebot von bzw. die Legitimität der staatlichen Einmischung in die Regulierung der Rechnungslegung wird daher ebenfalls vom Typ des Wohlfahrtsstaates abhängig sein.

Im Folgenden wird daher eingehender erläutert, wie sich der Zusammenhang zwischen Wohlfahrtsstaat und der Rechnungslegungsregulierung gestaltet. Unter dem Begriff der Rechnungslegungsregulierung subsumiert sich der generelle regulative Ansatz, der idealtypischerweise in den Wohlfahrtsstaatstypen verfolgt wird. Die Regulierung der Rechnungslegung soll unter drei Aspekten diskutiert werden: (1) Personifikation bzw. Nicht-Personifikation der rechnungslegenden Einheit, was sich unmittelbar auch im Einkommenskonzept niederschlägt sowie in der Schwerpunktbildung im Hinblick auf die Bilanz und Gewinn- und Verlustrechnung, (2) Priorisierung von Einzel- oder Konzernabschluss als regulatives Instrument und (3) staatlicher Eingriff in die Organisation des Standardsetzungsprozesses, was in unterschiedlichen *modes of regulation* mündet.

3.3.2.2 Regulierungsansatz residualer Wohlfahrtsstaaten

Das Modell der Rechnungslegung in residualen Wohlfahrtsstaaten wird hauptsächlich auf der Informationsfunktion der Rechungslegung basieren. Dieses folgt aus den spezifischen Eigenschaften staatlicher Interventionen, die den residualen Wohlfahrtsstaatstyp prägen: Politiken begünstigen zumeist die Souveränität des Marktes und bauen auf der Eigenverantwortung und dem vernünftigen Handeln der individuellen Akteure auf. Die Informationsfunktion der Rechnungslegung zu betonen, würde in diesem Sinne die Autonomie der Individuen, rationale Entscheidung treffen zu können, unterstützen. Alle Anspruchsgruppen des Unternehmens träfen somit ihre Entscheidung auf der gleichen Informationsbasis, wobei Aktionäre bzw. Anteilseigener den dominierenden Typ darstellen würden, an dem sich der Informationsgehalt der Rechnungslegung messen lassen müsste. Alle anderen Anspruchsgruppen, wie beispielsweise Gläubiger, erführen somit keine gesonderte regulatorische Berücksichtigung. Die reine Informationsfunktion der Rechnungslegung würde demzufolge mit der gesellschaftspolitischen Einstellung in residualen Wohlfahrtsstaaten übereinstimmen, nämlich, dass Interventionen nur erfolgen sollten, um Bedürftige zu schützen, also nach einem Bedürftigkeitstest. Im Falle von Informationen scheint dies jedoch nur schwierig konstruierbar, weshalb alle Marktteilnehmer gleiche Informationen zur Verfügung gestellt bekommen.

Die Absicherung von (fixen) Ansprüchen müsste folglich auf einzelvertraglicher Basis gelöst werden. Das bedeutet ökonomische Akteure müssten sich eigenständig für die Wahrung ihrer eigenen Ansprüche und Interessen einsetzen, da der Status ihrer Ansprüche nicht durch in der Rechnungslegung institutionalisierte Regeln erhalten wird. Staatliche Interventionen in diesem Bereich würden den Gestaltungsspielraum der Strukturierung der individuellen Beziehungen einschränken, was inkonsistent mit der Neigung zum Individualismus im residualen Wohlfahrtsstaatstyp wäre. Der Eingriff würde darüber hinaus über das grundlegende Ziel staatlicher Intervention, der Sicherung der Allokationseffizienz der Märkte, hinausgehen. Privat verhandelten Kontrakten, basierend auf Rechnungslegungsdaten, würde daher der Vorzug gegeben werden, zumal diese einen hohen Grad der Flexibilität ausstrahlen und damit dem nachgefragten Gestaltungsspielraum für selbstständige Arrangements nachkämen. Folglich wird in residualen Wohlfahrtsstaaten vielmehr die handlungsermöglichende Funktion der Rechnungslegungsregulierung evident sein, um daneben auch einen Rahmen für das effiziente Funktionieren der Märkte zu gewährleisten.

Die Präferenz von Aktionären gegenüber anderen Anspruchsgruppen des Unternehmens führt zu einer Personifikation von Jahresabschlussberichten sowie der rechungslegenden Unternehmenseinheit zu Gunsten der Eigenkapitalinvestoren (Kell, 1953). Residuale Wohlfahrtsstaaten werden demgemäß in die Richtung einer Eignerperspektive des Unternehmens (*proprietary theory*) tendieren, da Eigenkapitalgeber und das Unternehmen in der offensichtlichsten Art und Weise miteinander in Verbindung stehen (Chatfield, 1977: 219-223). Darüber hinaus sind Rechnungslegungsregeln abgeleitet aus der Sichtweise des Unternehmenseigners als Zielträger des Jahresabschlusses konform mit der übergeordneten regulativen Zielsetzung der Rechnungslegung. Hauptfunktion der Rechnungslegung aus dem Blickwinkel der Eignertheorie ist nämlich zum einen, die Veränderung des Aktionärsvermögens zu bestimmen, und zum anderen, primär den Eigenkapitalgebern Rechnungslegungsinformationen zur Verfügung zu stellen. Beide Zielsetzungen verhalten sich dementsprechend komplementär zur Sicherung der angepeilten Kapitalmarkteffizienz (van Mourik, 2010: 195). Diese Sichtweise hat Implikationen für die Einkommenskonzeption der Rechnungslegung auf Ebene der bilanzierenden Unternehmen sowie jeweiligen Schwerpunktlegung auf die Bilanz oder Gewinn- und Verlustrechnung als wesentliches Element des Jahresabschlusses.

Nach Auffassung der Eignertheorie gibt es keine von der Privatsphäre der Unternehmenseigentümer losgelöstes Unternehmensvermögen: die Vermögensgegenstände sowie Schulden des Unternehmens werden dem Eigenkapitalinvestor zugeordnet. Der Unterschiedsbetrag zwischen beiden Bestandsgrößen der Bilanz spiegelt somit das Reinvermögen der Eigenkapitalgeber wider. Der Jahresüberschuss (Jahresfehlbetrag) entspricht also einer Erhöhung (Verringerung) des Reinvermögens der Eigner, woraus sich eine direkte Wohlfahrtswirkung ergibt. Infolgedessen werden Ansatz und Bewertung auf ein Reinvermögenskonzept ausgerichtet sein, das der Definition von Ansatzkriterien für Vermögensgegenstände und Schulden sowie deren Messung den Vorrang gibt (Meyer, 1973). Konzeptionell wird die Rechnungslegung daher eher der statischen Bilanztheorie (*asset-liability approach*) folgen (grundlegend Simon, 1899). Diesbezüglich werden Zeitwerte (*current* oder *fair values*) als optimales messtheoretisches Konzept zur Bilanzierung von Vermögenswerten und Schulden gesehen (van Mourik, 2010: 197).Eine stringente Verwendung des Messkonzepts sowohl auf der Aktiv- als auch auf der Passivseite der Bilanz würde somit den Barwert des Reinvermögens direkt in der Bilanz widerspiegeln. Im zeitlichen Vergleich der Entwicklung gäbe das Messkonzept somit Aufschluss über die Erhöhung oder Verringerung der Wohlfahrt der Eigenkapitalinvestoren. Die Gewinn- und Verlustrechnung wäre in diesem Fall lediglich ein technisches Nebenprodukt mit geringem Informationsgehalt und einer mangelnden Interpretierbarkeit, da lediglich die Veränderungen der Vermögensgegenstände und Schulden dokumentiert würden (Ronen, 2008: 184).

Daneben bedingt die Dominanz der Effizienzfunktion der Rechnungslegung gegenüber den anderen regulatorischen Zielsetzungen eine Vorrangigkeit des Konzernabschlusses gegenüber dem Einzelabschluss als regulatorisches Instrument zur Erreichung des regulatorischen Ziels. Konzernabschlüsse werden der Informationsfunktion der Rechnungslegung für gewöhnlich besser gerecht als Einzelabschlüsse, da sich der Konzernabschluss direkt auf das Unternehmen als wirtschaftliche Einheit bezieht (Küting/Lauer, 2010: 549 f.). Der Konzernabschluss hat im Vergleich zum Einzelabschluss des Mutterunternehmens einen größeren Informationsgehalt/-nutzen für etwaige Anspruchsgruppen, da die wirtschaftliche Lage aller rechtlich selbstständigen Unternehmenseinheiten konsolidiert dargestellt wird. Die konsolidierte Präsentation der gesamtwirtschaftlichen Situation bietet den Anspruchsgruppen eine optimale Grundlage zur Bewertung zukünftiger Erfolgsaussichten des Unternehmens und damit des eignen Investmentnutzens bzw. -risikos und somit des eigenen Bedarfs an Sicherungsmaßnahmen (Niskanen *et al.*, 1998a: 31 ff.).

Da die interventionistische Zielsetzung des Staates sich lediglich auf die Markteffizienz bezieht und folglich die Informationsfunktion der Rechungslegung im Fokus der Regulierung steht, werden sich Einzelabschlüsse dem regulatorischen Interesse entziehen. Einzelabschlüsse werden also nahezu keine Relevanz haben. Sofern die Erstellung von Einzelabschlüssen in residualen Wohlfahrtsstaaten dennoch Pflicht sein sollte, wird sich deren Funktion ebenfalls nur auf die Erfüllung der Informationsfunktion erstrecken. Dementsprechend werden die Konzernrechnungslegungsstandards im Großen und Ganzen auch die Standards für den Einzelabschluss dominieren, d.h., es ist anzunehmen, dass für beide Rechenwerke identische Standards zur Anwendung kommen werden.

In der Regel wird die Organisation der Standardsetzung für die gesellschaftlich relevanten Konzernabschlüsse in residualen Wohlfahrtsstaaten nicht durch den Staat vorgenommen werden, sondern die Organisationsverantwortung wird in der Hand privatorganisierter Expertengremien liegen. Staatliche Einmischungen in den Prozess der Normierung der Rechnungslegungsstandards werden lediglich erfolgen, um eben diesen zu verbessern oder die Vorteile einheitlicher Standards für die Gesamtheit der Gesellschaft verfügbar zu machen bzw. durchzusetzen. Solche Interventionen in den marktlichen Prozess der Normgenese könnten von staatlicher Seite jedoch damit gerechtfertigt werden, dass die Sicherstellung der Produktion von Rechnungslegungsregeln dem übergeordneten Zweck dienen würde, Rahmenbedingungen zu schaffen, die die Effizienz der Märkte sichern würden. Es wäre daher zweckmäßig, Experten die Produktion von Rechnungslegungsstandards zu überlassen, da sich diese durch ihre marktspezifischen Kenntnisse auszeichnen, was dem anvisierten Ziel der Markteffizienz zuträglich wäre. Experten verfügen über das notwendige spezifische Knowhow, um zielgerichtet Rechnungslegungslösungen bereitstellen zu können (Watrin, 2001; Mattli/Büthe, 2005: 402 f.). In der stärksten Ausprägung des staatlichen Interventionslevels könnten diese zu einer privaten Standardsetzungsorganisation führen, die unter staatlicher Aufsicht agiert. In Bezug auf die von Puxty *et al.* (1987) etablierte Logik der *modes of regulation* wird die Strategie der Rechnungslegungsregulierung in residualen Wohlfahrtsstaaten auf der Markt-Staat-Achse wohl eher in Richtung des Marktprinzips tendieren als in Richtung des Staatsprinzips.

3.3.2.3 Regulierungsansatz institutioneller Wohlfahrtsstaaten

In institutionellen Wohlfahrtsstaaten wird die aggregierte gesellschaftliche Nachfrage der Wirtschaftssubjekte eher eine interessenausgleichende Rechnungslegung als korrespondierendes Modell der Rechnungslegungsregulierung bedingen. Die Informationsfunktion wird lediglich eine Nebenfunktion erfüllen. Dieses leitet sich daraus ab, dass der gesellschaftliche Wille in institutionellen Wohlfahrtsstaaten auf der Annahme basiert, dass der Markt zu keiner gerechten Verteilung führt bzw. nicht alle Interessen hinreichend berücksichtigt, auch wenn dieser effizient funktioniert. Um entsprechenden Ungleichverteilungen entgegenzuwirken, sollen Ausgleichsmechanismen ein Gleichgewicht zwischen allen Beteiligten herbeiführen und nicht nur besonders Benachteiligte begünstigt werden. Gleichermaßen dient die Rechnungslegung der Strukturierung von Beziehungen zwischen Anspruchsgruppen. Insbesondere können die Rechnungslegungsregeln dazu verwendet werden, eine bestimmte Konfiguration der Verhältnisse zwischen verschiedenen Wirtschaftssubjekten vorzunehmen, wobei bestimmte Anspruchsgruppen explizit geschützt werden können. Darüber hinaus ist die Rechnungslegung ein geeignetes Instrumentarium, um Ausschüttungsrestriktionen zu implementieren (Ausschüttungsbemessung), die unmittelbar auf den langfristigen Erhalt des Unternehmens angelegt sind, um mittelbar den gesellschaftlichen Status derjenigen Individuen zu schützen, die ihren Status aus der Existenz des Unternehmens ableiten. Die Einschränkung und Standardisierung individueller Ansprüche wird der Rechnungslegung in institutionellen Wohlfahrtsstaaten allgemein innewohnen, d h., der individuelle Gestaltungsspielraum wird zugunsten einer stärker gesamtgesellschaftlichen Lösung der Koordinationskonflikte des Unternehmensnexus beschränkt werden. Allerdings steht die so ausgehandelte Standardlösung bzw. Verfassung der Beziehungen im Einklang mit der eher kollektivistischen Einstellung der Gesellschaft im institutionellen Wohlfahrtsstaatstyp.

Der regulatorische Ansatz, der in institutionellen Wohlfahrtsstaaten verfolgt wird, würde im Vergleich zu residualen Wohlfahrtsstaaten für eine Nicht-Personifizierung der rechnungslegenden Einheit sprechen. Lediglich eine von jeglichen Anspruchsgruppen des Unternehmens, insbesondere den Eignern, unabhängige Sichtweise des Unternehmens würde als Ausgangspunkt für einen Interessenausgleich in Frage kommen. In Hinblick auf die Rechnungslegung korrespondiert die Einheitstheorie (*entity theory*) mit diesem Ansatz (Kell, 1953: 42). Im Gegensatz zur Eignertheorie hat das Unternehmen eine Privatsphäre: die Vermögenswerte und Schulden werden der Unternehmenseinheit zugeordnet, wobei sich die Schulden sowohl aus dem Eigen- als auch dem Fremdkapital zusammensetzen. Der Jahresüberschuss (Jahresfehlbetrag) stellt demnach nicht per se eine Reinvermögensmehrung der Aktionäre dar, sondern verbleibt in der Verfügungsmacht des Unternehmens. Das Verhältnis des Unternehmens zu seinen Eigentümern wird gleichgesetzt mit dem Verhältnis zu seinen langfristigen Kreditoren bzw. in einer weitgefassten Auslegung des Konzepts zu allen anderen Anspruchsgruppen (Lorig, 1964). Hieraus leitet sich ab, dass die Sicherung des eigenen Fortbestands die grundlegende Zielsetzung des Unternehmens beschreibt bzw. beschreiben sollte. Als weiteres Hauptziel kann der Interessenausgleich zwischen den Anspruchsgruppen des Unternehmens gesehen werden, die vom Handeln des Unternehmens tangiert werden. Diesbezüglich ist also die Hauptzielsetzung der Rechnungslegung darin zu sehen, eine angemessene Beziehung des Unternehmens zu seinen Anspruchsgruppen zu erhalten und gleichzeitig dessen Existenz zu sichern (Kam, 1990).

Das Einkommenskonzept wird folglich nicht auf die Messung der Vermögensmehrung der Aktionäre ausgelegt sein, sondern auf die Messung der unternehmerischen Leistung, was mit der dynamischen Bilanztheorie (*revenue-expense approach*) korrespondiert (grundlegend Schmalenbach, 1920) sowie dem Prinzip der periodengerechten Erfolgsermittlung (*accrual accounting*). Allgemein wird mit dieser bilanztheoretischen Konzeption das Prinzip der historischen Kosten assoziiert. Ebenso liegt der primäre Fokus nicht auf der Bilanz, sondern auf der Gewinn- und Verlustrechnung, da gerade dieser Bestandteil des Jahresabschlusses besonders geeignet ist für den angestrebten Interessenausgleich zwischen den Anspruchsberechtigten des Unternehmens (van Mourik, 2010: 202-205). In diesem Fall stellt die Gewinn- und Verlustrechnung eine Zusammenfasssung aller abgeschlossenen Transaktionen des Unternehmens sowohl mit den Input- als auch Outputmärkten dar und berichtet damit über die Wertschöpfung des Unternehmens.

Die Unternehmensleistung ließe sich diesbezüglich auch als Teil einer kollektiven Wohlfahrtsschaffung interpretieren. Die Bedeutung der Bilanz wäre indes als gering einzustufen, da sie lediglich ein Nebenprodukt zur Verbindung zweier (zeitlich aufeinanderfolgender) Gewinn- und Verlustrechnungen darstellt. Besonders relevant für die Ermittlung des Unternehmensgewinns sind das Realisationsprinzip (*realization principle*) sowie der Grundsatz der sachlichen und zeitlichen Abgrenzung (*matching principle*). Beide entspringen dem Prinzip der periodengerechten Erfolgsermittlung und sollen gewährleisten, dass der Gewinn nur das zeigt, was auch wirklich während des Geschäftsjahres erwirtschaftet wurde und so ohne Gefährdung der Unternehmensexistenz ausschüttbar ist (Ronen, 2008: 184). Der dynamische Bilanzansatz entspricht demnach der Perspektive des Unternehmens unter der Einheitstheorie, da der Ansatz mit der Zielsetzung der Einbeziehung und Sicherung der Interessen der Anspruchsberechtigten übereinstimmt. Hieraus lässt sich daher eine allgemeine Konformität mit der regulativen Zielsetzung der Rechnungslegungsregulierung in institutionellen Wohlfahrtsstaaten ableiten.

Aufgrund des zuvor definierten Zwecks der Rechnungslegung in institutionellen Wohlfahrtsstaatstypen werden Rechnungslegungsregeln hauptsächlich für Einzelabschlüsse gesetzt. Der Einzelabschluss, verglichen mit dem Konzernabschluss, ist der für die Implementierung der schützenden bzw. statuserhaltenden Funktion der Rechnungslegung der entscheidende Abschluss, da dieses Rechenwerk rechtliche Maßgeblichkeit besitzt. Einzelabschlüsse beziehen sich nicht auf die wirtschaftliche (Gesamt-)Einheit des Unternehmens, sondern auf dessen rechtlich selbstständige Einheiten (juristische Person). Dieser Bezugspunkt macht Einzelabschlüsse zu einem nützlichen regulatorischen Instrument. Dementsprechend stellt der Einzelabschluss eine passende Schnittstelle des Interessenausgleichs insbesondere zwischen den Anspruchsgruppen dar, die einen rechtlichen Anspruch aus ihrem wirtschaftlichen Engagement gegenüber dem Unternehmen geltend machen können, da in erster Linie diese Interessen einer (gerechten) Koordination bedürfen. Eine Durchbrechung der rein koordinierenden Zwecksetzung der Rechnungslegung durch Implementierung der Informationsfunktion in der Konzernrechnungslegung wäre allerdings möglich, um beispielweise die Partikularinteressen von (kurzfristig orientierten) Aktionären zu befriedigen. Die Setzung anderer Standards für den Konzernabschluss würde nicht zu einem ordnungspolitischen Zielkonflikt führen, da der Konzernabschluss weder eine tragende Rolle im regulatorischen Rahmenkonzept institutioneller Wohlfahrtsstaatstypen spielt noch eine Rolle, die über die Bereitstellung von Informationen hinausgeht. Folglich sind institutionelle Wohlfahrtsstaaten verglichen mit residualen flexibler. Beide Zielsetzungen der Rechnungslegung können in institutionellen Wohlfahrtsstaatstypen koexistieren, ohne dass die gesellschaftlich nachgefragte Funktion des Interessensausgleichs hinter der Informationsfunktion der Rechnungslegung zurücktreten muss.

Um die verschiedenen Interessen zu inkorporieren, die sich an die Daten des Rechnungswesens knüpfen, wird das Regelset hauptsächlich von staatlichen Akteuren gesetzt werden, da der politische Prozess als legitimierter Weg erscheint, wenn es um das grundlegende Ziel geht, die Interessenkonflikte zwischen den unterschiedlichen Anspruchsgruppen des Unternehmens allgemein akzeptabel zu lösen. Die staatlichen Instanzen können somit einerseits als „Schiedsrichter" zwischen den jeweiligen Anspruchsgruppen agieren und sich andererseits als „Anwalt" für gewisse Anspruchsgruppen einsetzen, um eine Kompromisslösung zwischen den konträren Interessen auszuhandeln (z. B. Schildbach, 1986; Feldhoff, 1994). Schuppert (2010: 14-32) stellt diesbezüglich ausführlich dar, dass der Staat als hierarchisches Prinzip der sozialen Ordnung den anderen Prinzipien überlegener ist Verteilungskonflikte zwischen verschiedenen Parteien zu lösen.[55] Dementsprechend wird die Definition der Regeln, insbesondere der Bewertungsregeln, da diese eine Verteilung vornehmen, in institutionellen Wohnfahrtsstaatstypen staatlich organisiert sein. Im Hinblick auf die Möglichkeit der Koexistenz beider Rechnungslegungszwecke im regulatorischen Rahmenwerk institutioneller Wohlfahrtsstaaten könnte die Aufgabe der Standardsetzung für den Konzernabschluss auch an andere Akteure delegiert werden, beispielsweise an ein privat organisiertes Expertengremium. Solange der Staat sich also weiterhin der Regelsetzung für den Einzelabschluss verpflichtet, würde der gesellschaftliche Schwerpunkt der Rechnungslegungsregulierung in institutionellen Wohlfahrtsstaaten nicht gefährdet werden, da die Regulierung Teil des gesellschaftspolitischen Prozesses bliebe. Gemäß Puxty *et al.* (1987) wäre der *mode of regulation* auf der Markt-Staat-Achse für das gesellschaftlich relevante Rechenwerk, den Einzelabschluss, eher in der Nähe des Staatsprinzips zu verorten als in der Nähe des Marktprinzips. Im Gegensatz dazu könnte die Regulierung der Konzernrechnungslegung auf der Markt-Staat-Achse beliebig verortet werden, da

55 In ähnlicher Art und Weise argumentieren auch Mattli/Büthe (2005: 404 ff.) im Hinblick auf die Delegation von Standardsetzungsaufgaben an einen öffentlichen oder privaten Akteur.

deren Funktion disjunkt ist von der grundsätzlichen regulativen Zielsetzung. Ebenso wie die Möglichkeit einer Koexistenz der Rechnungslegungszwecke, bestünde in institutionellen Wohlfahrtsstaaten auch die Möglichkeit der Koexistenz zweier *modes of regulation*, ohne dass dieses zu einer Erosion der gesellschaftlichen nachgefragten Aufgabenwahrnehmung durch den Staat führen würde.

In Bezug auf die staatliche Wahrnehmung der Standardsetzungsaufgabe im Einzelabschluss würde die vertragliche Allokation der Rechte im Unternehmensnexus durch den Staat antizipiert werden. Ein solcher staatlich festgelegter Vertrag für die Koordination der Interessenkonflikte erfordert jedoch die Einschränkung der individuellen Freiheiten und Flexibilität, welche die Ebene der privat ausgehandelten Absicherung der Ansprüche mit sich bringt. Darüber hinaus müsste der Vertrag allgemein gültig sein und einen nur geringen dispositiven Charakter aufweisen, um einen Ausstieg (*opt out*) aus dem als gesellschaftlich gerecht erachteten Interessenausgleich zu verhindern. Die gesellschaftliche Nachfrage nach einem solchen „Staatsvertrag" könnte unter Umständen so ausgeprägt sein, dass die gesetzlichen Rechnungslegungsregeln private Arrangements zwischen den Anspruchsgruppen verzichtbar machen. Im extremsten Fall könnte der Verdrängungseffekt so stark sein, dass rechnungswesenbasierte Verträge zur Allokation und Absicherung der eigenen Ansprüche gesellschaftlich kaum noch eine Berücksichtigung finden.

In Bezug auf die Architektur des Sozialsystems in institutionellen Wohlfahrtsstaaten und dessen Verflechtung mit dem Unternehmenssektor werden staatliche Interventionen in die Rechnungslegungsregulierung ebenfalls gesellschaftlich nachgefragt werden. Der Regulator in institutionellen Wohlfahrtsstaaten ist diesbezüglich angewiesen auf die Verlässlichkeit der Information über die Entwicklung und Stabilität des Unternehmenssektors (Kirchhof, 2000). Insbesondere die Stabilität der Unternehmen ist hierbei aus staatlicher Sicht von Bedeutung, da sie eine wesentliche Säule des Sozialsystems bildet. Der langfristige Fortbestand von Unternehmen als Arbeitgeber und damit deren Sicherung als dauerhafte Einkommensquelle erhält zum einen den wirtschaftlichen Status von Individuen und andererseits die Funktionsfähigkeit des Sozialsystems, da dessen Finanzierung im hohen Maße von den Beiträgen der erwerbstätigen Bevölkerung abhängt. Die Restriktion des Liquiditätsabflusses mittels der Rechnungslegung kann daher auch als politisches Instrument gesehen werden, positiv auf die Mortalitätsrate von Unternehmen Einfluss zu nehmen, um dadurch die Stabilität des Sozialsystems aufrecht zu erhalten.

Tabelle 9 liefert eine Zusammenfassung der charakteristischen Merkmale der Rechnungslegungsregulierung, die für die beiden Typen des Wohlfahrtsstaates herausgestellt bzw. -gearbeitet wurden. Die Übersicht zeigt, dass der jeweilige Typ des Wohlfahrtsstaates eine typspezifische Art und Weise der Rechnungslegungsregulierung bedingt, da sich beide Rechnungslegungszwecke eindeutig einem bestimmten Wohlfahrtsstaatstypen zuordnen lassen.

Tabelle 9: Idealtypen der Rechnungslegungsregulierung im residualen und institutionellen Wohlfahrtstyp; Quelle: eigene Darstellung

	Residualer Wohlfahrtsstaat	Institutioneller Wohlfahrtsstaat
Zweck der Rechnungslegung	Markteffizienz/ Informationsfunktion	Verteilungsziele/ Interessenausgleich
Gesellschaftspolitische Funktion der Rechnungslegung	handlungsermöglichend	schützend/ statuserhaltend
Anspruchsallokation/-sicherung	privat verhandelt	staatlich bestimmt
rechnungslegende Einheit	personifiziert (Eigenkapitalinvestoren)	nicht personifiziert
Einkommenskonzept	Reinvermögenskonzept	Unternehmensleistung
Gesellschaftlich relevanter Abschluss	Konzernabschluss	Einzelabschluss
Organisation der Standardsetzung	privat organisiert/ Experten	staatlich organisiert/ politischer Prozess

3.4 Evidenz für die Systemarchetypen der Rechnungslegungsregulierung

3.4.1 Analyserahmen

Die Einflussnahme des Wohlfahrtsstaatstyps auf die Evolution unterschiedlicher Rechnungslegungssysteme sowie auf die beobachtbare Dynamik innerhalb dieses Regulierungsbereichs soll anhand der historischen Entwicklung der Rechnungslegungsregulierung der Länder Großbritannien, Deutschland und Kanada dargestellt werden. Großbritannien und Deutschland gelten als typische Beispiele für einen residualen bzw. institutionellen Wohlfahrtsstaatstyp.[56] Beide Länder

56 Großbritannien hat sich von einem ehemals führenden Staat in der Höhe der Dekommodifizierung im Jahr 1950 zu einem „Schlusslicht" in den 1980er Jahren entwickelt (Hicks, 1999). Die Erbringung sozialer Leistungen war verglichen mit institutionellen Wohlfahrtsstaaten jedoch immer weniger stark durch gesetzliche Regelungen gesichert

standen insbesondere in der Vergangenheit unter einem beträchtlichen Harmonisierungseinfluss ausgehend von der Ebene der EU, was in beiden Regulierungssystemen zur Einführung systemfremder Elemente geführt hat (vgl. auch Kapitel 2.3.2.3). Wie sich zeigen wird, haben die Länder bei der Implementierung der systemfremden Elemente Lösungen gefunden, die sich konform zum vorherrschenden Regulierungstypus verhalten. Zusätzlich zu den beiden Normalfällen Großbritannien und Deutschland wird der Spezialfall Kanada untersucht. Kanadas sozio-ökonomische Umweltfaktoren bilden im Gegensatz zu den Kontextfaktoren der Rechnungslegung von Großbritannien und Deutschland keine uniforme und komplementäre Einheit. Kanada dient somit als Stabilitätstest für das hier angeführte Argument, *welfare states matter*, da der Einfluss gesellschaftlicher Motive und Wertvorstellungen durch die Inkonsistenz der traditionellen Determinanten der Rechnungslegungsregulierung belastbarer überprüft werden kann.

Referenzrahmen für die Länderfallstudien bilden zuvor herausgearbeitete idealtypische Merkmale der Rechnungslegungsregulierung (vgl. Tabelle 9). Als gesonderter Referenzrahmen für die Analyse der formalen Regulierungsstrukturen in der Rechnungslegung wird auf die von Puxty *et al.* (1987) aus den drei Prinzipien der gesellschaftlichen Ordnung (Markt, Staat und Gesellschaft) destillierten *modes of regulation* zurückgegriffen. Die *modes of regulation* dienen dabei zur Darstellung des staatlichen Interventionsgrades in die Organisation der Rechnungslegung. Diesbezüglich bezeichnen *liberalism* und *legalism* den näherungsweisen Idealtyp des Markt- bzw. Staatsprinzips (Puxty *et al.*, 1987: 282-283). *Associationism* und *corporatism* beschreiben hingegen vom Idealtyp abweichende Formen der Regulierung. Ersteres bezeichnet eine mit gesellschaftlichen Elementen durchsetzte Form des Marktprinzips, während letzteres eine Abstufung des reinen Staatsprinzips ebenfalls durch gesellschaftliche Elemente darstellt. Durch nachfolgende Forschungsarbeiten wurde die bestehende Taxonomie der *modes of regulation* noch stärker differenziert (siehe Jones, 1994: 124; Hodges/Mellett, 2006). Einen zusammenfassenden Überblick über mögliche Ausprägungen der Regulierungsmodi skizziert Abbildung 3.

---

oder durch Steuermittel finanziert (Schmid, 2000). Auch historisch gesehen ist Großbritannien eher durch gesellschaftliche Ideale und Werte dominiert, die für residuale Wohlfahrtsstaaten typisch sind (Esping-Andersen, 1990).

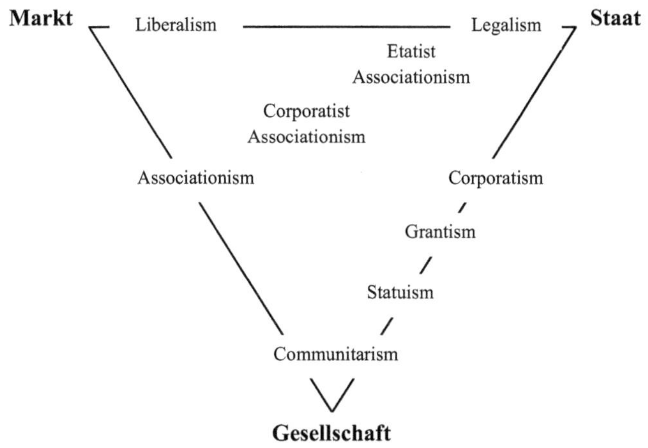

Abbildung 3: Ausprägungsformen von Markt, Staat und Gesellschaft in der Regulierung; Quelle: angelehnt an Puxty et al. (1987: 283), Jones (1994: 124) und Hodges (2006: 10)

3.4.2 Großbritannien

In Großbritannien nimmt Rechnungslegung vorwiegend die Funktion ein, die Anspruchsgruppen des Unternehmens mit entscheidungsnützlichen Informationen zu versorgen. Übergeordneter Grundsatz der Rechnungslegung sowie für die Erstellung von Abschlüssen ist das *true-and-fair-view* Konzept. Diesbezüglich liegt der Schwerpunkt der Rechungslegung auf den Informationsbedürfnissen von Investoren (Walton, 1993). Diese Konzeption der Rechnungslegung stimmt mit der herrschenden Meinung überein, dass die Erfüllung der anspruchsvollen Informationsbedürfnisse von *outside*-Investoren ebenso die Informationsbedürfnisse der anderen Anspruchsgruppen zufriedenstellt. Das *true-and-fair-view* Prinzip ist maßgeblich für alle Arten von Abschlüssen, d.h., sowohl für die Erstellung des Konzernabschlusses wie auch des Einzelabschlusses gilt die Maßgabe einer unverzerrten Darstellung der Vermögens-, Finanz- und Ertragslage des Unternehmens. Jahresabschlüsse dienen somit in Großbritannien einem reinen Informationszweck.

Gleichwohl hat der Einzelabschluss eine gewisse Relevanz für die Kalkulation des verteilungsfähigen Gewinns. Das britische Gesellschaftsrecht unterscheidet zwischen Periodengewinn (*accounting income*) und realisiertem Gewinn (*realised income*) (KPMG, 2006). Der realisierte Gewinn ist eine Größe, die sich durch verschiedene Adjustierungen um nicht realisierte Gewinnkomponenten aus dem Periodengewinn ableitet und als Ausgangspunkt für die Einkommensverteilung dient. Folglich ist der Bilanzgewinn nicht verteilungsrelevant und zeigt weder eine Ober- noch eine Untergrenze für den verteilbaren Gewinn an. Die notwendigen Adjustierungen, um den realisierten Gewinn zu ermitteln, werden nicht durch staatliche Akteure spezifiziert, sondern sind verbindliche Richtlinien, die von berufsständischen Organisationen herausgegeben werden. Der Staat hält sich dementsprechend mit distributiven Interventionen zurück, da er vielmehr an der Sicherung der Markteffizienz interessiert ist sowie daran, eine Basis zu schaffen, die eine effiziente Vertragsschließung zwischen den Anspruchsgruppen ermöglicht.

Die staatliche Einflussnahme auf die Rechnungslegungsregulierung ist, wie aus dem Vorherigen bereits teilweise ersichtlich wird, traditionsgemäß eher unbedeutend, genauso wie deren gesetzliche Verankerung. Gesetzgeberische Akte in der Rechnungslegung sind seit jeher relativ unbestimmt geblieben, da der britische Gesetzgeber es weitestgehend vermieden hat, detaillierte Rechnungslegungsvorschriften gesetzlich zu verankern. Bis zum Beginn des 20. Jahrhunderts zeichnete sich die Regulierung der Rechungslegung durch einen *laissez-faire* Ansatz aus (Napier, 1995). Rechnungslegung wurde hauptsächlich als private Angelegenheit zwischen dem Unternehmen bzw. Unternehmer und dessen Anspruchsgruppen angesehen (Roberts *et al.*, 2005). Erste gesetzliche Bestimmungen wurden in den Jahren 1900 und 1907 mit den jeweiligen *Companies Acts* erlassen. Haftungsbeschränkte Unternehmen wurden somit zwar verpflichtet, auditierte Bilanzen und Gewinn- und Verlustrechnungen zu erstellen, allerdings verblieb die Auswahl angemessener Rechnungslegungsstandards sowie des Darstellungsformats im Ermessen der Geschäftsführer. Mit dem *Companies Act* von 1947 wurden weiteren Bestimmungen eingeführt, die jedoch wenig detaillierter waren. Einerseits wurde gesetzlich bestimmt, dass Unternehmen verpflichtend einen Konzernabschluss erstellen müssen, und anderseits wurde das *true-and-fair-view* Prinzip zum Ausgangspunkt für die Bilanzierungspraxis festgeschrieben. Der britische Gesetzgeber lieferte jedoch keine Legaldefinition für den Begriff des *true-and-fair-view*, sondern ließ ihn unbestimmt (Flower, 2004). Die Begriffsauslegung verblieb somit in der Verantwortung bzw. im Ermessen der Bilanzierenden.

Aufgrund des liberalen Ansatzes der Rechnungslegungsregulierung entwickelte sich ein stark berufsständisch organisierter Rechnungslegungssektor (Nobes/Parker, 2004). Insgesamt sechs Fachverbände gaben Bilanzierungsrichtlinien heraus. Den Fachverbänden wurde die nahezu vollständige Selbstregulierung überlassen, wodurch ein Markt für Rechnungslegungspraktiken entstand. Jeder Fachverband veröffentlichte seine eigene Interpretation des *true-and-fair-*

view Leitmotivs. Aufgrund der zum Teil unterschiedlichen Definition des Begriffs bildete sich eine Vielzahl unterschiedlicher, aber parallel existierender Praktiken gleicher Bilanzierungssachverhalte heraus. (Walton, 1993). Die Rechnungslegungspraktiken differierten somit stark im Zeitablauf sowie zwischen Branchen, was natürlich Auswirkungen auf die Vergleichbarkeit der Abschlüsse hatte (Lee, 1984). In den 1970er Jahren bestand ein allgemeiner Konsens der Fachverbände darüber, dass einheitliche Rechnungslegungsvorschriften notwendig wären, und sie gründeten gemeinsam das *Accounting Standards Committee* (ASC), welches diese Aufgabe realisieren sollte. Das Ermessen, die vom ASC erlassenen Standards zu übernehmen und durchzusetzen, blieb jedoch auf Ebene der Fachverbände verankert. Die Entwicklungen zeichneten einen Veränderungsprozess vom *laissez-faire* (*liberalism*) zum *associationism* als prinzipieller Ordnungsstruktur in der formalen Regulierung der Rechnungslegung nach (z. B. Puxty *et al.*, 1987; Parker, 1988). Das Rahmenwerk eines sich nahezu selbstregulierenden Rechnungslegungssektors blieb im Allgemeinen auch bis Ende der 1980er Jahre bestehen.

In den 1980er Jahren mussten vom britischen Gesetzgeber aufgrund Großbritanniens Beitritts in die EG einige signifikante Änderungen in der Rechnungslegungsregulierung vorgenommen werden. Der *Companies Act* von 1989 setzte die Anforderungen der Siebten EG-Richtlinie um. Des Weiteren wurden durch den gesellschaftsrechtlichen Erlass die Änderungen konsolidiert, die bereits durch die *Companies Acts* von 1981 und 1985 vorgenommen worden waren und die die Vierte EU-Richtlinie in nationales Recht umsetzten. Die bedeutendsten Änderungen betrafen vor allem die Regeln bezüglich des Einzelabschlusses, da Großbritannien historisch bedingt bereits eine lange Tradition des Konzernabschlusses hatte. Die Umsetzung der Richtlinien führte zur Einbindung von Bilanzierungsgrundsätzen und konkreten Bewertungsregeln, die sich stark an die deutsche Tradition der Rechnungslegung anlehnten, in das britische Gesellschaftsrecht sowie zu detaillierten formalen Vorschriften für die Erstellung von Konzern- und Einzelabschüssen. Als Kompromiss zur Einbettung „deutscher" Bilanzierungsregelungen in den Richtlinien konnte der britische Gesetzgeber erwirken, dass ebenso der britisch-tradierte Grundsatz des *true-and-fair-view* als Generalnorm in die Richtlinien aufgenommen wurde (Wittsiepe, 2008). Folglich konnte der britische Gesetzgeber die bis dahin hohe Flexibilität in der Rechnungslegung erhalten, wodurch die Funktion des Konzern- und Einzelabschlusses als reine Instrumente der Vermittlung entscheidungsnützlicher Informationen, insbesondere für Investoren, nahezu unangetastet blieb. Das scheinbar gesellschaftlich erwünschte Ziel einer auf Markteffizienz angelegten Regulierung wurde demnach nicht zugunsten von distributiven Aspekten aufgegeben.

Die gesellschaftsrechtlichen Änderungen von 1989 führten darüber hinaus zur gesetzlichen Einführung der Terminologie, dass Jahresabschlüsse in Übereinstimmung mit geeigneten Rechnungslegungsstandards erstellt werden müssen. Gleichzeitig wurde aufgrund der unbefriedigenden Arbeit des ASC die Gründung des noch immer tätigen Accounting Standards Board (ASB) vereinbart und durch den *Companies Act* gesetzlich verankert. Mit der Gründung des ASB wurde ein zentrales Standardisierungsgremium mit einem quasi rechtlichen Charakter geschaffen, das allerdings nur einige wenige staatliche Akteure integrierte. Auch wenn der Staatseinfluss auf die Regulierung der Rechnungslegung seit den 1980er Jahren signifikant gestiegen war, hatte der Staat lediglich eine koordinierende Rolle bei der Lenkung gesellschaftlicher Prozesse übernommen: Eine nähere Betrachtung der Mitgliedschaften im Standardisierungsrat des ASB zeigt eine hohe Dichte an Experten und in Wirtschaftsprüfungsorganisationen tätigen Personen, was zugleich einen Indikator für die (große) Distanz zum Staat und zum politischen Prozess der Standardisierung kennzeichnet. Der direkte Einfluss des Berufsstandes der Wirtschaftsprüfer auf die Rechungslegung hat sich zwar verringert, ist aber dennoch als relativ stark einzuschätzen (Nobes/ Parker, 2006).

Durch die seit Beginn der 1980er Jahre erlassenen *Companies Acts* hat sich die gesetzliche Verankerung der Rechnungslegung in Großbritannien grundlegend verändert. Das britische System der Rechnungslegung ist inzwischen geprägt durch Elemente des *associationism* sowie legalistische Elemente. Ein vollständiger Übergang zum *corporatism* kann allerdings nicht konstatiert werden, da die Standardsetzung noch immer näher an den Grundzügen des *liberalism* als an denen des *legalism* ist, da staatliche Akteure kaum direkten Einfluss auf den Prozess der Standardsetzung ausüben (Hodges/Mellett, 2006). Da der gestiegene Einfluss des Staates jedoch nicht zu vernachlässigen ist, titulieren Hodges/ Mellett (2006) die neuen Strukturen in der Rechnungslegung als *corporatist associationism.*

Weitere Änderungen in der Rechnungslegung fanden im Jahr 2005 statt, als wiederum in Reaktion auf die IAS-Verordnung der EU alle europäischen börsennotierten Unternehmen verpflichtet wurden, ab dem Geschäftsjahr 2005 nach IFRS zu bilanzieren. Die nationale Basis der Konzernrechnungslegung wurde demnach durch internationale Standards ausgetauscht. Die Wahlmöglichkeit innerhalb der EU-Verordnung, die IFRS auch für den Einzelabschluss zuzulassen, wurde in Großbritannien mit dem *Companies Act* von 2006 umgesetzt. Allen börsennotierten Unternehmen ist seitdem gestattet, für die Erstellung des Einzelabschlusses die IFRS anzuwenden. Die gleiche Option wurde auch allen anderen haftungsbeschränkten Unternehmen ermöglicht, d. h., der britische Gesetzgeber ermöglicht allen haftungsbeschränkten Unternehmen die Wahl zwischen IFRS und UK GAAP (UK Department of Trade and Industry 2003). Diese Wahlmöglichkeit ist mittlerweile redundant geworden, da sich das ASB dazu entschieden hat, die bestehenden Unterschiede zwischen UK GAAP und den IFRS zu reduzieren, also eine (einseitige) Konvergenz der beiden Regelsets anzustreben. Diese Absicht stellt das ehemalige Einkreissystem der Rechnungslegung für Einzel- und Konzernabschluss wieder her. Gleichzeitig untermauern die Bestrebungen des britischen Standardsetzers, dass der Hauptzweck der Rechnungslegung in Großbritannien die Absicherung und Verbesserung der Markteffizienz ist. Basis der IFRS ist ebenfalls die Generalnorm des *true-and-fair-view*. Die Standards sind ebenfalls auf die Informationsbedürfnisse von Investoren zugeschnitten, da es die Hauptintention des IASB ist, die Integration der Kapitalmärkte zu fördern sowie deren Effizienz zu verbessern. Die IFRS können somit sowohl in materiell-inhaltlicher als auch institutioneller Sicht als internationales Äquivalent zur tradierten britischen Standardsetzung verstanden werden.

Zusammenfassend betrachtet haben alle Veränderungen, die auf der National-International-Achse stattgefunden haben, die Standardsetzung in Großbritannien im Hinblick auf die regulierenden Akteure weiter diversifiziert – während eine materiell-inhaltliche Diversifikation nahezu ausblieb. Aber da alle Änderungen in der formalen Struktur der Regulierung, auch wenn sie von der EU-Ebene initiiert wurden, auf der Ebene des IASB kulminieren, hat die Verschiebung auf der räumlichen Achse zu keiner Änderung des *mode of regulation* in Großbritannien geführt und ebenso nicht in der ordnungspolitischen Zielsetzung der Rechnungslegung. Abbildung 4 fasst die Bewegungen grafisch zusammen.

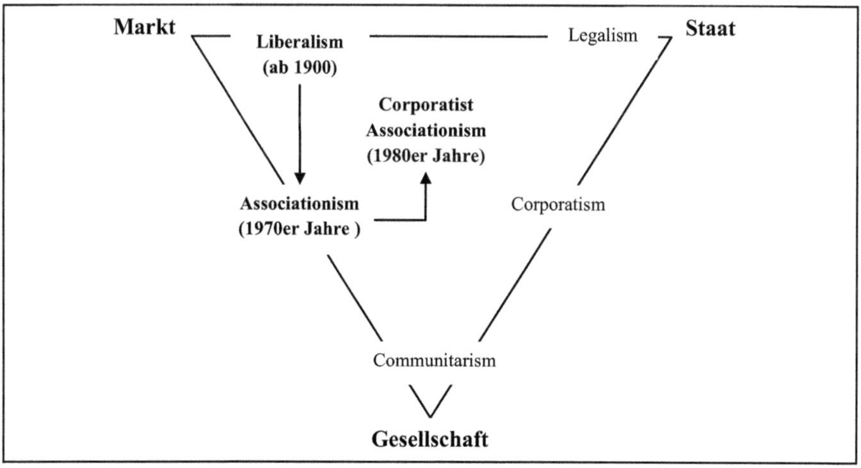

Abbildung 4: Veränderung des Regulierungsmodus in der britischen Rechnungslegung; Quelle: eigene Darstellung

3.4.3 Deutschland

In Deutschland liegt die Priorität der Rechnungslegungsregulierung auf der Bestimmung des verteilbaren Gewinns, d. h. Priorität hat die Ausschüttungsbemessungsfunktion der Rechnungslegung. Im Gegensatz zum britischen verweist das deutsche Gesellschaftsrecht daher direkt auf den Jahresabschluss als Basis für die Kalkulation der Dividenden und anderer Ausschüttungen an die Anteilseigner. Die deutschen Rechnungslegungsregeln sind demgemäß geprägt durch den Grundsatz der unbedingten Vorsicht, weshalb das *true-and-fair-view* Konzept lediglich eine untergeordnete Rolle bei der Konzeption der Rechnungslegungsvorschriften spielt. Aufgrund der klaren Präferenz der Ausschüttungsbemessung hat der Einzelabschluss eine höhere Relevanz verglichen mit dem Konzernabschluss. Konzernabschlüsse waren lange Zeit nahezu unbedeutend in Deutschland, was sich auch in deren Regulierung widerspiegelte. Die Regeln für den Konzernabschluss replizierten größtenteils das Regelwerk, das auch für den Einzelabschluss galt. Dementsprechend war die Konzernrechnungslegung ebenfalls geprägt durch das Vorsichtsprinzip, was sich nachteilig auf die Informationsnützlichkeit des Konzernabschlusses für Kapitalmärkte auswirkte. Die historischen Entwicklungen in der Rechnungslegung haben jedoch zu einer Hybridisierung des deutschen Rechnungslegungssystems geführt. Die Konzernrechnungslegung betont mittlerweile eindeutig die Informationsfunktion der Rechnungslegung, und das Regelwerk ist zugeschnitten auf die Informationsbedürfnisse des Kapitalmarktes bzw. der Investoren. Möglich war dieses durch eine Entkoppelung der Rechnungslegungsregeln für den Konzernabschluss von den Regeln des Einzelabschlusses, um die informationellen Nachteile des unbedingten Vorsichtsprinzips auszugleichen. Während also eine Kurswende in der regulatorischen Zielsetzung des Konzernabschlusses zu beobachten ist, bleibt die Funktion des Einzelabschlusses als Verteilungsinstrument der Wertschöpfung nahezu unverändert.

Im Gegensatz zu Großbritannien sind die wichtigsten Rechnungslegungsvorschriften in Deutschland kodifiziertes Recht, und verschiedene staatliche Akteure sind in den Prozess der Standardsetzung involviert. Die Einführung des Vorsichtsprinzips Ende des 19. Jahrhundert war die erste signifikante Aktivität des Staates, die in der Rechnungslegung zu beobachten war (Jacques, 2005: 838 ff.). Das Vorsichtsprinzip gilt seitdem als Generalnorm für Rechnungslegungsstandards und -praktiken. Die Intention des Gesetzgebers bei der Einführung des Grundsatzes der Vorsicht war es, Ausschüttungen von Dividenden aus dem Kapital des Unternehmens zu beschränken, um dadurch insbesondere Gläubiger zu schützen (Eierle, 2005). Bis zu den 1980er Jahren bildeten hauptsächlich das deutsche HGB sowie zwei weitere Gesetze – das AktG von 1965 und das Publizitätsgesetz (PublG) von 1969 – die Grundlage der Rechnungslegung für deutsche Unternehmen. Herrschende Meinung war auch, dass Rechungslegung eine Rolle innewohnt, die über den bloßen Gläubigerschutz hinausgeht, nämlich dass Rechnungslegung eine allgemeine gesellschaftliche Zweckmäßigkeit erfüllt (Eierle, 2005). Aufgrund der starken Einflussnahme des Staates galt Deutschland traditionell als Land, dessen formale Struktur der Rechnungslegung dem Idealtyp des Staatsprinzips, also dem *legalism*, sehr nahe kam (Puxty *et al.*, 1987).

Der rechtliche Rahmen, in den die Rechnungslegung durch die beiden Gesetzesakte eingebettet wurde, wirkte dementsprechend auch regulierend auf die Beziehung zwischen Unternehmen und deren Anspruchsgruppen ein. Die kodifizierten gesellschaftsrechtlichen Regelungen hatten einen wesentlichen Einfluss auf die heutige Rechnungslegung in Deutschland und stärkten die Relevanz des Einzelabschlusses. Erst 1975 wurde der Konzernabschluss zu einem gesetzlich verpflichtenden Abschluss für größere Unternehmen. Die Bilanzierungsvorschriften, die für den Konzernabschluss galten, waren jedoch weitestgehend identisch mit den Regeln, die auch für den Einzelabschluss verpflichtend waren. Folglich ergab sich im Hinblick auf den prospektiven Informationsgehalt des Konzernabschlusses keine Differenz zwischen Einzel- und Konzernabschluss (Zimmermann *et al.*, 2008). Aufgrund der Maßgabe des Vorsichtsprinzips waren Jahresabschlüsse aus kapitalmarkt- sowie vertragstheoretischer Perspektive nur von eingeschränktem informationellem Nutzen in Deutschland.

Grundlegende Revisionen des HGB und der ergänzenden gesetzlichen Regelungen erfolgten 1985, als die Vierte und Siebte Richtlinie im Gesellschaftsrecht gleichzeitig in geltendes Recht umgesetzt wurden. Aufgrund des starken Einflusses, den Deutschland auf die materiell-inhaltlichen Regelungen der Entwicklung der Richtlinien nehmen konnte, waren die kodifizierten Regeln relativ ähnlich zu denen des AktG von 1965. Allerdings war die Umsetzung der Richtlinien damit verbunden, das britisch tradierte *true-and-fair-view* Prinzip als generelles Leitmotiv für die Rechnungslegung zu übernehmen. Da das Prinzip eine grundsätzlich gegenläufige Intention zum traditionellen Prinzip der Vorsicht hatte, entschied sich der deutsche Gesetzgeber – ähnlich wie der anderer Länder – zu einer moderaten Umsetzung des Prinzips, um den konterkarierenden Effekt des systemfremden Prinzips gering zu halten (Haller, 1992). Dennoch stärkte die Umsetzung der Richtlinien die Rolle und Funktion des Konzernabschlusses in Deutschland, da die Aufstellungspflicht auf alle Kapitalgesellschaften ausgedehnt wurde (Eierle, 2005). Am regulativen Ansatz der Rechnungslegung hat sich in Deutschland durch die Implementierung der europäischen Richtlinie nichts geändert, da das grundlegende Prinzip der Rechnungslegung aufrechterhalten wurde. Ebenso blieb die Rechnungslegung fest verankert in der Hoheit des Staates, da im Zuge der Richtlinienumsetzung die meisten nationalen Rechnungslegungsvorschriften in das HGB übernommen wurden (Haller, 2003a). Infolge dessen wurde die Verteilungsfunktion über alle Unternehmen hinweg vereinheitlicht, da das HGB als Recht der Kaufleute für alle Unternehmen maßgeblich ist. Deutschland hielt also weiterhin, auch wenn die Rolle des Konzernabschlusses gestärkt wurde, an seiner legalistischen Strategie der Rechnungslegungsregulierung fest (Volmer *et al.*, 2007: 446).

Weitere einschneidende Reformen des deutschen Bilanzrechts erfolgten erst in den späten 1990er Jahren mit dem KapAEG. Mit der Verabschiedung des Gesetzes im Jahr 1998 wurde es allen börsennotierten Unternehmen ermöglicht, einen von den nationalen Regeln befreienden Konzernabschluss nach international anerkannten Rechnungslegungsstandards zu erstellen, d. h. entweder IFRS oder US GAAP. Die deutschen Konzernrechnungslegungsregeln traten damit in Wettbewerb zu den international anerkannten Regelsets, die einen grundsätzlich anderen regulativen Rechnungslegungsansatz verfolgen. Die Einführung des Wahlrechts verursachte nicht nur eine inhaltliche Divergenz zwischen Einzel- und Konzernabschluss, sondern führte ebenfalls zu einer stärkeren Differenzierung zwischen Regulierung von börsen- und nicht börsennotierten Unternehmen. Somit entstand ein doppeltes System der Rechnungslegung, dessen Einführung jedoch notwendig war, um die gesellschaftlich etablierte Funktion der bewahrenden und statuserhaltenden Eigenschaften der Rechnungslegung aufrechtzuerhalten. Mit Ende der 1990er Jahre begannen also beide regulativen Ansätze der Rechungslegung – Markteffizienz und Verteilungsfunktion – in Deutschland zu koexistieren. Durch die Reformen wurden Elemente, die typisch für die Regulierung der Rechnungslegung in residualen Wohlfahrtsstaaten sind, in das deutsche System der Rechnungslegung eingebettet.

Die Möglichkeit, zwischen verschiedenen international anerkannten Standards bei der Erstellung des Konzernabschlusses zu wählen, wurde zugunsten der europäischen IAS-Verordnung im Jahr 2005 abgeschafft. Die Anwendungsbereiche der IFRS für den Konzernabschluss wurden sogar auf nicht börsennotierte Unternehmen ausgeweitet, die nunmehr alternativ zwischen den nationalen oder internationalen Standards wählen können. Trotz des beträchtlichen Bedeutungszuwachses des Konzernabschlusses in Deutschland bleibt das HGB verpflichtendes Regelwerk für den Einzelabschluss aller Unternehmen, da die Funktion des Abschlusses als Instrument der Ausschüttungsbemessung weiterhin fortbesteht (Küting/Lauer, 2011: 1985 ff.).

Die gesetzlichen Neuerungen initiierten ebenfalls Änderungen in der formalen Struktur der Rechnungslegungsregulierung. Das bedeutet, sie führten zu einer Differenzierung in der Ordnungsstruktur, die ähnlich wie im Bereich der anwendbaren Standards zur Implementierung von Elementen residualer Wohlfahrtsstaaten führte. Zum einen wurde mit der Anerkennung der IFRS und US GAAP akzeptiert, die Definition der Standards sowie die Zielsetzung der Rechnungslegung privaten Akteuren zu überlassen, die sich nahezu vollständig dem Einfluss des deutschen Gesetzgebers entzogen. Zum anderen erweiterte der deutsche Staat den regulatorischen Spielraum durch die rechtliche Legitimierung, nationale Standardsetzungsaufgaben auf einen privaten Akteur zu übertragen (Volmer *et al.*, 2007: 447). Infolgedessen wurde das Deutsche Rechnungslegungs Standards Committee (DRSC) nach dem Vorbild anderer privater Standardsetzer gegründet, das sich per Vertrag mit dem Justizministerium über die Reichweite und Inhalte der übernommenen Normierungsaufgabe verständigte. Zwar wurde dem DRSC die Verantwortung für die Angleichung der nationalen Konzernrechnungslegungsregeln an die international anerkannten Standards übertragen, allerdings sind dessen Kompetenzen relativ beschränkt. Das DRSC hat keine gesetzgebende Gewalt, da alle erlassenen Standards zuvor staatlich legitimiert werden müssen.

Seit dem im Jahr 2005 die Konzernrechnungslegung europaweit auf IFRS umgestellt wurde, hat das DRSC ähnlich wie andere nationale Standardsetzer in der EU viele seiner Kompetenzen eingebüßt (bereits Küting *et al.*, 2003: 136 ff.; Zimmermann, 2010a: 691 ff.). Gleiches gilt auch für den deutschen Staat. In Folge der EU-Verordnung wird die Konzernrechnungslegung nun vollständig auf Ebene der EU reguliert, welche ihrerseits den Normierungsprozess an das IASB abgetreten hat. Aus Sicht des Subsidiaritätsprinzips und einer sich daran anknüpfenden Kosten-Nutzen-Analyse der Kompetenzverteilung im europäischen Staatenbund ist dieser Schritt allerdings vertretbar (Zimmermann, 2010b). Die Kompetenzen des DRSC wurden dadurch auf die Erstellung von Konzernrechnungslegungsregeln für nicht börsennotierte Unternehmen beschränkt.[57]

57 Das DRSC hatte im Juni 2010 beschlossen, den Standardisierungsvertrag mit dem Bundesministerium für Justiz zum 31.12.2010 zu kündigen, um eine Möglichkeit für die Neuordnung des Bilanzierungsgremiums zu schaffen. Nach Abschluss der Neuordnung unterzeichnete das DRSC am 02.12.2011 mit dem Bundesministerium für Justiz erneut einen Standardisierungsvertrag. Der Vertrag überträgt dem DRSC mit sofortiger Wirkung vergleichbare Standardsetzungskompetenzen wie der Standardisierungsvertrag von 1998. Hinzugefügt wurde die in der neuen Satzung festgelegte Berücksichtigung des gesamtwirtschaftlichen Interesses in der Standardsetzung. Die Neuordnung war nach Ansicht des DRSC notwendig geworden, da eine effektive Vertretung deutscher Interessen auf internationaler Ebene aufgrund der geänderten politischen Rahmenbedingungen durch die Banken-, Finanz- und Wirtschaftskrise von 2007 nicht mehr möglich war. Darüber hinaus bedurfte die Finanzierung des Gremiums einer Neuregelung, da in der Vergangenheit finanzielle Engpässe das DRSC in seiner Aufgabenwahrnehmung zu sehr einschränkten (dazu DRSC, 2011; DRSC, 2010).

Die Entwicklungen hatten keine Auswirkungen auf den regulatorischen Rahmen des Einzelabschlusses. Die Verantwortlichkeiten für die Regelsetzung im Einzelabschluss sind auf nationaler Ebene verblieben sowie in der Kompetenz des deutschen Gesetzgebers. Entscheidungen über die Neuordnung der distributiven Eigenschaften der Rechnungslegung bzw. des Status des Interessenausgleichs verbleiben somit im Wirkungsbereich des Staates und des politischen Prozesses. Die Änderungen, die sich seit Ende der 1990er Jahre ergeben haben, haben nicht nur zu einer Differenzierung der regulatorische Zielsetzungen beigetragen, sondern haben auch einen Effekt auf die formale Struktur der Rechnungslegungsregulierung. Die Strategie der Regulierung bezüglich des Einzelabschlusses kann noch immer als *legalism* bezeichnet werden, wohingegen die Konzernrechnungslegung von kommunitaristischen Elementen durchdrungen wurde. Die Strategie der Regulierung hat sich im Hinblick auf die Konzernrechnungslegung für börsennotierte Unternehmen von *legalism* zum *associationism* gewandelt, die sich insbesondere auch auf die Entwicklungen auf der National-International-Achse der Regulierung zurückführen lassen. Nicht ganz so eindeutig sind die Veränderungen hinsichtlich des Konzernabschlusses nicht börsennotierter Unternehmen: die Wahlmöglichkeit der IFRS aber auch die verbleibenden Zuständigkeiten des DRSC plädieren eher für eine Zuordnung zum *corporatism*. Die Bewegungen werden in Abbildung 5 grafisch zusammen gefasst.

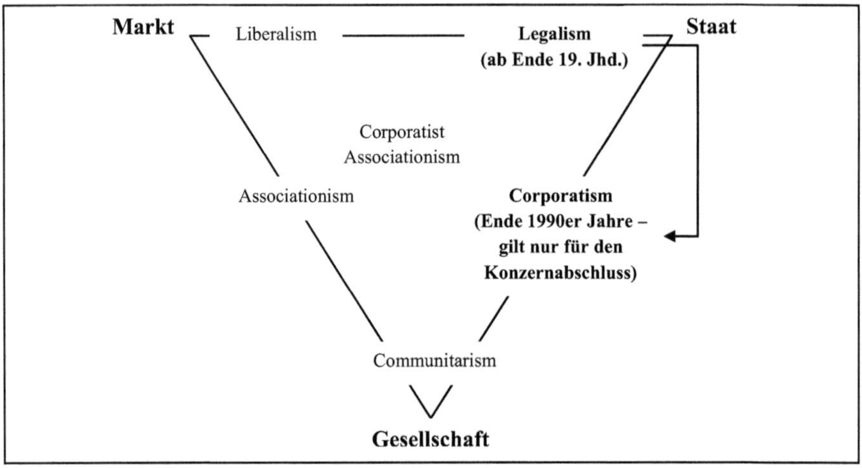

Abbildung 5: Veränderung des Regulierungsmodus in der deutschen Rechnungslegung; Quelle: eigene Darstellung

bestätigt. Folglich steht die markteffizienzerhaltende bzw. –sichernde Funktion der Rechnungslegung im Vordergrund der Regulierung bzw. des gesellschaftlichen Interesses an der Rechnungslegung. Die Vorgehensweise bei der Implementierung der EU-Richtlinien bestätigt zudem, dass ein Interessensausgleich mittels Bilanzierungsvorschriften vom britischen Gesetzgeber nicht intendiert ist. Die Anspruchsgruppen des Unternehmens können sich nicht auf implizite Sicherungsmechanismen verlassen und müssen individuelle Ansprüche eigenständig auf Basis von einzelvertraglichen (rechnungswesensbasierten) Arrangements absichern. Analog konstituiert auch der Konzernabschluss die gesellschaftlich relevante Abschlussart und steht im Fokus der Regulierung. Des Weiteren ist der Grad an staatlicher Intervention in der Rechnungslegung traditionell niedrig, da Bilanzierungsstandards (und sogar Ausschüttungsregeln) von privaten Akteuren gesetzt werden. Abgesehen von den (zwangsläufigen) Interventionen, bedingt durch die EU Mitgliedschaft, hat der britische Gesetzgeber durchweg versucht, staatliche Einmischung in die Rechnungslegung so gering wie möglich zu halten.

Im Gegensatz dazu ist in Deutschland die staatliche Einmischung in die Rechnungslegung wesentlich stärker und umfangreicher ausgeprägt, was jedoch im Einklang mit den gesellschaftlichen Motiven und Wertvorstellungen eher institutioneller Wohlfahrtsstaatstypen ist. Die regulative Zielsetzung der Rechnungslegung ist von schützendem Charakter, und der Interessensausgleich zwischen Anspruchsgruppen des Unternehmens durch Eingriff in die Gewinnverteilung entspricht dem grundlegenden Interesse der Regulierung. Die gesellschaftlich relevanten Bereiche der Rechnungslegung sind daher eher mit Verteilungs- als mit Markteffizienzfragen beschäftigt sowie Gegenstand des politischen Prozesses und gesetzlich verankert. Auch wenn die Verteilungsaspekte der Rechnungslegung in letzter Zeit immer stärker überschattet wurden durch den Bedeutungszuwachs der Informationsfunktion und der damit einhergehenden Konzernrechnungslegung, bleiben diese Aspekte fundamentaler Bestandteil der Rechnungslegung in Deutschland. Hauptfunktion bleibt der Interessensausgleich. Dieses zeigt sich darin, dass der Einzelabschluss noch immer der gesellschaftlich relevante Abschluss bleibt, der ohne Ausnahme von allen Unternehmen erstellt werden muss. Des Weiteren offenbart sich die Persistenz der Rechnungslegung in der formalen Struktur der Rechnungslegungsregulierung, die ebenfalls eine Dualität erfährt. In Übereinstimmung mit der Erweiterung der regulatorischen Ziele der Rechnungslegung in Deutschland haben auch verstärkt kommunitaristische Elemente in den Standardsetzungsprozess Einzug gehalten, was jedoch lediglich für den Bereich des Konzernabschlusses gilt. Die Regelsetzung für den gesellschaftlich bedeutenden Einzelabschluss befindet sich noch immer in Staatshoheit.

Während sich die regulatorische Zielsetzung des Einzelabschlu wie dessen Regeln durch eine hohe Stabilität auszeichnete, hatten strebungen des deutschen Gesetzgebers, die mit dem BilMoG im Jah Abschluss gebracht wurden, insbesondere Auswirkungen auf den Bilanzrechts. Ziel der Bilanzrechtsänderungen war es, die Rechnung geln für den Einzelabschluss vergleichbarer mit den IFRS zu gestalt niger komplex und somit kosteneffizienter, was sich insbesondere kleine und mittlere Unternehmen auswirken sollte. Hauptintention gebers was es also die Wettbewerbsfähigkeit des deutschen Bilanzr über den Regeln des IASB zu erhöhen, indem die Informationsfunkt zelabschlusses betont und verbessert werden sollte (z. B. Weh 2010).

Diese Zielsetzung kollidiert jedoch mit den traditionellen Ziele nungslegung in Deutschland, was sich anhand der kontroversen Dis den Gesetzgebungsprozess begleitete, belegen lässt (z. B. Zimmer 579 ff.). Um den (verwässernden) Effekt zu kompensieren, den die änderten Ansatz- und Bewertungsvorschriften auf die Verteilungs damit auf den bewahrenden Charakter der Rechungslegung haben lanzexterne Ausschüttungsbeschränkungen im HGB verankert. Di chen Ausschüttungsschranken dienen als Korrektive, um Ausschüt nicht realisierter Erträge zu verhindern. Der deutsche Gesetzgeber v den Zielkonflikt zwischen der handlungsermöglichenden sowie Funktion der Rechnungslegung innerhalb einer Abschlussart zu lö doch aufgrund der unterschiedlichen Messkonzeptionen eher der Ziel gleich käme, eine „eierlegende Wollmilchsau" zu schaffen (Fü 2009: 144). Aber auch wenn sich das Potential der statuserhaltende Ansatz- und Bewertungsvorschriften verringert, so bleibt die Verte on der Rechnungslegung in Deutschland auf der politischen Agenda

3.4.4 Beurteilung der Standardfälle

Großbritannien, das bezüglich der sozialstaatlichen Architektur el dualen Wohlfahrtsstaatstypen zuzuordnen ist, ähnelt auch im Hin Rechnungslegung dem für residuale Wohlfahrtsstaaten deduzierter Rechnungslegungsregulierung: Die dominierende Funktion der gung ist eher die handlungsermöglichende als die schützende bzw tende. Die informationelle Rolle der Rechnungslegung ist aufgrund renden Generalnorm des *true-and-fair-view* zentral. Die Intenti nungslegung wird darüber hinaus auch durch die integrale Akzept

Die Untersuchungsergebnisse zeigen, dass die prinzipiellen Vorstellungen der regulatorischen Zielsetzung der Rechnungslegung in einer Gesellschaft sowie die formale Struktur der Regulierung (*mode of regulation*) miteinander verflochten sind. Viel bedeutender ist aber, dass beide Charakteristika der Rechnungslegungsregulierung eine enge Verbindung mit dem in einem Land vorherrschenden Typ des Wohlfahrtsstaates aufweisen. Unterschiede zwischen Ländern im Grad des Staatseingriffs in die Rechnungslegung werden somit erklärbar. Im Hinblick auf die Erklärbarkeit des Staatseingriffs zeigt sich darüber hinaus, dass sich Konvergenz bzw. Persistenz in der Rechnungslegungsregulierung nicht willkürlich ergeben. Die gesellschaftlichen Motive und Wertvorstellungen, die sich in einem bestimmten Wohlfahrtsstaatstypen manifestiert haben, geben noch immer einen regulatorischen Korridor vor, in dessen Grenzen Veränderungen gesellschaftlich legitimiert stattfinden können. Dieser Korridor zeigt sich zum Beispiel bei der Umsetzung der EU-bedingten Veränderungen oder aber bei den Reaktionen auf den zaghaften Vorstoß des deutschen Gesetzgebers, die regulatorische Funktion des Einzelabschlusses zu ändern. Im Allgemeinen zeigt sich, dass nicht nur eine theoretische, sondern auch eine empirische Verbindung zwischen der Rechnungslegungsregulierung und dem Typ des Wohlfahrtsstaates besteht. Diese Verbundenheit schafft einen Erklärungsbeitrag zur Evolution der Rechnungslegung, der den Erklärungsgehalt der traditionellen Determinanten der Rechnungslegung ergänzt: *welfare states matter*.

3.4.5 Weiterführendes Fallbeispiel: Kanada

Großbritannien und Deutschland bilden den Normalfall ab: Wohlfahrtsstaatstyp, Rechtssystem und Finanzsystem zeigen die gewöhnliche Korrelation. Kanada, ähnlich wie Großbritannien und andere angelsächsische Länder, gehört zur Gruppe der *common law* Länder (Nobes/Parker, 2008),[58] allerdings unterscheidet sich Kanada hinsichtlich der Klassifikation des Finanzsystems von den sonstigen angelsächsischen Ländern. Obwohl Kanadas regulatorischer Aktionärs- bzw. Investorenschutz ähnlich den anderen angelsächsischen Ländern als durchweg hoch einzustufen ist, konterkariert der Fall Kanada die Hypothese, dass ein starker Investorenschutz eine hohe Konzentration in der Eigentümerstruktur von Unternehmen unnötig macht (Werner, 2006: 53). Denn trotz des starken Investorenschutzes weisen kanadische Unternehmen aufgrund von *blockholdings* institutioneller Anleger und Überkreuzbeteiligungen zwischen kanadischen Unternehmen eine hohe Eigentümerkonzentration auf. Darüber

---

58 Eine Ausnahme innerhalb Kanadas stellt die Provinz Québec dar, welche der (französischen) *code law* Tradition folgt.

hinaus bestehen signifikante Überkreuzverflechtungen zwischen den Aufsichtsrats- und Vorstandsmitgliedern kanadischer Unternehmen (z. B. Davis, 2003; Nicholls, 2006: 166-171). All dieses sind Faktoren, die Informationsasymmetrien innerhalb des Unternehmensnexus als nicht so gewichtig erscheinen lassen.

In gleicher Art und Weise wie kanadische Unternehmen eine für angelsächsische Länder untypische Eigentümerkonzentration aufweisen, unterscheidet sich auch die hauptsächlich externe Finanzierungsquelle kanadischer Unternehmen. Demirguç-Kunt/Levine (1999) sowie Calmès (2004) zeigen, dass von den 1970er Jahren bis in die frühen 1990er Jahre Bankkredite die Hauptaußenfinanzierungsquelle für kanadische Unternehmen darstellten. Das Finanzsystem war also zu einem hohen Anteil bankbasiert. Seit den 1990er Jahren vollzogen sich jedoch strukturelle Änderungen, die das kanadische Finanzsystem stärker an marktbasierte Finanzsysteme angleichen sollten. Der Bankensektor hat dennoch seine Relevanz für die Unternehmensfinanzierung behalten, da kanadische Banken ihre Rolle als Finanzintermediäre erhalten konnten (Calmès, 2004). Sofern das Finanzsystem also Determinante der kanadischen Rechnungslegungsregulierung wäre, würde dieses dafür sprechen, dass dessen regulatorischer Rahmen eher dem Rechnungslegungssystem Deutschlands oder Frankreichs entspricht als dem von marktbasierten Ländern wie beispielsweise Großbritannien oder USA.

Der regulatorische Ansatz der kanadischen Rechungslegungsregulierung ist jedoch stark geprägt durch die angelsächsische Philosophie der Rechnungslegung (Baylin *et al.*, 1996). Frühere Stufen der Entwicklungen in der kanadischen Rechnungslegungspraxis wurden hauptsächlich durch die britische Rechnungslegungstradition geprägt. Seit den 1920er Jahren nahm aber der Einfluss des US-amerikanischen Berufsstandes auf das kanadische GAAP stark zu, was nicht zuletzt auf die wirtschaftliche Verflechtung beider Länder zurückzuführen ist. Seit Beginn der 1970er Jahre wurden dann immer häufiger die IAS bzw. IFRS vom kanadischen Standardsetzer herangezogen, um das kanadische GAAP vor dem Hintergrund der internationalen Entwicklungen zu bewerten und in die eigenen Standardisierungsarbeiten einzubeziehen. Trotz dieser externen Einflüsse konnte sich der kanadische Berufsstand und Standardsetzer weitestgehend seine Unabhängigkeit und Selbstständigkeit bewahren (Parker, 1988). Der frühe Einfluss und die Orientierung an anderen Standardsetzern, die im angelsächsischen Paradigma verortet sind, hat dazu beigetragen, dass die kanadischen Rechnungslegungsstandards sich eher an den Interessen größerer, börsennotierter Unternehmen und Eigenkapitalinvestoren orientieren als an denen von Kreditgebern (z. B. Campbell, 1984; Rennie/Senkow, 2009).

Scott (2006) konstatiert, dass die existierenden kanadischen Standards vor dem Hintergrund der Markteffizienzhypothese entwickelt wurden und dementsprechend zum Ziel haben, Märkte mit relevanten Informationen zu versorgen. Dieses Ziel wird durch den Bilanzierungsgrundsatz des *substance over form* unterstützt, wonach primär auf die wirtschaftlichen Auswirkungen bei der Beurteilung eines Sachverhalts abzustellen ist und nicht auf dessen rechtliche Gestaltung. Der zentrale Grundsatz soll die Generalnorm der kanadischen Rechnungslegung, die *fair presentation* des Unternehmens, die dem *true-and-fair-view* Prinzip entspricht, verbessern sowie die Entscheidungsnützlichkeit von Rechnungsweseninformationen (Nobes/Parker, 2004). Üblich für die besondere Relevanz der Rechnungslegung für die Markteffizienz ist, dass die Gewinnverteilung nicht integriert, sondern extern auf Basis von Solvenztests vorgenommen wird. Solvenztests zur Ausschüttungsbemessung sind zwar gesellschaftsrechtlich verpflichtend, aber es wird gesetzlich weder geregelt, ob es sich hierbei um einen Test basierend auf Jahresabschlussdaten handeln muss, noch werden irgendwelche Angaben hinsichtlich speziell anzuwendender Rechnungslegungsvorschriften gemacht (KPMG, 2006). Folglich sind Rechnungslegung und Gewinnverteilungsaspekte in Kanada nahezu vollständig voneinander entkoppelt. Daneben gilt die Erstellung von Konzernabschlüssen in Kanada als gängige Praxis, während der Einzelabschluss kaum eine Rolle spielt.

Zusammengefasst liegt der Fokus der Rechnungslegung in Kanada auf der Bereitstellung entscheidungsnützlicher Informationen über das Unternehmen in seiner wirtschaftlichen Gesamtheit, um damit insbesondere die Kapitalmarkteffizienz sicherzustellen. Ausschüttungsaspekte, die sich an das Unternehmen als juristische Person knüpfen, werden von der Rechnungslegung nicht berücksichtigt und dementsprechend wird auch nicht versucht, die Interessenskonflikte zwischen den Anspruchsgruppen des Unternehmens zu lösen. Hieraus leitet sich ab, dass die Verantwortung, vertragliche Vereinbarungen zu treffen, welche die individuellen Ansprüche schützen, bei den Anspruchsgruppen selbst liegt. Der regulatorische Ansatz der Rechnungslegung in Kanada folgt somit in erster Linie einem handlungsermöglichenden Ansatz, was jedoch in einem scharfen Kontrast zum kanadischen Finanzsystem steht und den (gewöhnlichen) Implikationen für die Rechnungslegung. Die (ehemalige) Konfiguration des Finanzsystems würde nämlich vielmehr für ein Rechnungslegungssystem plädieren, das sich stärker an den Anforderungen von Gläubigern orientiert als an denen von Investoren.

Der handlungsermöglichende Ansatz spiegelt sich auch in der formalen Struktur der Standardsetzung wider, da der kanadische Standardsetzungsprozess traditionell durch eine berufsständische Selbstregulierung gekennzeichnet ist. Die Geschichte einer strukturierten Standardsetzung begann in Kanada im Jahr 1910 mit dem *Dominion Association of Chartered Accountants* (DACA). Das DACA übernahm die Aufgabe, die Standardsetzungsaktivitäten zwischen den einzelnen kanadischen Provinzen zu koordinieren. Allerdings existierte bis 1946 keine zentral-einheitliche Quelle von Rechnungslegungsstandards (Baylin *et al.*, 1996: 117-119). Im Jahr 1946 wurde das DACA in das *Canadian Insitute of Chartered Accountants* (CICA) umbenannt und überschattete seitdem sämtliche Standardsetzungsaktivitäten der Provinzen. Das CICA erarbeitete außerdem erste Rechnungslegungsstandards, die in Form von Bilanzierungsempfehlungen in sogenannten Bulletins veröffentlicht wurden. Die Bekanntmachungen des CICA kodifizierten erstmalig Grundsätze der Rechnungslegung, die als gängige Praxis erachtet wurden. Von da an begann der Prozess der Standardsetzung in Kanada stärker politisch wie auch technisch strukturierter zu werden. Der Prozess gipfelte zum Beginn der 1970er Jahre in der Veröffentlichung des *CICA Handbooks*, das sämtliche bis dahin veröffentlichte Bekanntmachungen des CICA zusammenfasste und seitdem als kodifizierte Form der kanadischen GAAP anerkannt wird (Baylin *et al.*, 1996: 120).

Dem *CICA Handbook* wurde ebenfalls in den 1970er Jahren ein offizieller Status verliehen. Im Jahr 1972 erließen die Wertpapieraufsichtsbehörden der Provinzen kapitalmarktrechtliche Bestimmungen, die börsennotierte Unternehmen verpflichtete, für die Erstellung von Jahresabschlüssen auf das *CICA Handbook* zurückzugreifen (Murphy, 1986). Die nahezu gesetzliche Legitimation des CICA als Standardsetzer wurde in den Folgejahren noch erweitert. Der *Canadian Business Corporation Act* von 1975 verlangte von föderal inkorporierten Unternehmen, mit dem *CICA Handbook* konforme Jahresabschlüsse zu erstellen. Ähnliche gesetzliche Anforderungen wurden kurz danach auch für nicht-föderal inkorporierte Unternehmen im Gesellschaftsrecht der Provinzen verankert (Parker, 1988).[59] Aufgrund des quasi-gesetzlichen Status, den das *CICA Handbook* dadurch erlangte sowie dessen Gültigkeit für nahezu alle Kapitalgesellschaften übernahm das CICA eine ganz neue Rolle für die Standardsetzung in Kanada. Auch wenn sich die gesellschaftliche wie auch rechtliche Bedeutung des CICA durch dessen gesetzliche Anerkennung grundlegend änderte, blieb es die einzige staatliche Intervention in der Regulierung der Rechnungslegung durch staatliche Akteure (Baylin *et al.*, 1996). Dem CICA wurden weder durch die föderale Ebene noch durch die Ebene der Provinzen irgendwelche Grenzen hinsichtlich der Standards gesetzt, wie beispielsweise im Fall von

59 Kanada ist föderal-staatlich organisiert und dementsprechend als regulatorisches Mehrebenensystem zu verstehen. Die Gesetzgebungskompetenzen werden zwischen der Bundesebene und der Provinzebene geteilt wahrgenommen, überschneiden sich aber auch in manchen Bereichen. Das Kapitalmarktrecht wird beispielsweise nur auf Provinzebene reguliert, wohingegen das Gesellschaftsrecht auf beiden Ebenen reguliert wird (ausführlich Cumming/MacIntosh, 2002).

Deutschland die vorherige Anerkennung der entwickelten Standards durch den Gesetzgeber. Daraus folgt, dass (neue) Standards gesetzlichen Status erlangen, wenn sie im CICA Handbook veröffentlicht werden. Aufgrund dessen bleibt Kanada trotz der gesetzlichen Verankerung der Rechnungslegung, ein Land, dessen Rechnungslegungssystem stark durch das Ordnungsprinzip des *associationism* geprägt ist.

In der Zeit nach der gesetzlichen Anerkennung unternahm das CICA mehrere Restrukturierungsmaßnahmen, um die Akzeptanz des CICA zu erhöhen sowie die Basis der Repräsentanz im Standardsetzungsgremium zu verbreitern (Baylin *et al.*, 1996). Die Restrukturierungen führten zur Bildung verschiedener Komitees, von denen das *Accounting Research Committee* (ARC) den Knotenpunkt der Standardisierungsarbeiten bildete. Das ARC bestand größtenteils aus Mitgliedern des Berufsstandes der Wirtschaftsprüfer und war mit der Aufgabe betraut, die bisherigen Bilanzierungsvorschriften auf Konsistenz zu überprüfen sowie eigenständig neue Bilanzierungsempfehlungen zu geben (Parker, 1988). Während der 1980er Jahre wurde der Prozess der Standardsetzung selbst Gegenstand einer Revision. Das ARC wurde im Zuge dessen umbenannt in das *Accounting Standards Committee* (AcSC) – Aufgabenbeschreibung und Zusammensetzung des Komitees blieben unverändert. Die Angemessenheit und Effizienz des Standardsetzungsprozesses wurden noch immer in Frage gestellt, was zu einem weiteren Restrukturierungsprozess in den 1990er Jahren führte. Aus diesem Prozess ging das kanadische *Accounting Standards Board* (AcSB) hervor, welches das AcSC im Jahr 1991 ersetzte. Das AcSB ist eine kleine Gruppe von Experten, die als *unabhängiges* Gremium Rechnungslegungsstandards für gewinnorientierte und gemeinnützige Unternehmen setzen soll (Baylin *et al.*, 1996). Trotz der Unabhängigkeit des AcSB steht es in enger Verbindung mit dem CICA: das CICA finanziert das AcSB, vom CICA wird der Vorsitzende des AcSB gewählt, und die entwickelten Standards müssen im *CICA Handbook* veröffentlicht werden, um bindend bzw. rechtsgültig zu werden (Richardson, 2008: 698).

Während dieser Restrukturierungsphase wurden ebenfalls die Harmonisierungsaktivitäten mit anderen Standardsetzern, insbesondere aber mit dem FASB und IASB, intensiviert, um kanadischen Unternehmen den Zugang zu ausländischen Kapitalmärkten zu erleichtern (Richardson, 2009: 573). Das AcSB begann zunächst im Jahr 1999 seine Rechnungslegungsstandards mit den US GAAP zu harmonisieren, bevor im Jahr 2006 beschlossen wurde, IFRS für kanadische Unternehmen verpflichtend zu machen (Cherry, 2008; AcSB, 2009c). Seit 2011 hat das Standardwerk des IASB somit bis auf wenige Ausnahmen das *CICA Handbook* in seiner Rolle als kanadisches GAAP ersetzt: börsennotierte Unternehmen (staatlich regulierte Unternehmen sowie Kapitalanlagegesellschaften ausgenommen) müssen die externe Berichterstattung auf IFRS umstellen und nicht börsennotierte Unternehmen können zwischen den IFRS und einem neuen, auf diese Unternehmen zugeschnittenen Regelwerk, wählen (AcSB, 2009a; AcSB, 2009b). Die Option für nicht börsennotierte Unternehmen wurde eingeführt, da Konsens im AcSB besteht, dass eine *one-size-fits-all* Lösung aufgrund der speziellen Bedürfnisse nicht börsennotierter Unternehmen nicht angemessen wäre. Auch wenn dadurch in Kanada ein differenziertes System der Rechnungslegung eingeführt wurde, so handelt es sich nicht um ein hybrides System der Rechnungslegung, das dem deutschen System ähnelt. Die neuen Standards wurden vor dem Hintergrund des existierenden Rahmenwerks der kanadischen Rechnungslegung entwickelt. Im engeren Sinne bedeutet dies, dass die allgemeine regulatorische Zielsetzung der Rechnungslegung, nämlich die Orientierung an dem Kriterium der (Markt-)Effizienz, unverändert bleibt, genauso wie die gesellschaftliche Relevanz des Konzernabschlusses.

Die besondere Stellung, die Kanada bis zu den 1980er Jahren im Hinblick auf den Umfang, in dem die Standardsetzungsverantwortung durchsetzbarer Rechnungslegungsregeln an private Akteure delegiert wurde, eingenommen hat, kann ebenfalls als konstant angesehen werden (Murphy, 1986). Der Staat, sei es auf föderaler Ebene oder auf Ebene der Provinzen, sieht davon ab, seine Einflussnahme in der Regulierung der Rechnungslegung auszuweiten und überlässt diesen Bereich auch weiterhin der vollständigen berufsständischen Selbstregulierung. Im Vergleich zu Großbritannien bleibt Kanada demensprechend ein Land, das in Bezug auf die Rechnungslegung eine starke Ausprägung des *associationism* aufweist. (Pollanen/Pollanen, 2007: 10-13). Abbildung 6 zeichnet die Bewegungen grafisch nach.

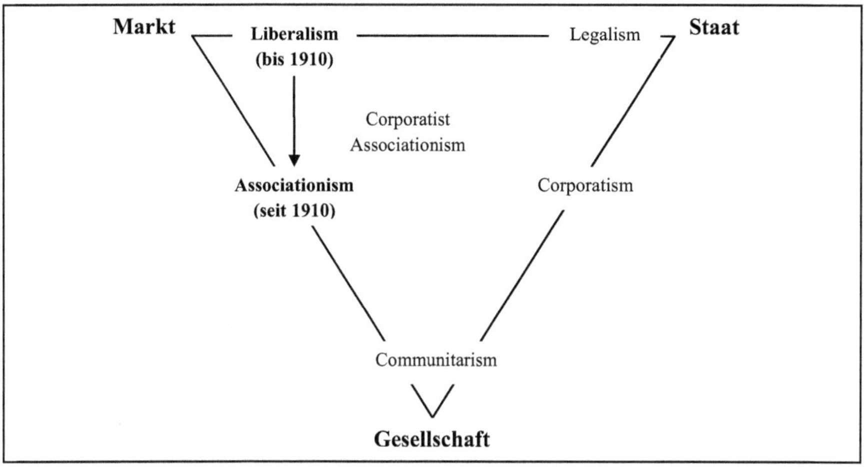

Abbildung 6: Veränderung des Regulierungsmodus in der kanadischen Rechnungslegung
Quelle: eigene Darstellung

Zusammenfassend betrachtet, repliziert die kanadische Regulierungslandschaft die typischen Charakteristika einer handlungsermöglichenden Rechnungslegungsregulierung: Kanadas Rechnungslegung ist ein Paradebeispiel für die Arbeit eines privaten Standardsetzers, der unter der Prämisse der Markteffizienz Rechnungslegungsregulierung betreibt. Dieser Ansatz verhält sich konträr zur Ausprägung des kanadischen Finanzsystems, das eher einen Regulierungsansatz impliziert hätte, der sich stärker an der implizit schützenden Funktion der Rechnungslegung orientiert. Eine mögliche Erklärung für die entgegengesetzte Evolution der Rechnungslegung ist, dass gesellschaftliche Ideale und Wertvorstellungen von Bedeutung sind und dass diese einen stärkeren Einfluss auf die Rechungslegung haben als die Interessen, die sich aus der Struktur des Finanzsystems ableiten. Diesbezüglich scheint also der Wohlfahrtsstaatstyp, der hier als Ausdruck des gesellschaftlichen Willens betrachtet wird, von Bedeutung zu sein für die Rechnungslegung, da der Gesamtansatz der Regulierung kongruent ist mit dem vorherrschenden Typ des Wohlfahrtsstaates – dem residualen Wohlfahrtsstaatstyp. Der Länderfall von Kanada zeigt nicht nur, dass der Effekt des Wohlfahrtsstaatstyps auf die Regulierung der Rechnungslegung von den anderen Erklärungsvariablen isoliert dargestellt werden kann, sondern auch, dass gesellschaftliche Motive und Wertvorstellungen bedeutenden Einfluss auf die Rechnungslegungsregulierung haben.

3.5 Fazit zur Persistenz der Rechnungslegungsregulierung

Die Persistenz von Unterschieden in der Regulierung der Rechnungslegung, nämlich bezüglich der Regulierung des Einzelabschlusses und nicht börsennotierter Kapitalgesellschaften, ist Ausdruck verschiedener nationaler Intentionen, die der Rechnungslegung zugrundeliegen sowie unterschiedlicher Intensitäten des Staatseingriffs. Den traditionellen Erklärungsansätzen für die Evolution unterschiedlicher Rechnungslegungssysteme fehlt es jedoch an einem zufriedenstellenden Erklärungsgehalt für die Ursache-Wirkung-Kette. Sowohl das Rechtssystem als auch das Finanzsystem als Erklärungsvariable stellen sich als inadäquat heraus, das Verhältnis zwischen Staatsintervention und Rechnungslegungsregulierung näher zu beleuchten. Gerade aber das Verständnis dieser Beziehung ist wichtig, um unterschiedliche Eingriffsintensitäten des Staates in Konzern- und Einzelabschluss zu erklären.

Hinsichtlich der unvollständigen kausalen Erklärungen, die die anderen beiden Ansätze liefern, konnte gezeigt werden, dass der Typ des Wohlfahrtsstaates eine passende Variable ist, um Erklärungslücken zu schließen. Im Allgemeinen können zwei Idealtypen des Wohlfahrtsstaates unterschieden werden: der residuale und der institutionelle Wohlfahrtsstaat. Beide Grundtypen des Wohlfahrtsstaates entsprechen unterschiedlichen Emanationen des gesellschaftlichen Akts der Willensäußerung, aus dem sich eine unterschiedliche gesellschaftliche Nachfrage bzw. ein gesellschaftlich legitimiertes Angebot staatlicher Regulierung ableitet. Dementsprechend handelt es sich bei den Wohlfahrtsstaatstypen um Aggregate, die verschieden sind in der Funktionsweise, wie sozialpolitische Maßnahmen zugewiesen werden sowie in der formalen Struktur der Regulierung.

Verbindungen zwischen der Rechnungslegung und dem Wohlfahrtsstaat können in dem Umfang hergestellt werden, dass Rechnungslegung nicht nur ein Kapitalmarktinstrument ist. Zweck und Funktion der Rechnungslegung gehen über die reine Sicherung der Markteffizienz hinaus, da auch andere regulatorische Zielsetzungen mit der Rechnungslegung verfolgt werden können. Derartige regulatorische Ziele beziehen sich dann zumeist auf Verteilungsaspekte, die sich an die messtheoretische Ausgestaltung der Rechnungslegungsregeln knüpfen. In dieser Hinsicht fungiert Rechnungslegung als Instrument des Interessensausgleichs zwischen den Anspruchsgruppen des Unternehmens. Aus der kontrastierenden Gegenüberstellung des Funktionsspektrums der Rechnungslegung lassen sich prinzipiell zwei regulatorische Grundfunktionen identifizieren: eine handlungsermöglichende Funktion basierend auf dem Kriterium der Allokationseffizienz sowie die implizit schützende bzw. statuserhaltende Funktion, basierend auf dem Kriterium des Interessensausgleichs zwischen den verschiedenen Anspruchsgruppen des Unternehmens.

Auf Basis der unterschiedlichen gesellschaftlichen Motive und Wertvorstellungen, die Wohlfahrtsstaaten innewohnen, können die zwei regulatorischen Grundfunktionen der Rechnungslegung den beiden Typen des Wohlfahrtsstaates sowohl theoretisch als auch empirisch zugeordnet werden. Neben der Erklärung, welcher grundlegenden Intention die Rechnungslegungsregulierung in unterschiedlichen Staaten folgt, trägt die Berücksichtigung der Variable „Wohlfahrtsstaat" ebenfalls dazu bei zu erklären, wie die Anspruchsbemessung mittels der Rechnungslegung geregelt ist, welcher Abschluss der gesellschaftlich relevante ist und warum sich die formalen Strukturen der Regulierung der gesellschaftlich relevanten Rechenwerke unterscheiden. Die Veranschaulichung der Zusammenhänge zwischen den verschiedenen Aspekten der Rechnungslegung trägt dazu bei, besser zu verstehen, in welchen (gesellschaftlich gesetzten) Grenzen der Konvergenzprozess stattfindet bzw. nur stattfinden kann und warum Unterschiede in der Rechnungslegung zwischen Ländern weiterhin fortbestehen. Der Wohlfahrtsstaatenansatz bietet somit einen zusätzlichen Erklärungsgehalt, der über die funktionalistischen Ansätze hinausgeht. Darüber hinaus wird mit Wohlfahrtsstaatenansatz eine systematische Perspektive auf das Verhältnis zwischen Staat und Rechnungslegung eingeführt, die nützlich ist für die Auseinandersetzung im Hinblick auf den beobachtbaren Transformationsprozess des Staates.

4 Transnationale Netzwerke und die Rolle der Wirtschaftsprüfer in der Verbreitung der IFRS: eine Erklärung für Konvergenz

4.1 Netzwerke als Governancestruktur der Regulierung

Das Konzept der Netzwerke wird in vielen wissenschaftlichen Disziplinen verwendet. Im Allgemeinen beschreiben Netzwerke formelle und informelle strukturelle Verbindungen zwischen Akteuren, die einerseits ein gemeinsames Interesse hinsichtlich eines Spezialthemas bzw. -problems verfolgen und andererseits ein gemeinsames Set an (normativen) Grundüberzeugungen und Wertvorstellungen teilen (z. B. Bennett, 1991; Haas, 1992; Scharpf, 1993: 72). Netzwerke ermöglichen den effizienteren Einsatz von Ressourcen, den Umgang und die Lösung von komplexen Problemsituationen, die Reduktion von Transaktionskosten sowie die Förderung kollektiven Lernens (z. B. Scharpf, 1992; Brass *et al.*, 2004). Im politikwissenschaftlichen Bereich werden Netzwerke als strukturelles Rahmenwerk für das politikorientierte Lernen wie auch für die Politikgestaltung aufgefasst und darüber hinaus als wichtiges Mittel, um Politikinnovationen zu verbreiten (Knoepfel/Kissling-Näf, 1998). Politikinnovationen stellen beispielsweise neue Instrumente, Programme, Praktiken und Ideen dar (Walker, 1969: 881). In einer stärker ökonomisch motivierten Terminologie definieren Politikinnovationen neue institutionelle und rechtliche Strukturen bzw. Organisationen und politische Leitlinien (Holzinger *et al.*, 2008: 554).

Aus der Vielzahl an Politiknetzwerkkonzepten haben sich zwei breite konzeptionelle Schulen herausgebildet: (1) die angelsächsische Interessenintermediations-Schule und (2) die deutsche *Governance*-Schule (hierzu Börzel, 1998: 255). Bezüglich der Perspektive der Interessenintermediation werden unter Politiknetzwerken im Allgemeinen verschiedene Formen der Beziehungen zwischen Interessen- bzw. Lobbyinggruppen und dem Staat verstanden. Netzwerke stellen in diesem Sinne die Verpflichtung von unabhängigen Akteuren dar, bestimmte Leistungen zu erbringen. Das Engagement der Akteure baut hierbei auf dem Austausch von Ressourcen wie beispielsweise Informationen oder Wissen auf, um so ein gemeinsames Ziel zu erreichen sowie ihre Einflussnahme auf ein bestimmtes (politisches) Ergebnis zu maximieren bzw. ihre Unabhängigkeit von anderen (staatlichen) Akteuren zu wahren (Rhodes, 1997). Aufeinander abgestimmte Aktionen sind hierbei häufig das Resultat eines Verhandlungsprozesses zwischen den Akteuren, das begleitet wird durch eine gegenseitige Annäherung der Interessen, zumeist zwischen den Interessensgruppen und staatlichen Akteuren (Sandström/Carlsson, 2008: 505). Dieses Verständnis von Netzwerken wurde erweitert durch eine Typologie der Interessensintermediation durch Netzwerke, die die verschiedenen Formen der Beziehungen zwischen Staat und Gesellschaft abbildet (z. B. Rhodes/Marsh, 1992: 182-184). Genutzt wurde diese Netzwerkkonzeption zum einen, um intergouvernementale Beziehungen zu untersuchen (Rhodes, 1997), zum anderen, um die Relationen zwischen staatlichen und nicht-staatlichen Akteuren in einem breiten Spektrum der politischen Aufgabenfelder zu analysieren (z. B. Atkinson/Coleman, 1992; Marsh/Rhodes, 1992) und um die Verstrickungen zwischen dem Staat und der Industrie abzubilden und zu bewerten (Wilks/Wright, 1987).

Hinsichtlich des Netzwerkbegriffes ist die deutsche Governance-Schule spezifischer und verortet Politiknetzwerke innerhalb der *modes of regulation* von Streek/Schmitter (1985). Politiknetzwerke werden diesbezüglich verstanden als „neue" und „ kooperative" Governance-Modelle entwickelter politischer Systeme. Sie sind zwischen dem Staat als hierarchisches Modell der Koordination und der reinen Marktkoordination anzusiedeln. Politiknetzwerke stellen somit eine nicht hierarchische Form der Koordination dar, die auf dem horizontalen Beziehungsgefüge zwischen den teilnehmenden staatlichen und nicht-staatlichen Akteuren aufbaut (Mayntz/Scharpf, 1995: 63). Folglich entsprechen Netzwerke einer gesellschaftlich vermischten Form entweder des Marktes oder des Staates als Prinzip der sozialen Ordnung, was sie mithin zu einem eigenständigen Typus der sozialen Ordnung macht (z. B. Powell, 1990; Jessop, 1999; Provan/Kenis, 2008).

Ausgangspunkt für die Entstehung von Netzwerken sind zumeist Situationen erhöhter Komplexität und Interdependenz, in denen der Staat bzw. Regierungen nicht mehr in der Lage sind, die notwendigen politischen Ressourcen eigenständig zu mobilisieren, um eine effektive Politikgestaltung zu gewährleisten. In solchen Situationen bieten Netzwerke Regierungen die Möglichkeit, die zwischen staatlichen und nicht-staatlichen Akteuren verstreuten Ressourcen zu bündeln und so beispielsweise Probleme zu lösen, die mit der Formulierung und Implementierung von gemeinschaftlich bindenden Regeln oder Standards einhergehen (Rhodes, 1996; Börzel, 2011). Netzwerke beschreiben somit einen Mechanismus der gemeinschaftlichen Gestaltung von Politik zwischen staatlichen und nicht-staatlichen Akteuren. Obwohl Unterschiede zwischen den beiden Netzwerkschulen existieren, verbindet beide Netzwerkkonzeptionen die allgemeine Idee der *governance without goverment* (Rosenau/Czempiel, 1992).

Die Vorteile von Netzwerken werden insbesondere in politischen Bereichen diskutiert, in denen eine hierarchische Koordination nur schwer zu etablieren ist und diese im Vergleich zu Netzwerken erhebliche Nachteile hätte wie beispielsweise auf der supra-, trans- oder internationalen Ebene (z. B. Eberlein/

Grande, 2005; Hollis, 2010). Auf der transnationalen Ebene spielen Netzwerke eine besondere Rolle, da sie sowohl die transnationale horizontale Kommunikation katalysieren als auch vereinfachen und damit letztendlich den transnationalen Einigungs- und Problemlösungsprozess unterstützen (Strang/Meyer, 1993). Der anfängliche Kommunikationsprozess zwischen den Akteuren könnte dadurch zu einem gemeinschaftlichen Politikgestaltungsprozess voranschreiten, der über nationale Grenzen hinausgeht, d. h. zu einer (politischen) Steuerung durch ein transnationales Netzwerk (Börzel, 1998: 258-265).

Die Effektivität von Netzwerken wird im Vergleich zur hierarchischen Koordination (Staat) oder der reinen horizontalen Kommunikation zwischen Akteuren im transnationalen Bereich der Politikgestaltung höher eingestuft. Diese Überlegenheit von Netzwerken begründet sich in ihrem Potential, gemeinschaftliche Handlungen zu vereinfachen sowie Informationen und Ressourcen unabhängig von geographischen, institutionellen oder rechtlichen Barrieren nutzbar zu machen. Sie erlauben daher die Formulierung einer kollektiven Auffassung über geteilte nationale Problembereiche sowie die Entwicklung einer gemeinschaftlichen Problemlösung durch die Übernahme des gemeinsamen Lösungskonzepts auf nationaler Ebene. Dieses kann letztendlich zu einer Konvergenz von einzelnen Politikbereichen führen (Holzinger/Knill, 2005). Zusammenfassend betrachtet fungieren transnationale Netzwerke somit als vermittelnder und lenkender Mechanismus, der eine katalytische Wirkung auf die Diffusion von „neuen" politischen Lösungsansätzen/-paradigmen haben kann (True/Mintrom, 2001).

Netzwerke können unterschiedliche Governance-Modelle (*modes of network governance*) aufweisen, d. h. Netzwerke differieren in ihrer strukturellen Organisation (z. B. van Waarden, 1992; Provan/Kenis, 2008). In transnationalen Netzwerkstrukturen können beispielsweise internationale Organisationen wie die OECD oder die United Nations (UN) eine bedeutende Rolle spielen. Solche internationalen Foren bieten die Möglichkeit für einen regelmäßigen Austausch über gemeinsam geteilte Problemstellungen, was unter anderem Politiklernen begünstigen kann und ebenso eine transnationale Problemlösung vereinfacht und vorantreibt (Simmons/Elkins, 2004). Internationale Akteure können ebenfalls als Meinungsführer/-macher in Erscheinung treten, die neue Politikideen anstoßen und den Prozess ihrer Diffusion beschleunigen können, wenn es ihnen gelingt, Glaubwürdigkeit und Vertrauenswürdigkeit in die Idee und die Organisation auf Seiten der potentiellen Verwender zu schaffen (z. B. Valente, 1996; Mintrom/Vergari, 1998).

Äquivalent zum schumpeterianischen Verständnis eines Entrepreneurs auf Märkten werden in den Politikwissenschaften die Begründer neuer politischer Ideen als *policy entrepreneure* bezeichnet (Schneider *et al.*, 1995). Politische

Entrepreneure sind zum einen Akteure, die Probleme identifizieren, die allgemeinen Bedingungen für eine Auseinandersetzung mit dem Problem schaffen sowie Argumente für Änderungen und Anpassungen bestehender Politiken hervorbringen, und zum anderen Akteure, die ihre Ideen möglichen Anhängern kommunizieren und sich mit politischen Entscheidungsträgern vernetzen (Roberts/King, 1991: 48; Mintrom, 1997: 738-741). Die Bildung von Koalitionen und Netzwerken stellt diesbezüglich eine der wesentlichen Aufgaben und Voraussetzungen für politische Entrepreneure dar *„[...] to bring new policy ideas into good currency."* (Mintrom/Vergari, 1996: 422). Stone (2004) argumentiert beispielsweise, dass die aktive Integration von politischen Entscheidungsträgern oder Organisationen dazu beiträgt, die Wahrscheinlichkeit der politischen Einflussnahme von politischen Entrepreneuren zu erhöhen und Legitimität für deren neue Ideen zu schaffen.

Die Effektivität von Politiknetzwerken, d. h. auf Netzwerkebene ein bestimmtes Resultat zu schaffen, das von einem einzelnen Akteur nicht allein hätte erreicht werden können (Provan/Milward, 1995), steht in enger Beziehung zu den strukturellen Eigenschaften des Netzwerkes (Knoke, 1990; Kenis/Schneider, 1991). In diesem Zusammenhang zeigen Sandström/Carlsson 2008: 500 empirisch, dass für die Performanz eines (Politik-)Netzwerkes nicht nur dessen Entstehung und Entwicklung entscheidend ist, sondern vielmehr seine Struktur einen bedeutenden Faktor darstellt. Im wissenschaftlichen Diskurs werden Netzwerkstrukturen daher als unabhängige Variable behandelt, die Erklärungsgehalt besitzen, für die Effektivität von Netzwerken ein bestimmtes Netzwerkergebnis (abhängige Variable) zu erzielen wie beispielsweise die Implementierung von poltischen Innovationen (stellvertretend Provan/Milward, 1995; Deroian, 2002: 835-836; Kriesi *et al.*, 2006; Sandström/Carlsson, 2008; Milward *et al.*, 2010).

Hauptfokus in der Analyse von Netzwerkstrukturen bildet die Untersuchung, welchen Effekt unterschiedliche Governance-Modelle von Politiknetzwerken (*modes of network governance*) auf die Performanz des Netzwerkes haben. Untersucht wird hierbei zumeist, ob oder inwiefern Unterschiede in der Effektivität von zentral organsierten Netzwerken gegenüber dezentral organisierten, aber dicht verknüpften Netzwerken bestehen (Provan/Kenis, 2008; Sandström/Carlsson, 2008). Die Netzwerkanalyse stellt ein wirkungsvolles Instrument dar, um das Beziehungsgeflecht von (politischen) Akteuren darzustellen und dessen Beitrag zur Netzwerkeffektivität zu bewerten (z. B. Kenis/Schneider, 1991: 40-47; Dowding, 1995; Mayntz/Scharpf, 1995: 62-63; Christopoulos, 2006; Nagel, 2007).

Das Argument, dass Netzwerkstrukturen einen Erklärungsgehalt für bestimmte Ergebnisse der Politikgestaltung besitzen, soll auch hier im Rahmen der Ausgestaltung und Veränderung der nationalen Rechnungslegungspolitiken/

-systeme aufgegriffen werden. Wie bereits bei der Darstellung der Forschungslücke in Kapitel 2.3.3 angerissen wurde, liegt es nahe, dass die Globalisierung der Unternehmensaktivitäten, obschon allgemein zur Erklärung der internationalen Konvergenz von Rechnungslegungssystem herangezogen, nicht *per se* Rechnungslegungsinstitutionen verändert. Andere eher kommunikationsbasierte Mechanismen wie transnationale Netzwerke stellen eine wesentliche Voraussetzung dar, um strukturelle und kognitive Rigiditäten aufzubrechen und die exogenen Antriebskräfte in Veränderungen der Rechnungslegungspolitiken zu übersetzen und letztendlich eine Konvergenz von Rechnungslegungssystemen zu erreichen.

Im Folgenden wird daher der Entstehungsprozess des transnationalen Rechnungslegungsnetzwerkes mittels sozialer Netzwerkanalyse nachgezeichnet und analysiert. Der Networkingprozess wird diesbezüglich als notwendige Vorstufe verstanden, eine Struktur zu schaffen, durch die Akteure imstande sind, ein bestimmtes Politikergebnis zu erzielen. Der Networkingprozess scheint insbesondere von Relevanz zu sein, wenn es das Ziel ist, bereits etablierte Governance-Strukturen zu verändern bzw. bestehende durch neue Governance-Strukturen zu ersetzen. Des Weiteren wird die Netzwerkanalyse zeigen, dass es insbesondere strukturelle Gründe bzw. Defizite waren, die die Zeitspanne von nahezu 25 Jahren zwischen der Gründung des IASC als transnationalem *policy entrepreneure* zu Beginn der 1970er Jahre und der IFRS-Revolution in den späten 1990er Jahren erklären.

Der Evolutionsprozess des transnationalen Standardsetzungsgremiums und dessen Netzwerkes werden den Kern der Analyse bilden. Neben der Diskussion verschiedener allgemeiner Netzwerkmaße steht die Untersuchung der Akteurskonstellation im Vordergrund, um zu eruieren, inwieweit Veränderungen zwischen 1973 und 2001 zur globalen IFRS-Revolution beigetragen haben. Anhand der Auseinandersetzung mit der Akteurskonstellation soll bewertet werden, wie gewichtig die Inklusion und Exklusion bestimmter Akteure ist, um eine effektive Netzwerkstruktur zu begründen. Theoretischer Bezugspunkt hierfür stellt die Perspektive dar, dass Netzwerke eine spezielle Form des Verhältnisses zwischen Staat und Gesellschaft in der Kontrolle und Steuerung von Politikfeldern ausdrücken. Dieses impliziert, dass die legitimierende Einbettung staatlicher Akteure zumindest zu einem bestimmten Grad notwendig ist, wenn das Handeln von Akteuren darauf abzielt, gesellschaftlich relevante Aufgaben zu übernehmen, wie beispielsweise die Setzung von Rechnungslegungsstandards.

Es wird sich zeigen, dass der Berufsstand der Wirtschaftsprüfer aktiv den strukturellen Ausbau der Beziehungen des IASC organisiert und vorangetrieben hat. Darüber hinaus wird sich zeigen, dass sich die ursprüngliche Struktur des Netzwerkes grundlegend ändern musste, um eine Art von *struktureller* Legitimität für das IASB als zentrale Organisation, die die Governance der internationalen Rechnungslegungsstandardsetzung übernimmt, herzustellen. Daneben wird deutlich werden, dass die Veränderungsdynamik des Netzwerkes gegen Null ging und das Netzwerk einen nahezu gleichgewichtigen Zustand erreichte, nachdem eine effektive Mischung an Beziehungen zwischen staatlichen und gesellschaftlichen Akteuren erreicht wurde.

4.2 Globalisierung der Wirtschaftsprüferbranche als Vorläufer eines internationalen Standardsetzungsnetzwerkes in der Rechnungslegung

Ökonomische Beweggründe bilden einen wesentlichen Brückenschlag zwischen der Internationalisierung der Wirtschaftsprüferbranche und der Internationalisierung der Rechnungslegung, da international einheitliche Rechnungslegungsstandards grenzüberschreitende Aktivitäten von Wirtschaftsprüfungsgesellschaften erleichtern und fördern. Es verwundert daher nicht, dass die Debatte über Chancen und Konsequenzen internationaler Rechnungslegungsstandards bereits zusammen mit der beginnenden Internationalisierung des Wirtschaftsprüfungssektors aufkam. Der Internationalisierungsprozess von Prüfungsdienstleistungen, der zur Entstehung mehrerer weltumspannender Netzwerke von Wirtschaftsprüfungsunternehmen führte, teilt sich in zwei Phasen: eine Internationalisierungsphase, gefolgt von einer Konzentrationsphase, die zur Entstehung der *Big 4* führte.

Die Internationalisierungsphase wurde initiiert durch ausländische Direktinvestitionen britischer Unternehmen in Nord- und Südamerika Ende des 19. Jahrhunderts (Mandler, 1999). Im Jahr 1880 eröffneten Deloitte, Dever, Griffiths & Co. ihr erstes Überseebüro in New York. Kurz danach folgten zwei weitere führende Wirtschaftsprüferunternehmen Großbritanniens: Price Waterhouse und Touche Ross. Der bekannteste internationale Unternehmenszusammenschluss zweier Wirtschaftsprüfergesellschaften fand 1911 zwischen William Barclay & Co (Großbritannien) und Marwick, Mitchell & Co (USA) statt. Im Jahr 1926 eröffneten die Coopers Brothers, ebenfalls eine bedeutende Prüfungsgesellschaft aus Großbritannien, eine Niederlassung in den USA (Wise, 1966). Die globale Expansion der britischen Industrie zeitigte damit die erste Welle der Internationalisierung der Wirtschaftsprüferbranche, die zunächst geprägt war durch Eröffnungen von Niederlassungen, mehrheitlich in den USA und schätzungsweise von 1890 bis 1945 andauerte (Daniels *et al.*, 1989).

Eine zweite Welle der Internationalisierung trat in den 1950er und 1960er Jahren ein und war von den USA nach Kontinentaleuropa gerichtet. Getrieben wurde der Prozess dieses Mal von den ausländischen Direktinvestitionen US-amerikanischer Unternehmen (Lück/Holzer, 1981). Die originär britischen Prüfungsgesellschaften drängten nunmehr unter ihrem US-amerikanischen Markennamen in den kontinentaleuropäischen Prüfungsmarkt. Ihnen folgten zwei Unternehmen US-amerikanischen Ursprungs: Arthur Andersen und Arthur Young. An die Expansionsphase schloss sich eine Phase zahlreicher Zusammenschlüsse zwischen britischen und US-amerikanischen Wirtschaftsprüfungsgesellschaften an (Daniels *et al.*, 1989). Zum Beispiel entstand 1952 durch den Zusammenschluss zwischen Deloitte, Plender, Griffiths & Co.[60] (UK) und Haskins & Sells (US) die Gesellschaft Deloitte, Haskins & Sells und aus dem Merger zwischen Coopers Brothers (UK) und Lybrand, Ross & Montgomery (US) im Jahre 1957 ging Coopers & Lybrand hervor.

In den darauffolgenden Jahren bauten die großen Prüfungsgesellschaften sukzessive ihr internationales Dienstleistungsnetzwerk aus. Dieses geschah zumeist durch die Kooperation und Integration rein national agierender Prüfungsgesellschaften (Wootton *et al.*, 2003). Coopers & Lybrand gründeten beispielsweise in der Zeit zwischen 1957 und 1973 circa 170 Gesellschaften weltweit und vervierfachten damit die Zahl ihrer ausländischen Niederlassungen. Nahezu im gleichen Zeitraum wuchs das internationale Netzwerk von Arthur Andersen von zwei auf über 180 Auslandsgesellschaften (Mandler, 1999). Während dieser Zeit wurde der Begriff *Big 8* zum allgemeinen Synonym für die acht führenden und größten Wirtschaftsprüfungsunternehmen und deren internationale Netzwerke. Zu diesen acht Unternehmen zählten (alphabetisch geordnet) Arthur Andersen, Arthur Young, Coopers & Lybrand, Deloitte Haskins & Sells, Ernst & Whinney, Peat Marwick International, Price Waterhouse und Touche Ross (Simons, 2005). Seitdem hat ein schrittweiser Konsolidierungsprozess zwischen eben diesen Unternehmen stattgefunden, was in den 1990er Jahren zunächst zu den *Big 6* führte und in den 2000er Jahre letztendlich zu den *Big 4*. Die derzeitige Gruppe der *Big 4* besteht (geordnet nach Gewinn) aus Price Waterhouse Coopers (PwC), Deloitte, Ernst & Young und Klynveld Peat Marwick Goerdeler (KPMG). Der Konsolidierungsprozess von den *Big 8* zu den *Big 4* wird in Abbildung 7 skizziert.

60 Deloitte, Dever, Griffiths & Co. wurde im Jahr 1905 in Deloitte, Plender, Griffiths & Co. umbenannt.

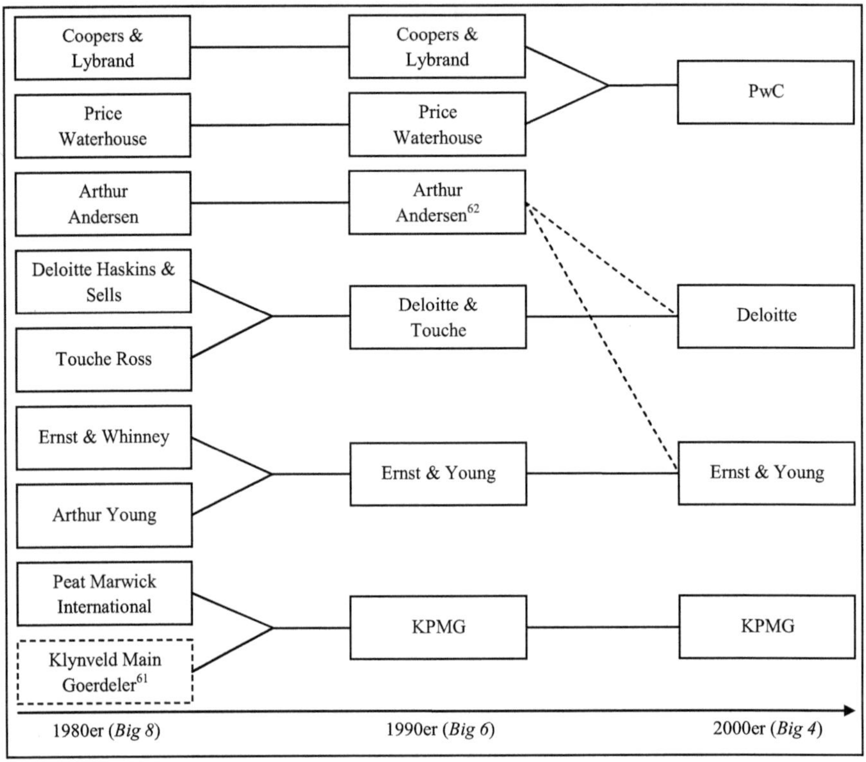

Abbildung 7: Konsolidierungsprozess der Big 8 zu den Big 4; Quelle: angelehnt an Müller-Stewens et al. (1999)

Tabelle 10 liefert einen Überblick über die größten zehn Prüfungsgesellschaften im Jahr 2009. Die Gruppe der *Big 4* sticht eindeutig aus der Gesamtmenge der Wirtschaftsprüfungsunternehmen heraus, da sie mit Abstand die größte Gruppe bildet im Hinblick auf den Gewinn, die Tätigkeitsländer und Anzahl der Mitarbeiter (Smith, 2009). Beispielsweise beträgt die Summe des Jahresüberschusses der Unternehmen, die auf Platz fünf bis zehn rangieren,

61 Klynveld Main Goerdeler gehörten nicht zur ursprünglichen Gruppe der Big 8 wurde aber in die Grafik aufgenommen, da deren Fusion mit Peat Marwick International zur Entstehung von KPMG führte, die zur Gruppe der Big 6 gehörten.

62 Aufgrund der Verwicklungen in den Bilanz- und Unternehmensskandal um das US-amerikanische Enron wurde Arthur Anderson im Jahr 2002 aufgelöst. Teile des Arthur Andersen Netzwerkes wurden von Deloitte übernommen, z. B. in Spanien und Großbritannien, sowie von Ernst & Young, z. B. in Frankreich und Deutschland.

22.768 Mio. US-Dollar, was den Gewinn des Viertplatzierten KPMG nur geringfügig übersteigt. Ein ähnliches Verhältnis ergibt sich im Hinblick auf die Anzahl der Mitarbeiter im Unternehmen.

Tabelle 10: Rangliste der Top 10 Wirtschaftsprüferunternehmen im Jahr 2009; Quelle: angelehnt an Smith (2009)

Rangliste 2009 (2008)	Unternehmen	Gewinn Mio. US-Dollar	Aktive Länder	Mitarbeiter
1 (1)	PWC	28.185	153	116.935
2 (2)	Deloitte	27.400	140	124.000
3 (3)	Ernst & Young	24.500	140	107.447
4 (4)	KPMG	22.690	144	104.057
5 (5)	BDO Int.	5.145	110	33.436
6 (7)	Grant Thornton Int.	4.000	100	21.822
7 (8)	Geneva Group Int.	3.707	72	14.005
8 (6)	RSM Int.	3.620	64	21.401
9 (9)	Praxity	3.233	72	17.934
10 (10)	Crowe Horwarth Int.	3.063	101	16.456
Insgesamt		125.543		577.493

Die frühzeitige Expansion und Internationalisierung der Aktivitäten der Wirtschaftsprüferunternehmen ist eindrucksvoll, da die regulatorische Landschaft der Rechungslegung zu diesem Zeitpunkt hoch fragmentiert war. Zum einen zeigten die nationalen Rechnungslegungsvorschriften gravierende Unterschiede und zum anderen waren die gesetzlichen Vorschriften bzw. berufsständischen Zulassungsvoraussetzungen für Wirtschaftsprüfer von Land zu Land stark unterschiedlich. Marktbezogene Beweggründe der Internationalisierung erklären insbesondere die ersten Wellen der Internationalisierung, die den Kostennachteilen gegenüberstanden. Die nahezu reziproke Beziehung und Interdependenz zwischen den sich internationalisierenden Unternehmen und deren Wirtschaftsprüfern verstärkte die Nachfrage nach einer lückenlosen und globalen Rechnungslegungsdienstleistung. Die unternehmensseitige Nachfrage stellte sich hierbei aus Unsicherheiten über die Qualität wie auch Verlässlichkeit der ausländischen Prüfungsgesellschaften ein (Mandler, 1994). Die parallele internationale Expansion der Wirtschaftsprüfungsunternehmen gewährleistete ihren Klienten daher eine gewisse horizontale Qualitätskonstanz und ersparte ihren Klienten darüber hinaus hohe Transaktionskosten (Nusbaumer, 1987; Mandler, 1994).

Das aktive Kundenmanagement der Prüfungsunternehmen und die sich daraus ergebende *follow-your-client strategy* als Strategie der Internationalisierung waren jedoch nicht unbedingt freiwillig. Die Prüfungsunternehmen wurden vielmehr in diese Position gedrängt, sofern sie nicht riskieren wollten, ihr (lokales) Mandat an eine andere Gesellschaft bzw. einen Konkurrenten zu verlieren. Bis heute sind Qualitätskonstanz und -sicherheit das Standardargument für die Wahl des Abschlussprüfers geblieben (Williams, 1988; Coenenberg/Marten, 1993). Folglich war eine solche Strategie die logische Konsequenz aus den Internationalisierungswellen britischer und US-amerikanischer Unternehmen, um keine Marktanteile zu verlieren. Eine weitreichende Internationalisierung der Geschäftstätigkeiten erleichterte zudem die Akquisition neuer Klienten und förderte damit noch das Wachstum. Die Vergrößerung des internationalen Prüfungsnetzwerks konnte sich somit positiv auf die Kundenbindung auswirken und gewährleistete darüber hinaus ein großes Potential für die Gewinnung neuer Kunden (Mandler, 1995).

Dementsprechend änderten die Wirtschaftsprüfungsunternehmen ihre Internationalisierungsstrategie von *follow-your-client* in *follow-your-competitor*, da die Erschließung neuer Märkte (Länder), die von ihren Mandaten noch nicht betreten worden waren, einen wesentlichen Erfolgsfaktor gegenüber den anderen Prüfungsgesellschaften darstellte (Mandler, 1999). Die Möglichkeit, dadurch eine horizontale Qualitätskonstanz besser gewährleisten zu können sowie die Skaleneffekte, die damit einhergingen, verbesserten somit die Wettbewerbsposition der international tätigen Unternehmen gegenüber den nur national agierenden. Die Wettbewerbsvorteile, die große internationale Wirtschaftsprüfungsunternehmen dadurch gewinnen konnten, waren zu einem Großteil aber auch eine zwingende Notwendigkeit und der globalen Expansion ihrer lokalen Klienten geschuldet (Nachum, 2003; Grewe, 2008).

Dennoch waren die Prüfungsunternehmen durch ihre internationale Expansion in der Lage, Kostenvorteile zu realisieren, wenngleich die Diskrepanz zwischen den Rechnungslegungssystemen relativ hoch war. Die Vorteile ergaben sich sowohl aus Skalen- als auch Verbundeffekten, da Ressourcen und Infrastrukturen durch Integration grenzüberschreitender Tätigkeiten effizienter genutzt werden konnten (Coenenberg/Marten, 1993; Mandler, 1994). Der globale Austausch von Expertenwissen zwischen den Mitarbeitern der verschiedenen Niederlassungen verbesserte nicht nur die Möglichkeiten einer globalen Kundenbetreuung, sondern steigerte zudem das Akquisitionspotential für neue Kunden. Gleichermaßen konnten Kostenvorteile durch die Einrichtung gemeinsamer, länderübergreifender Stabstellen und Spezialteams zur Lösung komplexer Rechnungslegungssachverhalte erzielt werden (Hachmeister, 2001). Durch internationalen Personaleinsatz und eine internationale Personalentwicklung konnten weitere Kostenvorteile realisiert werden, da die Unternehmen einfacher personelle Auslastungsschwankungen zwischen Ländern kompensieren konnten, die durch unterschiedliche Nachfragezyklen nach Rechnungslegungsdienstleistungen und Saisonabhängigkeiten getrieben waren. Engpässe zu Hochkonjunkturzeiten der Prüfungssaison konnten aufgrund eines effizienteren Personaleinsatzes vermieden werden, was für eine verbesserte Verteilung der Fixkosten sorgte (Coenenberg/Marten, 1993; von Eitzen, 1996).

Die Internationalisierung ihrer Prüfungsleistungen schärfte bereits frühzeitig das Bewusstsein auf Seiten der Wirtschaftsprüfungsunternehmen für die länderspezifischen Unterschiede von Rechnungslegungssystemen und zeigte die Hindernisse und Schwierigkeiten auf, die aus diesen Unterschieden erwachsen konnten. Sie erkannten dabei nicht nur die Kosten, die ihren Klienten aus diesen Unterschieden entstehen konnten, sondern ebenfalls die Schwierigkeiten, die die Unterschiede für die Erbringung ihrer Dienstleistungen mit sich brachten (Mandler, 1994). Die Fragmentierung der Rechnungslegungslandschaft begründete somit ein Hindernis für die vollumfängliche Realisierung der Internationalisierungsvorteile. Jede Expansion erforderte nämlich die Suche nach kompetenten Partnern im Zielland, da der Aufbau eigener Ressourcen und Kompetenzen für das jeweilige Rechnungslegungssystem zu aufwändig gewesen wäre (Daniels *et al.*, 1989).

Darüber hinaus war das Angebot weltweit einheitlicher Prüfungsleistungen nahezu unmöglich. Die Prüfungsunternehmen mussten wettbewerbsbedingt der Sicherung einer internationalen Qualitätskonstanz ein besonderes Augenmerk schenken, konnten diese aber schwer aufrechterhalten, da die Rechnungslegungsunterschiede eine länderweise Differenzierung der Leistungen notwendig machte. Die Befriedigung der Kundenwünsche verursachte dementsprechend relativ hohe Transaktionskosten für Wirtschaftsprüfungsunternehmen (Mandler, 1994).

Folglich begann unter den Wirtschaftsprüfern die Diskussion über die Vorteile und Vereinfachungen eines international vergleichbaren Sets an Rechnungslegungsstandards bereits, als die ersten transatlantischen Investitionen britischer Unternehmen stattfanden. Der Berufsstand der Wirtschaftsprüfer kann mithin als Ursprung der Idee eines internationalen Regelwerks für die Rechnungslegung angesehen werden (Samuels/Piper, 1985; Daniels *et al.*, 1989). Trotz des positiven Effekts und der Wirkung auf die Öffentlichkeit müssen die Idee und Konvergenzbestrebungen vor dem Hintergrund eines persönlichen Interesses des Wirtschaftsprüferstandes bewertet werden. Die ökonomischen Vorteile, die Prüfungsunternehmen nämlich aus einer Harmonisierung der Rechnungslegungsregeln für größere, international tätige Unternehmen ziehen würden, wären immens (Botzem, 2010).

Die Fortschritte, die der Wirtschaftsprüferberufsstand im Hinblick auf die Harmonisierung der Rechnungslegung erzielen konnte, waren bis zum Beginn der 1970er Jahre jedoch marginal. Die großen Wirtschaftsprüferunternehmen konnten ihre herausragende Stellung auf den regionalen und internationalen Märkten für Rechnungslegung nicht ausnutzen, um Einfluss auf die jeweiligen nationalen Regulierer auszuüben, um so zumindest eine teilweise Harmonisierung der Rechnungslegung zu erwirken. Des Weiteren fehlte es an einem (internationalen) Forum, in dem solche Themen hätten diskutiert werden können. Bis zum Beginn der 1970er Jahre existierten lediglich Foren mit einem regionalen Fokus, denen es an politischer Durchsetzungskraft fehlte, und der Berufsstand hielt nur gelegentlich internationale Treffen ab, auf denen solche Themen diskutiert wurden (Botzem/Quack, 2005).

Die Gründung des IASC im Jahre 1973 markierte somit den Versuch des Wirtschaftsprüferberufsstandes, den materiellen Output bezüglich internationaler Rechnungslegungsstandards zu erhöhen (Flower, 2004). Die Gründungsmitglieder des IASC waren alle Mitarbeiter oder Partner bei einer der führenden Wirtschaftsprüfungsgesellschaften, deren Internationalisierung zeitgleich mit der IASC-Gründung einen neuen Höhepunkt erreichte. Sir Henry Benson, erster Vorsitzender des IASC (Juni 1973 - Juli 1976), war beispielsweise Seniorpartner bei Coopers & Lybrand, die ihr 173. ausländische Dependance im Gründungsjahr des IASC eröffneten (Walton, 2008). Ähnliche Beobachtungen ergeben sich für die übrigen Unterzeichner des Gesellschaftervertrags des IASC.

In der Terminologie von Institutionen und (regulatorischen) Pfaden bzw. Pfadabhängigkeiten ist die Gründung des IASC zu verstehen als die Entstehung einer neuen, pfaderzeugenden Institution (Djelic/Quack, 2007). Sie gestaltete sich als Forum, um nationale und sektorale Rechnungslegungsnormen zu artikulieren und zu diskutieren. Gleiches galt auch für die Auseinandersetzung mit den verschiedenen nationalen Rechnungslegungsphilosophien – prinzipiell ging es hierbei um die Auseinandersetzung mit der angelsächsischen und kontinentaleuropäischen Rechnungslegungstradition. Rechnungslegungsexperten wurde damit eine Plattform und eine Möglichkeit gegeben, Informationen auszutauschen und so ein besseres Verständnis für die Rechnungslegungspraktiken anderer Ländern zu erlangen. Das IASC entwickelte sich dadurch zu einem Sammelbecken für Ansätze und Ideen das übergeordnete Ziel zu erreichen, nämlich die Entwicklung neuer und global anwendbarer Rechnungslegungsstandards (Tamm Hallström, 2004). Die beabsichtigte Diffusion der neuen Standards sollte dabei weltweit die Qualität der Rechnungslegung verbessern und darüber hinaus der Forderung nach einer länderübergreifenden Vergleichbarkeit von Jahresabschlussdaten nachkommen. Die Wirtschaftsprüfungsunternehmen übernahmen also die Rolle eines *institutional* bzw. *policy entrepreneurs*.

Die Forcierung internationaler Standards war jedoch auch getrieben vom Eigeninteresse des Wirtschaftsprüferberufsstandes. Das Eigeninteresse entsprang einerseits dem ökonomischen Nutzen, den die Wirtschaftsprüfer wie auch ihre Klienten aus der Harmonisierung der Rechnungslegungsstandards realisieren würden. Eine fortschreitende Globalisierung der Unternehmensaktivitäten und Märkte verstärkte zudem abermals die ökonomischen Beweggründe eines einheitlichen Regelwerks. Daneben stellten die Bemühungen der EG, die Rechnungslegung zu harmonisieren, welche ebenfalls in den 1970er Jahren begannen, eine geeignete Möglichkeit bzw. einen Markt für die Wirtschaftsprüferbranche dar, ihre neuen Standards zu präsentieren. Andererseits verkörperte die Gründung des IASC ein Streben nach Autonomie und Selbstregulierung durch den Berufsstand der Wirtschaftsprüfer. Andere internationale Organisationen, wie beispielsweise die UN oder die OECD, befassten sich nämlich auch bereits mit dem Thema der internationalen Harmonisierung der Rechnungslegung. Das IASC konnte als Sprachrohr genutzt werden, um die prinzipiell angelsächsische Idee bzw. Art und Weise der Standardsetzung durch den Berufsstand gegenüber staatlichen Behörden durchzusetzen (Camfferman/Zeff, 2007). Darüber hinaus war das IASC Mittel zum Zweck, um den Einfluss der Wirtschaftsprüfer auf einen Sachverhalt zu sichern, dessen Regulierung großen Einfluss auf die Erbringung ihrer Dienstleistungen hatte.[63]

Die Intention der Standardsetzung des IASC unterschied sich wesentlich von der der UN oder der OECD, die sich ebenfalls die internationale Rechnungslegung auf die Agenda gesetzt hatten (Daley/Mueller, 1982; Camfferman/Zeff, 2007). Es bestanden nicht nur Unterschiede in der beabsichtigten Rolle, die die jeweiligen Institutionen in der Regulierung der internationalen Rechnungslegung einnehmen wollten. Während das IASC sich direkt der Standardsetzung widmete, nahmen die UN und die OECD eher eine indirekte Haltung ein. Ihr erstes Ziel bestand nicht in der Standardsetzung selbst, sondern darin, das öffentliche Interesse an der Standardsetzung zu wecken sowie zu beeinflussen. Daneben konzentrierte sich die UN auch nur auf die Entwicklung von Standards für Entwicklungsländer und die OECD lediglich auf Standards für bereits industrialisierte Länder, während es die Idee des IASC war – zumindest zu Beginn –

63 Als implizites Motiv für die Gründung des IASC wird auch die Schaffung eines Gegengewichts zu den Harmonisierungsbestrebungen der EG genannt, welche mit dem Eintritt Großbritanniens in die EG intensiviert wurden (Hopwood/Miller, 1994). Die Mitgliedschaft Großbritanniens veränderte den Gestaltungsspielraum für die Harmonisierung der Rechnungslegung in der EG. Die ersten Entwürfe für europäische Rechnungslegungsrichtlinien waren stark geprägt durch das kontinentaleuropäische Paradigma der Rechnungslegung. Für Großbritannien hätte die Umsetzung der Richtlinien in nationales Recht somit eine grundlegende Änderung der Rechnungslegungslandschaft bedeutet.

ein Standardset zu entwickeln, das für alle Typen von Ländern und Unternehmen passend ist. Dementsprechend war die Zielsetzung des IASC, das regulatorische Umfeld der internationalen Rechnungslegung durch die Wahrnehmung der Standardisierungsaufgabe entscheidend mitzuprägen, weitreichender angelegt als bei den beiden anderen Organisationen. Die Mitglieder des IASC stellten jedoch im Laufe der Zeit fest, dass die Realisierung allgemeingültiger Standards ein zu anspruchsvolles Projekt darstellte. Die Zielsetzung wurde auf die vorrangige Entwicklung von Standards für Kapitalmärkte und kapitalmarktorientierte Unternehmen reduziert (Flower, 2004).[64]

Um bei der Harmonisierung der Rechnungslegung und Erreichung einer berufsständischen Selbstregulierung auf internationaler Ebene erfolgreich zu sein, war die Integration unterstützender und legitimierender Partner notwendig, da Expertenwissen allein nicht ausreicht, um die erforderliche Legitimation herzustellen. Letzten Endes stellen die Bestrebungen des IASC tiefe Eingriffe in Bereiche der nationalen Souveränität dar, insbesondere für die kontinentaleuropäischen Länder (z. B. Schildbach, 1986; Feldhoff, 1994). Außerdem konnten die Wirtschaftsprüfer, die sich um das IASC organisierten, im Gegensatz zu den anderen politischen Organisationen nicht auf ein bereits existierendes Netzwerk an zentralen und legitimierenden Akteuren zurückgreifen, die ihre Idee teilen bzw. unterstützen würden. Dadurch sah sich das IASC nicht nur der Herausforderung gegenüber, qualitativ hochwertige Rechnungslegungsstandards für den internationalen Gebrauch zu erstellen (Samuels/Piper, 1985), sondern ebenfalls der Aufgabe, Verbindungen zu nationalen Akteuren aufzubauen, um ihre Idee der Standardsetzung zu verbreiten sowie das IASC als transnationalen Standardsetzer zu legitimieren. Erforderliche Nebenbedingung zur Erreichung ihrer Zielsetzung war es also, ein effektives Netzwerk zu bilden.

---

64 Die Fähigkeit von Entrepreneuren Alternativlösungen anzustreben, wenn diese eine höhere Chance auf Realisation haben als die ursprüngliche Zielsetzung, wird auch als ein wesentlicher Erfolgsfaktor im Prozess der Pfadkreation gesehen (Garud/Karnøe, 2001: 7).

4.3 Emergenz eines transnationalen Standardsetzungsnetzwerkes in der Rechnungslegung: eine soziale Netzwerkanalyse

4.3.1 Untersuchungsdesign und Länderfallauswahl

Die Entwicklungen des internationalen Standardsetzungsnetzwerkes in der Rechnungslegungsregulierung sollen mit Hilfe der sozialen Netzwerkanalyse dokumentiert und rekonstruiert werden. Untersuchungsgegenstand der Netzwerkanalyse sind die sechs Länder Deutschland, Frankreich, Großbritannien, Japan, Kanada und USA. Die kumulierte Marktkapitalisierung der sechs Länder entspricht einem beträchtlichen Anteil an der Weltmarktkapitalisierung, es besteht ein ausgeglichenes Verhältnis zwischen den beiden Rechnungslegungstraditionen, und die Länder unterscheiden sich hinsichtlich der Zugehörigkeit zur EU. Insgesamt soll dadurch ein ausgewogenes Ländersample geschaffen werden, das alle qualitativen Unterschiede zwischen den Ländern umfasst.

Rückblickend auf Kapitel 4.1 soll mittels sozialer Netzwerkanalyse das Netzwerkwachstum während der Entwicklungs- bzw. Entrepreneurphase nachgezeichnet werden sowie die Veränderungen innerhalb der Akteurskonstellation. Ausgehend davon sollen Rückschlüsse gezogen werden, inwieweit die Veränderungen sich auf die Legitimität des IASB ausgewirkt haben, sich darin die Verbreitung der vom IASC/IASB entwickelten Ideen der Regulierung widerspiegelt und letztendlich die Veränderungen dem allgemeinen Erfolg des IASB zuträglich waren, die internationale Rechnungslegungslandschaft zu prägen. Mittels der Ergebnisse soll der beobachtbaren Konvergenz in der Rechnungslegung ein weiterer erklärender Teilaspekt hinzugefügt werden und zusätzlich soll hervorgehoben werden, in welchem Umfang das vom IASC/IASB gebildete Netzwerk einen Beitrag dazu geleistet hat. Insbesondere beleuchtet die netzwerkanalytische Vorgehensweise aber auch, warum zwischen ersten Bemühungen und Debatten über die internationale Vereinheitlichung der Rechnungslegung und ersten Prozessen der Konvergenz ein so beträchtlicher Zeitraum lag.

Der überwiegende Teil der Daten für die Netzwerkanalyse wurde der Fachliteratur entnommen, die sich mit der historischen Entwicklung der Standardsetzung in den sechs Ländern wie auch auf der internationalen Ebene des IASC/IASB beschäftigt (z. B. Ordelheide/KPMG, 2001; Choi/Meek, 2008; Nobes/Parker, 2008; Zimmermann *et al.*, 2010). Darüber hinaus wurden die Internetseiten der jeweiligen Standardsetzer nach weiteren Informationen hinsichtlich bestehender und historischer Beziehungen zu anderen an der Standardsetzung beteiligten Akteuren durchsucht. Das Spektrum der Akteure, die in die Netzwerkanalyse eingegangen sind, wurde auf gouvernementale und zivilgesellschaftliche Akteure beschränkt (allgemein zu den Akteuren Beisheim *et al.*, 2011: 15 ff.), da lediglich diese Akteure auf nationaler Ebene in den Prozess der Standardsetzung involviert sind. Privatwirtschaftliche Akteure (Lobbying-Gruppen), wie beispielsweise Wirtschaftsprüfungsunternehmen, wurden nicht explizit in die Untersuchung einbezogen, da davon auszugehen ist, dass die Interessen dieser Akteure indirekt über die jeweiligen nationalen Berufsverbände im Netzwerk repräsentiert sind. Diese Einschränkungen bilden die Grenzen des Netzwerkes und definieren zugleich ein festes Sample an Akteuren, die im Entwicklungsprozess des Netzwerkes berücksichtigt werden. Tabelle 11 fasst die unterschiedlichen Typen an Akteuren im Hinblick auf Ebene und Ausprägung zusammen.

Tabelle 11: In die Netzwerkanalyse einbezogene Akteure nach Ebene und Ausprägung; Quelle: angelehnt an Beisheim et al. (2011: 16)

Typs	National	International	Einbezogen
Gouvernementale Akteure	Staat	Trans-/supranationale Institutionen	Ja
Zivilgesellschaftliche Akteure	Verbände/Vereine	Transnationale Organisationen	Ja
Privatwirtschaftliche Akteure	Nationale Unternehmen	Multinationale Unternehmen	Nein

Die Verbindungen zwischen den Akteuren wurde nach der *link-tracing* Methode ermittelt, d.h. es wurde untersucht, ob zwischen einem Akteur und den jeweils anderen Akteuren des Samples eine Verbindung besteht oder nicht (Spreen, 1992). Diesbezüglich wurde jegliche Form des Beziehungsverhältnisses in den *link-tracing* Prozess einbezogen. Die Bandbreite der betrachteten Beziehungen rangiert daher zwischen Beratung, Mitwirkung und Kommentierung im Standardsetzungsprozess über Kooperationen und Partnerschaften zwischen Akteuren bis hin zu direkten Mitgliedschaft in Institutionen und der Ernennung und Wahl von Mitgliedern. Es wurde also jegliche Art der Verbundenheit in die Netzwerkanalyse einbezogen. Formalisiert wurden die Beziehung in der einfachsten Darstellungsform, nämlich binär und ungerichtet, d. h. es handelt sich insgesamt um eine symmetrische Darstellung des Beziehungsgeflechts zwischen den Akteuren. Diese Methode beschränkt den analytischen Handlungsspielraum auf die Offenlegung der sich gebildeten Beziehungen zwischen Akteuren, den möglichen Kommunikationskanälen, durch welche die Ideen des IASC/IASB diffundieren können und wie sich das generelle Beziehungsgefüge im Zeitablauf verändert hat. Dieses einfache Vorgehen kann jedoch dadurch gerechtfertigt werden, dass die Darstellung von Macht- und Kontrollpositionen, für die eine detaillierte Analyse erforderlich wäre, außerhalb des Untersuchungsrahmens dieser sozialen Netzwerkanalyse liegt.

Die vergleichende Analyse der Entwicklungen des Netzwerkes bezieht sich auf drei Zeitpunkte: 1973, 2001 und 2010. Die Analyse für das 1973-Netzwerk teilt sich auf in einen analytischen Part mit und ohne das IASC als Akteur. Insgesamt werden drei paarweise Vergleiche vorgenommen: das prä-IASC Netzwerk, welches durch das einfache Ausblenden des IASC konstruiert wird, und das 1973-Netzwerk werden miteinander verglichen, um die Bedeutung der IASC Gründung im Jahr 1973 für die internationale Standardsetzung der Rechnungslegung aufzuzeigen. Anschließend wird das 1973-Netzwerk mit dem 2001-Netzwerk verglichen. Das 2001-Netzwerk wurde als Bezugspunkt der Netzwerkanalyse gewählt, da das IASC in diesem Jahr einen grundlegenden Restrukturierungsprozess beendete und zudem einen wesentlichen Durchbruch hinsichtlich der Anerkennung ihrer Rechnungslegungsstandards verzeichnen konnte. Das 2001-Netzwerk wird wiederum verglichen mit dem „aktuellen“ Standardsetzungsnetzwerk (2010-Netzwerk), um festzustellen, ob das Netzwerk nach dem Erreichen eines effektiven und legitimierten Zustandes stabil geblieben ist. Der Vergleich lehnt sich an Börzel (2011: 254) an, die Politiknetzwerke als relativ stabile Beziehungsgefüge zwischen Akteuren definiert.

Aus analytischen Zwecken wird bei der Netzwerkanalyse nicht nur das Gesamtnetzwerk diskutiert werden, sondern ebenfalls auf Teilbereiche (Subnetzwerke), eingegangen. Die Analyse der Subnetzwerke soll zusätzlichen Aufschluss darüber geben, in welchem Umfang die Änderungen in den Akteurskonstellationen der Netzwerke eine Diffusion der vom IASC/IASB entwickelten Politikideen bewirkt haben und *vice versa*. Zum einen werden die jeweiligen nationalen Standardsetzungsnetzwerke sowie das EU-Netzwerk näher beleuchtet, zum anderen wird das egozentrische Netzwerk des IASC/IASB untersucht (siehe Abbildung 8). Das egozentrische Netzwerk des IASC/IASB umfasst dabei diejenigen Akteure, welche sich in dessen direkter Umgebung befinden, was einer Distanz zwischen den Akteuren von 1 gleicht. Eine Erklärung zu dieser netzwerkanalytischen Maßzahl folgt in Tabelle 12. Die Untersuchung des egozentrischen Netzwerkes soll insbesondere darüber Aufschluss geben, inwieweit dem IASC/IASB von zweckmäßigen nationalen und internationalen Akteuren Bedeutung beigemessen wird. Außerdem soll die Untersuchung der Akteurskonstellation des egozentrischen Netzwerkes darüber informieren, inwiefern diese zur strukturellen Legitimierung des IASC/IASB beigetragen hat. Wie die späteren Netzwerkabbildungen zeigen werden, handelt es sich bei dem egozentrischen Netzwerk um den eigentlichen Kern des internationalen Standardsetzungsnetzwerkes.

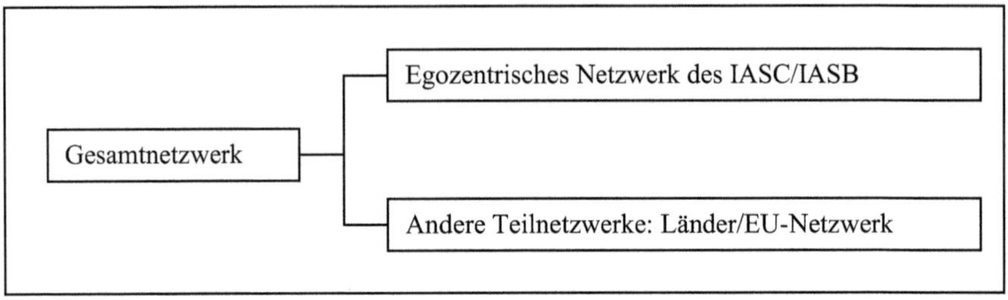

Abbildung 8: Zusätzlich analysierte Teile des Gesamtnetzwerke (Subnetzwerke); Quelle: eigene Darstellung

Die qualitative Analyse der strukturellen Änderungen und der Vergleich der Netzwerke werden zusätzlich unterstützt und ergänzt durch weitere grundlegende Maßgrößen der sozialen Netzwerkanalyse, die ebenfalls in Tabelle 12 aufgelistet sind. Die quantitativen Kenngrößen informieren über die Informationsdiffusions- und Informationsverarbeitungseigenschaften des Netzwerkes sowie über die Positionierung von Akteuren innerhalb des Netzwerkes, welche sich auf deren Funktion in der Verbreitung von (Politik-)Ideen bezieht.

Tabelle 12: Definition grundlegender Maßgrößen der sozialen Netzwerkanalyse

Maßgröße	Definition	Einfluss auf soziales Lernen
Durchschnittliche Distanz	Distanz ist eine Messgröße des sozialen Zusammenhalts (Kohäsion) im Netzwerk. Die durchschnittliche Distanz als Makro-Charakteristikum eines Netzwerks entspricht dem Durchschnitt aller geodätischen Pfade zwischen allen Akteurspaaren im Netzwerk und deutet darauf hin, wie eng die Akteure miteinander verbunden sind (z. B. Scott, 2005).	Je größer die durchschnittliche Distanz, desto weniger direkte Verbindungen existieren zwischen Akteuren und desto länger dauert die Diffusion von Informationen und Ideen über das Netzwerk. Soziales Lernen wird verzögert bzw. erschwert.

Fortsetzung nächste Seite

Maßgröße	Definition	Einfluss auf soziales Lernen
Betweeness	*Betweeness* ist ein Zentralitätsmaß. Zentralitätsmaße beschreiben im Allgemeinen strukturelle Attribute von Akteuren und geben Aufschluss über deren (strategische) Position im Netzwerk. Diesbezüglich misst *Betweeness* die vermittelnde Stellung eines Akteurs im Netzwerk, indem gemessen wird, wie häufig sich ein Akteur auf dem kürzesten Pfad zwischen zwei anderen Akteuren befindet (Freeman, 1977). Insgesamt findet also eine Bewertung der Pfade statt, die *über* einen Akteur laufen.	Je größer der *Betweeness*-Faktor eines Akteurs, desto öfter tritt der Akteur als (Informations-) Mediator im Netzwerk in Erscheinung.
Maximale Distanz	Die maximale Distanz bzw. der Durchmesser eines Netzwerkes ergibt sich aus der größten Distanz zwischen zwei Akteuren im Netzwerk. Der Durchschnitt gibt folglich die Ausdehnung eines Netzwerkes an sowie wie viele Schritte notwendig sind, um das Netzwerk zu durchqueren (z. B. Jansen, 2006).	Je größer der Durchmesser, desto länger dauert es, bis Ideen und Informationen das Netzwerk durchqueren, gemessen von einem Ende zum anderen. Soziales Lernen wird verzögert bzw. erschwert.
Durchschnittliche Anzahl an Akteursrelationen	Die Betrachtung der Anzahl an Beziehungen, die ein Akteur unterhält, rückt dessen Verhältnis zu seiner (sozialen) Umgebung in den Fokus. Diese Maßzahl stellt daher einen Indikator für das Potential eines Akteurs dar, einen (Ideen-)Austausch mit anderen Akteuren vorzunehmen oder sonstige Aktivitäten anzustoßen bzw. einzuleiten (Freeman, 1979). Die durchschnittliche Anzahl an Relationen spiegelt somit die mittlere Größe der Akteursumgebung wider, über die ein Akteur verfügt. Insgesamt findet also eine Bewertung der Pfade statt, die *von* einem Akteur ausgehen.	Je größer die durchschnittliche Anzahl an Akteursrelationen, desto mehr ein- und ausgehende Verbindungen haben die Akteure im Durchschnitt, desto einfacher ist die Kommunikation von Ideen und Informationen in die (soziale) Umgebung. Soziales Lernen wird unterstützt bzw. erleichtert.
Netzwerkdichte	Die Netzwerkdichte ist eine Verhältniszahl, die als Indikator für den Grad paarweiser Verbindungen innerhalb eines Netzwerkes dient. Diesbezüglich wird die Anzahl vorhandener Beziehungen durch die Anzahl aller theoretisch möglichen Beziehungen geteilt (z. B. Scott, 2005). Diese Messgröße kennzeichnet somit den Grad an Kooperation und Aktivität im Netzwerk.	Je geringer die Netzwerkdichte, desto grobmaschiger ist das Netzwerk, desto geringer ist das Beziehungsverhältnis von Akteuren bzw. die Geschwindigkeit der Informationsdiffusion zwischen Akteuren. Soziales Lernen wird verzögert bzw. erschwert.

4.3.2 Entstehung transnationaler Strukturen in der Rechnungslegungsregulierung

Abbildung 9 veranschaulicht die jeweiligen Standardsetzungsnetzwerke der sechs betrachteten Länderfälle vor der Gründung des IASC im Jahr 1973. Die Grafik zeigt, dass die Anzahl wie auch der Typ der Akteure, die in den jeweiligen nationalen Standardsetzungsprozess eingebettet sind, variiert. Die Akteursanzahl rangiert zwischen zwei Akteuren in Großbritannien und bis zu sechs Akteuren in den USA. Bezüglich der USA ist anzumerken, dass die US-amerikanische Regierung wie auch die SEC im Jahr 1973 nicht mehr wirklich in den Standardsetzungsprozess eingebunden waren, sondern lediglich eine konstituierende Aufgabe hatten. Ihr Engagement beschränkte sich darauf, anderen Institutionen die Verantwortung für die Standardsetzung zu übertragen: Die US-amerikanische Regierung hatte die SEC mit Beschluss des *Securities Act* von 1933 und dem *Securities and Exchange Act* von 1934 damit beauftragt, die Organisation der Rechnungslegung zu übernehmen, und die SEC delegierte diese Verantwortung im Jahr 1973 letztendlich an das FASB, einen zivilgesellschaftlichen Akteur. Alleinstellungsmerkmal von Kanada ist, dass die Standardsetzung nicht von dem Berufsstand der Wirtschaftsprüfer getrennt wurde.

Trotz der Unterschiede zwischen den sechs Ländern reflektiert die Netzwerksabbildung die ländertypische Dichotomie der Standardsetzung. Während in den angelsächsischen Ländern zivilgesellschaftliche Akteure für die Standardsetzung verantwortlich sind, stellen in den kontinentaleuropäischen Ländern bzw. bezüglich der Rechnungslegung kontinentaleuropäisch geprägte Ländern wie Japan gouvernmentale Akteure die Hauptakteure im Standardsetzungsprozess dar (z. B. Volmer *et al.*, 2007; Nobes/Parker, 2008; Zimmermann *et al.*, 2010). Die jeweiligen Hauptakteure sind in der Netzwerkgrafik durch graue Knotenpunkte markiert. Ein nach nationaler (Länder) und internationaler Ebene geordnetes Abkürzungsverzeichnis der Akteure, die in der Netzwerkanalyse vorkommen, findet sich zur besseren Übersicht in Anhang 1.

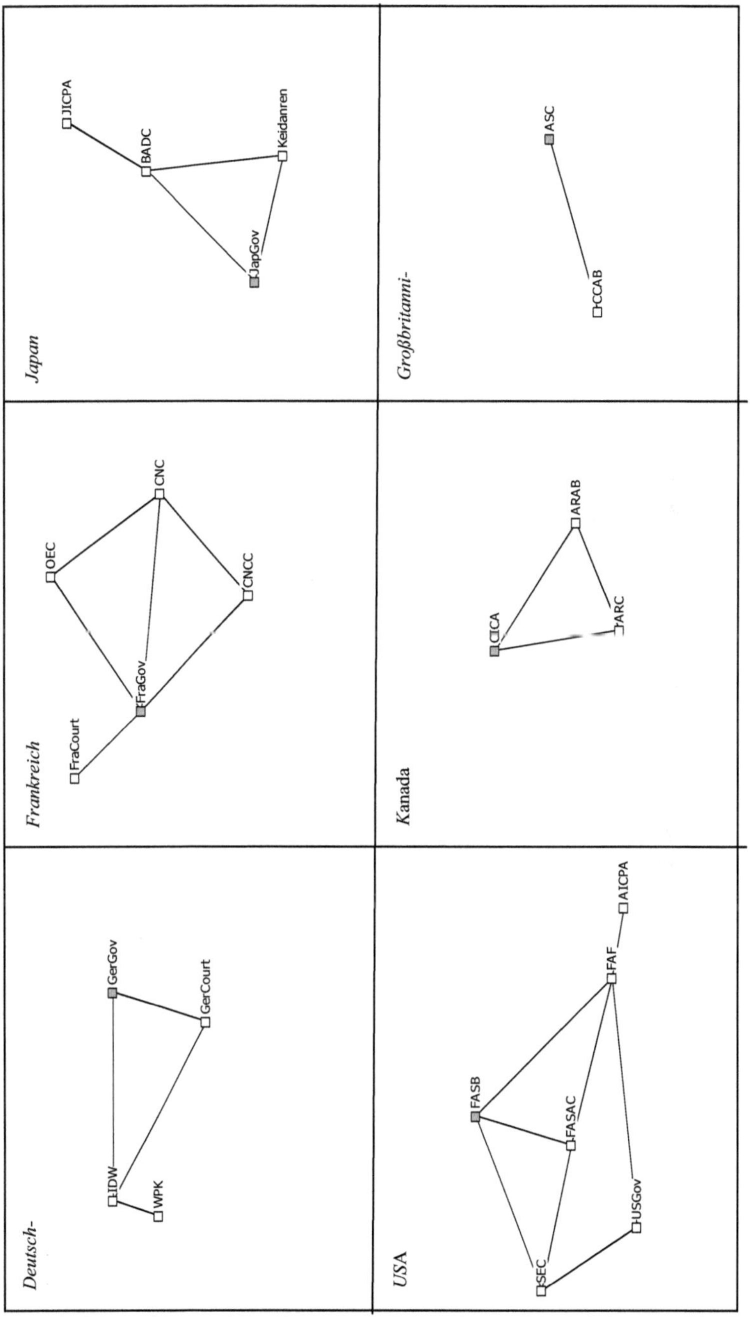

Abbildung 9: Nationale Standardsetzungsnetzwerke vor der IASC Gründung (graue Knotenpunkte: standardsetzende Akteure); Quelle: eigene Darstellung

Abbildung 9 offenbart des Weiteren, dass es sich bei den regulatorischen Rechnungslegungslösungen um lokale Einzellösungen handelte, obwohl die gegenseitige Bedeutung sowie Interdependenz als ökonomische und finanzielle Zentren zwischen den sechs Ländern stetig gestiegen war. Es existierte weder eine offenkundige Verbindung zwischen den jeweiligen nationalen Standardsetzungsakteuren, noch gab es eine übergeordnete Institution in der Form eines internationalen Akteurs, der die Standardsetzungsaktivitäten zwischen den Ländern koordinierte und auf eine Angleichung hinwirkte. Daher erfolgte die Regulierung der Rechnungslegung in jedem Land in einem geschlossenen System, was in einem starken Kontrast stand zur fortschreitenden Integration der Märkte sowie zu grenzüberschreitenden Zusammenschlüssen von Unternehmen. Abbildung 9 zeigt daher deutlich die Existenz eines strukturellen Lochs (definitorisch Burt, 1995) oder auch *institutional void* (Djelic/Quack, 2007) hinsichtlich der internationalen Rechnungslegungsregulierung zu Beginn der 1970er Jahre.

Strukturelle Löcher beschreiben fehlende oder nur schwach ausgebildete Beziehungen zwischen Akteuren. Akteure, die diese Löcher strategisch besetzen, können dadurch aufgrund ihrer Position Vorteile gegenüber anderen Akteuren in der sozialen Struktur (Netzwerk) erlangen. Diese Vorteile resultieren zum einen aus besseren Kontroll- und Monitoringmöglichkeiten sowie einer möglichen Informationsarbitrage. Darüber hinaus ist ein „überbrückender" Akteur in der Lage, Ideen und Informationen zwischen Akteuren zu streuen und zu zirkulieren (Burt, 1995; Burt, 2004). Die Gründung des IASC im Jahre 1973 füllte dementsprechend die bestehende institutionelle Lücke auf internationaler Ebene aus und schaffte einen gemeinschaftlichen Fixpunkt für internationale Rechnungslegungsexperten (Djelic/Quack, 2007). Burt (1998: 11) versteht solche Akteure, die qualifiziert und geschickt genug sind, strukturelle Löcher zu erkennen und durch Verbindung zu anderen Akteuren zu überspannen, als *Entrepreneur* im schumpeterianischen Verständnis. Abbildung 10 zeigt einerseits, welche strukturellen Auswirkungen die Gründung des IASC hatte, und andererseits, dass dessen Gründung zur Bildung eines sternförmig aufgebauten Netzwerkes geführt hat. Die sternförmige Struktur gilt im Wesentlichen für das egozentrische Netzwerk des IASC. Davon unabhängig fungiert das IASC als Verbindungsstück bzw. Intermediär zwischen den jeweiligen Rechnungslegungssystemen.

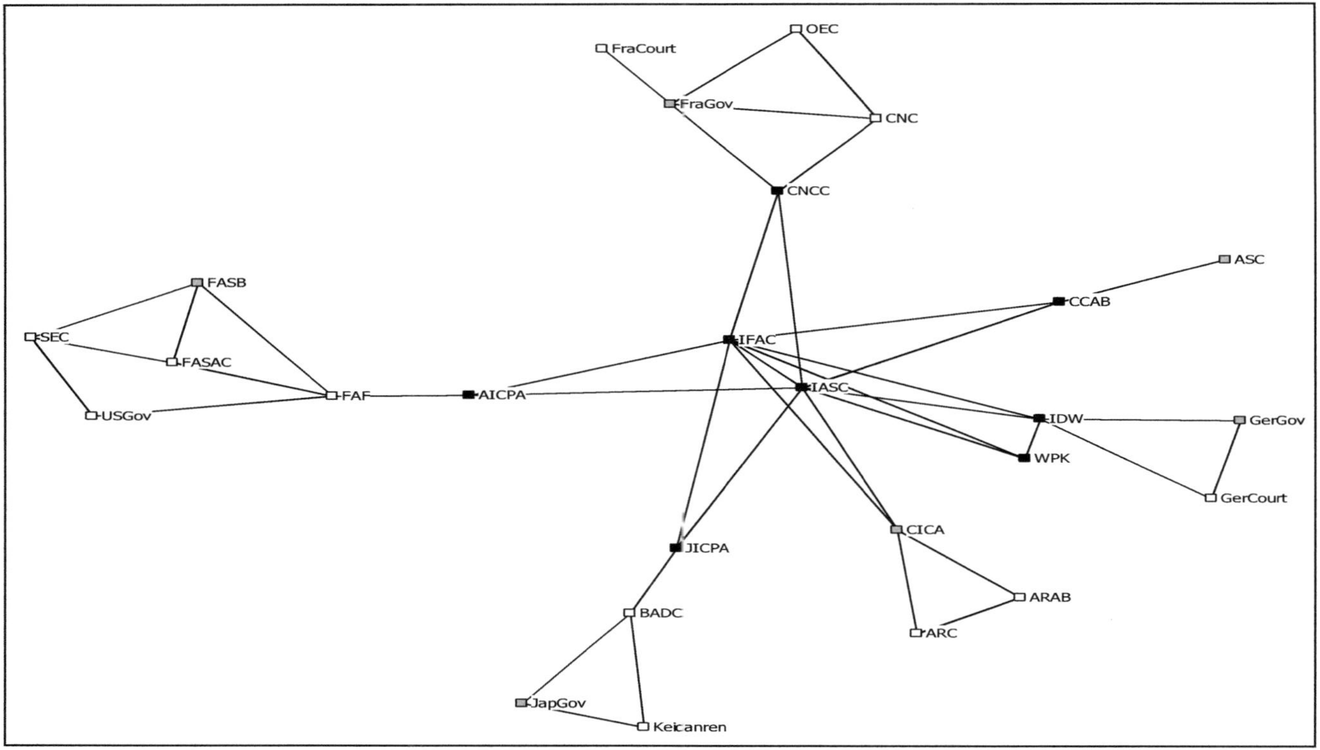

Abbildung 10: Internationales Netzwerk der Rechnungslegungsstandardsetzung nach Gründung des IASC im Jahr 1973 (graue Knoten: standardsetzende Akteure, schwarze Knoten: Akteure im egozentrischen Netzwerk des IASC); Quelle: eigene Darstellung

Tabelle 13 fasst grundlegende Kennzahlen über das egozentrische Netzwerk des IASC sowie das Gesamtnetzwerk zusammen. Das egozentrische Netzwerk, das zu diesem Zeitpunkt den Kern des internationalen Standardsetzungsnetzwerkes darstellt, besteht aus insgesamt neun Akteuren, von denen das IASC und die *International Federation of Accountants* (IFAC) die beiden internationalen Akteure sind. Die übrigen Akteure sind die jeweiligen nationalen berufsständischen Organisationen. Das egozentrische Netzwerk setzt sich somit überwiegend aus nationalen zivilgesellschaftlichen Akteuren zusammen. Des Weiteren ist zu erkennen, dass sich das Netzwerk ausschließlich aus Akteuren des näheren Umfeldes des IASC besteht, da die berufsständischen Organisationen zugleich auch Gründungsmitglieder des IASC sind. Diese Beobachtung ist allerdings typisch für Netzwerke von Entrepreneuren in der Frühphase, deren soziales Netz sich zu diesem Zeitpunkt zumeist aus „Freunden" und „Bekannten" zusammensetzt (zu *entrepreneurial firm networks* Birley, 1985).

Das egozentrische Netzwerk beinhaltet ein Drittel aller im Gesamtnetzwerk partizipierenden Akteure, welches aus insgesamt 26 Akteuren besteht. Die durchschnittliche Distanz zwischen den Akteuren im Kernnetzwerk beträgt 1,6 und im Gesamtnetzwerk 3,5. Beide Netzwerke weisen eine nahezu identische durchschnittliche Anzahl an Akteursrelationen auf: Die Akteursrelationen im egozentrischen Netzwerk betragen im Durchschnitt 3,6 bzw. im Gesamtnetzwerk 3,2. Obwohl der Grad der Zentralität damit in beiden Netzwerken relativ gleich ist, wird die Möglichkeit des direkten Ideen- und Informationsaustausches zwischen den Akteuren des Gesamtnetzwerkes durch die Distanz der Akteure zueinander beschränkt. Hingegen können Akteure im egozentrischen Netzwerk über ihren direkten Nachbarn (IASC oder IFAC) nahezu mit jedem anderen Akteur des Kernnetzwerkes kommunizieren. Die relative Frequenz und Effizienz des Ideen- und Informationsaustausches ist somit vergleichsweise höher als im Gesamtnetzwerk (ähnlich Sandström/Carlsson, 2008).

Tabelle 13: Deskriptive Statistik für das 1973-Netzwerk des IASC; Quelle: eigene Berechnungen

	Egozentrisches Netzwerk 1973	Gesamtnetzwerk 1973
Akteure	9	26
- internationale Ebene[65]	2	2
- nationale Ebene	7	24
Akteure in % des Gesamtnetzwerkes	35 %	100 %
Anzahl Verbindungen[66]	32	82
Durchschnitt Akteursrelationen	3.6	3.2
Durchschnittliche Distanz	1.6	3.5
Netzwerkdichte	44 %	13 %

Die Netzwerkdichte des egozentrischen Netzwerks beträgt 44 Prozent, und die Dichte des Gesamtnetzwerks beträgt 13 Prozent. Im Vergleich zueinander sind die Akteure im 1973-Netzwerk verglichen mit den Akteuren im Kernnetzwerk relativ lose miteinander verbunden. Dieses ist jedoch auf die allgemeinen strukturellen Eigenschaften des Netzwerkes zurückzuführen. Die Gründung des IASC hat zwar Akteure miteinander verbunden, jedoch hat das IASC nicht zu *jedem* Akteur des jeweiligen nationalen Standardsetzungsnetzwerkes eine Beziehung aufgebaut. Das IASC fungiert hingegen eher als Knotenpunkt zwischen den Ländern, wie bereits die sternförmige Struktur des Netzwerkes zeigt (*hub-and-spoke type network*). Diese strukturelle Eigenschaft erklärt mithin auch die großen Unterschiede in der Dichte zwischen dem egozentrischen Netzwerk und dem Gesamtnetzwerk, da mit einer zunehmenden Zahl an Akteuren die Zahl der möglichen Verbindungen zwischen ihnen exponentiell ansteigt. Folglich würde die Entstehung bzw. das Hinzukommen neuer Akteure sowohl auf der nationalen als auch auf der internationalen Ebene des Netzwerkes dementsprechend die Netzwerkdichte weiter verringern, sofern der neue Akteur lediglich zu einer kleinen Gruppe existierender Akteure Verbindungen unterhält, beispielsweise nur zum IASC.

65 Obwohl das IFAC erst im Jahre 1977 gegründet wurde, wurde es bereits in die Netzwerkdarstellung und –analyse einbezogen, da das IFAC seit seiner Gründung eine enge Verbindung zum IASC unterhielt.

66 Die Verbindungen zwischen den Akteuren wurden doppelt gezählt, um die Beziehungen zwischen eben diesen als ein- und ausgehenden Fluss von Ideen und Informationen darzustellen.

Das IASC hat mit insgesamt acht Verbindungen zu anderen Akteuren die höchste Anzahl an Verbindungen aller Akteure im Gesamtnetzwerk. Prozentual gesehen entspricht dieses einer Verbundenheit mit 35 Prozent aller Akteure im Netzwerk. Das ausgeprägte Beziehungsnetz des IASC unterstreicht damit dessen zentrale Position in dem neu entstandenen Netzwerk. Als *hub* fungiert das IASC als zentrales Kommunikationsinterface zwischen den verschiedenen *spokes*, was in diesem Fall die jeweiligen nationalen Berufsorganisationen sind sowie als zentraler Koordinator von Standardsetzungsaktivitäten. Weitaus bedeutender ist jedoch, dass das IASC erstmals Rechnungslegungsakteure aus den bis dahin größten Industrienationen sowie aus unterschiedlichen Rechnungslegungstraditionen institutionell zusammenführte, um an einer *gemeinsamen* internationalen Regulierung der Rechnungslegung zu arbeiten.

Die Gründungsmitglieder des IASC verständigten sich dementsprechend auf ihre Funktion als dessen Vermittler und Sprachrohr auf der nationalen Ebene, um so das öffentliche Interesse für die Arbeiten und Bestrebungen des IASC zu wecken (Camfferman/Zeff, 2007). Diesbezüglich boten sich den nationalen Berufsverbänden der Wirtschaftsprüfer eine Vielzahl möglicher Einfluss- und Kommunikationskänale (z. B. Zimmermann *et al.*, 2008). Erstens übernahmen die nationalen Berufsverbände in der Regel die Aus- und Weiterbildung des Berufsstandes. Dieses ermöglichte es ihnen, neue fachliche Erkenntnisse und Sichtweisen von der internationalen Ebene auf die nationale Ebene zu überführen und zu diskutieren. Zweitens war es den meisten Mitglieder der berufsständischen Organisationen durch ihre Tätigkeit in großen Wirtschaftsprüferunternehmen möglich, (international agierende) Unternehmen für die Arbeit des IASC zu interessieren und für deren Unterstützung zu werben. Drittens waren die berufsständischen Organisationen, wie Abbildung 9 zeigt, in den nationalen Prozess der Standardsetzung integriert. Sie wirkten beispielsweise bei der Entwicklung neuer Rechnungslegungsregeln mit, wie auch bei deren Weiterentwicklung durch Interpretation bestehender Standards. Diese gab dem Berufsstand der Wirtschaftsprüfer auch direkt die Gelegenheit, neue Ideen in die Standardsetzung einzubringen und tradierte Denkstrukturen über Rechnungslegungsinhalte sowie Prozessstrukturen der Standardsetzung aufzubrechen.

Folglich waren die Wirtschaftsprüfer imstande, auf nationaler Ebene Politiklernen anzustoßen und zu lenken. Der Lernprozess ist hierbei mehrstufig Prozess: Zunächst gestaltet sich dieser als gegenseitiger Lernprozess auf Ebene des IASC, von dort aus trägt sich das Lernen dann über die nationalen Brückenköpfe (berufsständische Organisationen) weiter zu den anderen Akteuren, die in das nationale Standardsetzungsnetzwerk eingebettet sind. Ein solcher Lernprozess war für das IASC in zweierlei Hinsicht relevant. Zunächst schien der Lernprozess zur Diffusion der Ideen des IASC, welche durch die veröffentlichten Standards und die Art und Weise der Organisation der Rechnungslegung verkörpert wurden, beigetragen zu haben. Des Weiteren erlaubte es der Prozess dem IASC, Anerkennung und Legitimität für dessen Bemühung um eine internationale Rechnungslegungsharmonisierung insbesondere gegenüber den nationalen Standardsetzungsakteuren zu schaffen. Dieses war notwendig, da Unternehmen gewöhnlicherweise die anzuwendenden Rechnungslegungsstandards nicht frei wählen konnten, sondern verpflichtet waren, die jeweiligen nationalen Regeln anzuwenden. Auf nationaler Ebene ein gesellschaftliches wie politisches Bewusstsein für die Arbeit des IASC zu schaffen, galt somit als zentrale Voraussetzung sowohl für die Verbreitung der Ideen des IASC als auch für den Erfolg des Netzwerkes im Allgemeinen.

4.3.3 Vergleich der Netzwerkstrukturen von 1973 und 2001

4.3.3.1 Darstellung der Veränderungen im Gesamtnetzwerk

Abbildung 11 zeigt das internationale Standardsetzungsnetzwerk in 2001, dem Jahr, in dem sich der Durchbruch der internationalen Standards (IAS/IFRS) abzeichnete. Bereits ein einfacher visueller Vergleich zwischen dem 1973-Netzwerk (vgl. Abbildung 10) und dem 2001-Netzwerk macht deutlich, dass das Netzwerk sich wesentlich verändert hat. Die Änderungen beziehen sich zum einen auf einen Zuwachs an Komplexität in den nationalen und internationalen Subnetzwerken und zum anderen auf Veränderungen der in den jeweiligen Netzwerkteilen partizipierenden Akteurstyps.

Tabelle 14 stellt die wesentlichen Netzwerkdaten des 1973-Netzwerkes und des 2001-Netzwerkes gegenüber, um die Veränderungen quantitativ zu charakterisieren. Die Gesamtzahl der am Netzwerk angeschlossenen Akteure ist im egozentrischen Netzwerk von neun auf 15 Akteure gestiegen und im Gesamtnetzwerk von 26 auf 45 Akteure. Trotz dieses sprunghaften Anstiegs ist der Anteil der Akteure im egozentrischen Netzwerk relativ konstant geblieben, d. h. das egozentrische Netzwerk und das Gesamtnetzwerk sind im gleichen Umfang gewachsen. Bemerkenswert ist insbesondere der Zuwachs an Internationalität der Akteure. Das Verhältnis von internationalen zu nationalen Akteuren ist im egozentrischen Netzwerk von circa 1:4 im Jahr 1973 auf ein nahezu paritätisches Verhältnis im Jahr 2001 gestiegen. Gleichermaßen ist dieses Akteursverhältnis im Gesamtnetzwerk von 1:12 im Jahr 1973 auf näherungsweise 1:5 in 2001 gestiegen.

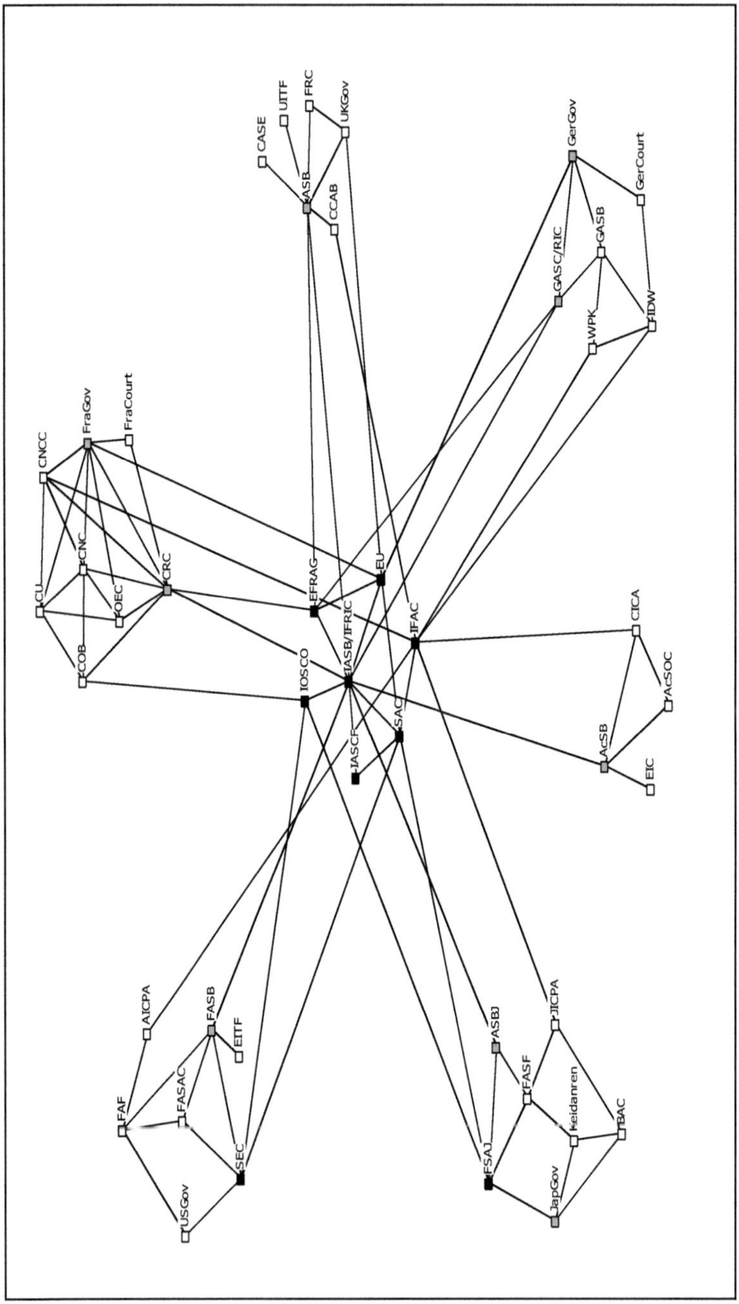

Abbildung 11: Internationales Netzwerk der Rechnungslegungsstandardsetzung im Jahr 2001 (graue Knoten: standardsetzende Akteure, schwarze Knoten: Akteure im egozentrischen Netzwerk des IASC); Quelle: eigene Darstellung

Tabelle. 14: Quantitativer Vergleich der Netzwerkstrukturen von 1973 mit 2001: Quelle: eigene Berechnungen

	Egozentrisches Netzwerk		Gesamtnetzwerk	
	1973	2001	1973	2001
Akteure	9	15	26	45
- internationale Ebene	2	7	2	7
- nationale Ebene	7	8	24	38
Akteure in % des Gesamtnetzwerkes	35 %	33 %	100 %	100 %
Anzahl Verbindungen	32	48	82	176
Durchschnitt Akteursrelationen	3.6	3.2	3.2	4
Durchschnittliche Distanz	1.6	2	3.5	3.0
Netzwerkdichte	44 %	23 %	13 %	9 %

Die Komplexitätszunahme offenbart sich ebenfalls im Hinblick auf die Durchschnittswerte des Akteursnetzwerkes. In Bezug auf das egozentrische Netzwerk ist der Durchschnitt der Akteursrelationen verglichen mit dem Jahr 1973 von 3,6 auf 3,2 Beziehungen je Akteur gesunken, und die durchschnittliche Distanz zwischen den Akteuren ist von 1,6 auf 2,0 gestiegen. Dieses zeigt sich auch in der Netzwerkdichte, die von 44 Prozent auf 23 Prozent abgenommen hat, d. h., die Anzahl der Akteursbeziehungen ist nicht im gleichen Umfang gewachsen wie die Anzahl der Akteure im Netzwerk. Erkennbar ist ebenfalls, dass das IASB zum alleinigen Verbindungspunkt zwischen den Akteuren des egozentrischen Netzwerkes avanciert ist. Zuvor gab es zwei Verbindungsakteure, über die die anderen Akteure einander erreichen konnten: das IASC sowie das IFAC. Infolgedessen ist es dem IASB gelungen, seine Position im Netzwerk zu stärken. Die Zentralität des Akteurs, wie sich in Tabelle 15 zeigt, ist von einem *Betweeness*-Wert von 35,7 auf 64,7 gestiegen, und im Vergleich dazu ist die Zentralität des IFAC im egozentrischen Netzwerk auf null zurückgegangen, d. h. der *Betweeness*-Wert ist von 35,7 auf null gefallen.

Tabelle 15: Entwicklung der Betweeness des IASC/IASB und IFAC im Zeitvergleich; Quelle: eigene Berechnungen

Betweeness	Egozentrisches Netzwerk		Gesamtnetzwerk	
(normalisiert)[67]	1973	2001	1973	2001
IASB/IFRIC	35.7	64.7	39.2	37.0
IFAC	35.7	0.0	39.2	25.8

Das Gesamtnetzwerk zeigt demgegenüber eine andere Entwicklung. Verglichen mit dem Jahr 1973 gibt es mehr und dichtere Beziehungen. Die durchschnittliche Anzahl der Relationen zwischen Akteuren ist von 3,2 auf 4,0 je Akteur gestiegen und die durchschnittliche Distanz von 3,5 auf 3,0 gefallen. Die durchschnittliche Zahl an Beziehungen ist gewachsen, da die Zahl der Verbindungen zwischen den Akteuren der Peripherie und dem Kernnetzwerk gestiegen ist wie auch die Anzahl an Verbindungen zwischen den Akteuren in den jeweiligen nationalen Netzwerken. Dieses verbildlicht allein schon der visuelle Vergleich der beiden Netzwerkzeichnungen in Abbildung 10 und Abbildung 11.

Abbildung 11 zeigt darüber hinaus, dass die Konnektivität zwischen den Akteuren der verschiedenen Länder zugenommen hat, da zusätzliche Akteure nunmehr auf der internationalen Ebene mitwirken. Das EFRAG als supragouvernementaler Akteur verbindet beispielsweise auf EU-Ebene die Standardsetzungsakteure der europäischen Länder Deutschland, Frankreich und Großbritannien, um gemeinsam an der Transformation der internationalen Standards in europäisches Gemeinschaftsrecht zu arbeiten. Diese vier Akteure bilden somit ein eigenständiges europäisches Standardsetzungsnetzwerk. Das Subnetzwerk ist jedoch eingebettet in das darüber liegende internationale Netzwerk. Das EFRAG hat damit ein strukturelles Loch innerhalb des Netzwerkes gefüllt, da es eine Rolle ausfüllt bzw. übernimmt, die zuvor vom IASB belegt wurde. Diese Art von Entwicklung verringert die Distanz zwischen den (nationalen) Akteuren. Doch trotz der Emergenz neuer „einflussreicher" Akteure wie dem EFRAG bleibt die Zentralität des IASB im Gesamtnetzwerk stabil, wie aus Tabelle 15 ersichtlich wird. Das *Betweeness*-Zentralitätsmaß für das IASB fällt nur geringfügig im Vergleich zu seiner Vorgängerorganisation von 39,2 im Jahr 1973 auf 37,0 im Jahr 2001.

Aufgrund dessen liegt die Vermutung nahe, dass das 2001-Netzwerk insgesamt eine höhere Dichte zwischen den Akteuren aufweist als das Vorgänger-

67 Im egozentrischen Netzwerk sowie im Gesamtnetzwerk hat das IASC bzw. IASB/IFRIC den höchsten *Betweeness*-Wert, was sich durch die sternförmige Struktur des Netzwerkes begründen lässt.

netzwerk. Allerdings hat die Netzwerkdichte im Zeitverlauf abgenommen, wie in Tabelle 14 zu erkennen ist. Der Grund dafür ist, dass die *hub-and-spoke* Struktur mit dem IASB als Dreh- und Angelpunkt des Netzwerkes sich nicht geändert hat, obwohl weitere einflussreiche Akteure dem Netzwerk beigetreten sind.

4.3.3.2 Wandel der Akteurskonstellationen in den nationalen Subnetzwerken

Eine genauere Betrachtung der Veränderungen und Entwicklungen innerhalb der nationalen Subnetzwerke weist auf eine Diffusion bzw. eine gesteigerte Bedeutung hin, die den vom IASB vorgebrachten (normativen) Ideen beigemessen wird. Tabelle 16 zeigt das Wachstum, das zwischen 1973 und 2001innerhalb der jeweiligen Teile der nationalen Standardsetzungsnetzwerke stattgefunden hat.

Tabelle 16: Wachstum der Standardsetzungsnetzwerke auf nationaler Ebene; Quelle: eigene Berechnungen

Länder	Akteursanzahl 1973	Akteursanzahl 2001	Absolute Veränderung	Relative Veränderung
USA	6	7	1	17 %
Kanada	3	4	1	33 %
Großbritannien[68]	2	6	4	200 %
Deutschland [68]	4	6	2	50 %
Frankreich[68]	5	8	3	60 %
Japan	4	7	3	75 %
Anzahl Akteure	24	38	14	58 %
Durchschnitt	4.0	6.3	2.3	
Durchschnitt angelsächsische Tradition	3.7	5.7	2.00	55%
Durchschnitt kont.-europäische Tradition	4.3	7.0	2.7	62%

Die durchschnittliche Anzahl der Akteure, die auf der nationalen Ebene an der Regulierung der Rechnungslegung beteiligt sind, ist von vier auf etwas mehr als sechs Akteure gestiegen. Den größten Zuwachs hat das britische Netzwerk

68 Europäische Institutionen wie das EFRAG wurden nicht einbezogen, da es sich diesbezüglich um supranationale Akteure handelt.

zu verzeichnen, bei dem die Anzahl der Akteure sich verdreifacht hat und von zwei auf sechs gestiegen ist. Vergleicht man das Wachstum zwischen dem angelsächsischen und kontinentaleuropäischen Ländercluster, zeigt sich, dass das Wachstum in den Ländern, die der angelsächsischen Rechnungslegungstradition angehören, insgesamt etwas geringer ausgefallen ist als in den Ländern, die der kontinentaleuropäischen Rechnungslegungstradition zuzuordnen sind. Entsprechendes kann auch in Bezug auf die durchschnittliche Anzahl der in der Standardsetzung aktiven Akteure festgestellt werden. Die Standardsetzungsnetzwerke der angelsächsisch geprägten Länder sind durchschnittlich kleiner als die Standardsetzungsnetzwerke der Länder, die einer kontinentaleuropäischen Rechnungslegungstradition folgen.

Allgemein ist das Wachstum der nationalen Subnetzwerke auf die Aufgliederung der Standardsetzungsaufgaben bzw. -verantwortung zurückzuführen, was einhergeht mit dem Auftreten neuer Akteure. In der angelsächsischen Ländergruppe ist die Netzwerkvergrößerung überwiegend bedingt durch neue Akteure, die den bestehenden zivilgesellschaftlichen Standardsetzer bei der Bearbeitung von Spezialthemen oder -sachverhalten unterstützen, wie beispielsweise die *Urgent Issues Task Force* (UITF) und *Committee on Accounting for Smaller Entities* (CASE) in Großbritannien. Im Gegensatz dazu stehen die Netzwerkerweiterungen in den Ländern mit einer kontinentaleuropäischen Prägung der Rechnungslegung in Verbindung mit einer Reorganisation der Standardsetzungsaufgaben und -verantwortung. In jedem dieser betreffenden Länder wurde ein Teil der Standardsetzungsverantwortung auf zivilgesellschaftliche organisierte Akteure übertragen. Beispielsweise weist das deutsche Netzwerk nun zwei Hauptakteure in der Standardsetzung auf. Neben dem gouvernementalen Akteur, dem Bundesministerium für Justiz (GerGov), übernimmt nun das DRSC (GASB) als zivilgesellschaftlicher Akteur einen Teil der Standardsetzungsaufgaben. Eine ähnliche Verschiebung der Akteurskonstellation in Richtung einer stärkeren berufsständischen Selbstregulierung hat ebenfalls auch in Frankreich und Japan stattgefunden, wo das *Comité de la Réglementation Comptable* (CRC) und das *Accounting Standards Board of Japan* (ASBJ) in das nationale Netzwerk integriert wurden. Zusätzlich wurde das französische und japanische Standardsetzungsnetzwerk ergänzt durch Akteure, die originär der Finanzmarktregulierung zuzuschreiben sind.

Folglich spielen in der Regulierung der Rechnungslegung nunmehr in allen Ländern nicht-gouvernementale Akteure eine tragende Rolle. Die Netzwerkabbildungen unterstreichen somit zumindest die institutionellen Aspekte der Konvergenz und visualisieren darüber hinaus den konstatierten Wandel im *mode of governance* in der Rechnungslegungsregulierung (z. B. Puxty *et al.*, 1987; Volmer *et al.*, 2007). Die strukturellen Entwicklungen stellen des Weiteren einen

Indikator dafür dar, inwiefern sich die normative Idee der Regulierung – zumindest den Bereich der Konzernrechnungslegung betreffend – geändert hat. Die berufsständische Selbstregulierung der Rechnungslegung hat insgesamt an Bedeutung gewonnen, und die Einbindung von Kapitalmarktregulatoren in die Standardsetzung in den Ländern wie Deutschland, Frankreich und Japan spiegelt eine Neuausrichtung der Rechnungslegung an den Informationsbedürfnissen der Kapitalmarktteilnehmer wider. Der Wandel in der Akteurskonstellation innerhalb der nationalen Subnetzwerke ist somit kongruent zu den normativen Ideen, die den IAS/IFRS zugrunde liegen.

4.3.3.3 Wandel der Akteurskonstellation im internationalen Subnetzwerk

Veränderungen in der Akteurskonstellation sind nicht nur auf der nationalen Ebene zu beobachten. Auch auf der internationalen hat ein signifikanter Wandel stattgefunden. Tabelle 14 hat bereits veranschaulicht, dass die Anzahl der Akteure im egozentrischen Netzwerk von ehemals neun Akteuren auf 15 Akteure im Jahr 2001 angestiegen ist. Wie Tabelle 17 zeigt, wird der Anstieg fast ausschließlich getrieben durch weitere internationale Akteure, die sich im direkten Umfeld des IASB angesiedelt haben. Dem IASB ist es gelungen, trans- und supranationale Institutionen anzuziehen, die ihrerseits das Ziel verfolgen, nationale Regulierungssysteme einander anzunähern.

So wirken beispielsweise inzwischen die *International Organization of Securities Commission* (IOSCO) als überstaatliche Vereinigung nationaler Börsenaufsichten sowie die EU am Standardsetzungsprozess mit. Die Partizipation am Netzwerk sowie am vom IASB angeführten Diskurs über international einheitliche Rechnungslegungsstandards lässt vermuten, dass die Akteure die Ideen und Überzeugungen des IASB annäherungsweise teilen. Retrospektiv konnte das IASB relevante Akteure zur Förderung seines eigenen Ziels, die Verbreitung internationaler Rechnungslegungsstandards, für sich gewinnen. Dies wurde besonders deutlich, als die EU entschied, IFRS als Standard für kapitalmarktorientierte Unternehmen verpflichtend zu machen. Wie bereits in Kapitel 2.3.2.3 ausführlich dargestellt, mussten daraufhin schätzungsweise 7.000 Unternehmen ab dem Jahr 2005 verpflichtend den Konzernabschluss in Übereinstimmung mit den IFRS erstellen.

Tabelle 17: Änderungen der Akteurskonstellation im egozentrischen Netzwerk; Quelle: eigene Erhebung

Urspung	Akteure 1973	Akteure 2001
International[69]	IASC, IFAC	IASCF, IASB/IFRIC, SAC, IFAC, IOSCO, EFRAG, EU
USA	AICPA	FASB, SEC
Kanada	CICA	AcSB
Großbritannien	CCAB	ASB
Deutschland	IDW, WPK	GASC/RIC
Frankreich	CNCC	CRC
Japan	JICPA	ASBJ, FASJ

Die Veränderungen des egozentrischen Netzwerkes beziehen sich jedoch nicht ausschließlich auf die direkten Verbindungen zwischen dem IASB und den weiteren Akteuren, vielmehr hat sich auch die Zusammensetzung gewandelt. Tabelle 17 illustriert, dass sich die Akteurskonstellation insbesondere im Hinblick auf die Verbindung zwischen der nationalen und internationalen Ebene grundlegend geändert hat. Nach nahezu 30 Jahren als treibende Kraft hinter dem IASB hat das ISAB seine Vernetzung mit den jeweiligen nationalen berufsständischen Organisationen aufgelöst. Dadurch haben die ehemaligen Gründungsmitglieder ihre Funktion als Brückenkopf des IASB in dem jeweiligen Land vollständig verloren. Der einzige verbliebene Repräsentant des Wirtschaftsprüferberufsstandes mit einer direkten Verbindung zu den Komitees des IASB ist deren internationaler Verband, das IFAC. In Tabelle 18 spiegelt sich die gesunkene Relevanz der nationalen Wirtschaftsprüferverbände ebenfalls in deren Zentralität wider, die in Bezug auf das Gesamtnetzwerk teilweise erheblich gesunken ist.

69 Vergrößerungen innerhalb der internationalen Gruppe der Akteure wurden ebenfalls durch die organisationale Neuordnung des IASC und dessen Aufspaltung in drei Hauptgremien getrieben (IASCF, IASB/IFRIC, SAC). Diese Unterteilung wurde innerhalb der Abbildungen ebenfalls beibehalten, um Widerspruchsfreiheit hinsichtlich der Akteursbeziehungen zu gewährleisten.

Tabelle 18: Betweeness der Berufsorganisationen der Wirtschaftsprüfer im Zeitvergleich; Quelle: eigene Berechnungen

Betweeness (normalisiert)	IDW	WPK	CICA	JICPA	AICPA	CNCC	CCAB
1973	15.3	0.0	15.3	15.3	33.3	28.0	8.0
2001	3.0	0.9	3.2	6.1	2.5	6.7	3.3

Die Entwicklungen im egozentrischen Netzwerk lassen sich anhand des aktiven Bemühens des IASB um Anerkennung und Legitimität erklären (Djelic/Quack, 2007; Luthardt/Zimmermann, 2009). Satzungsänderungen des IASB in den Jahren 1977 und 1982 hatten bereits Auswirkungen auf den exklusiven Einfluss der Gründungsmitglieder, den diese auf das Geschehen des IASB ausüben konnten. Parallel zu diesen Entwicklungen wurde die Zusammenarbeit mit staatsnahen Akteuren ausgeweitet und vertieft. Letztendlich kulminierte dieses in einer kompletten Revision der Organisationsstruktur im Jahr 2001, was in einer vollständigen Abkehr des IASB von den nationalen Wirtschaftsprüferverbänden resultierte. Die Verbindungen wurden ersetzt durch (weitere) Anlagerungen von gouvernementalen Akteuren bzw. staatlich legitimierten zivilgesellschaftlichen Standardsetzungsakteuren wie dem ASBJ oder dem ASB.

Daraus folgt, dass das verbleibende egozentrische Netzwerk in 2001 – abgesehen von der EU als Institution – sich aus zwei Clustern von Akteuren zusammensetzt. Das erste Cluster setzt sich aus Rechnungslegungsregulierern zusammen und das zweite Cluster aus Finanzmarktregulierern. Die Akteure in beiden Clustern können zusätzlich noch unterschieden werden in national agierende Akteure, z. B. das FASB und die SEC, und international agierende Akteure, z. B. EFRAG und IOSCO. Insofern konnte das IASB nicht nur direkte Verbindungen zu relevanten internationalen Akteuren etablieren, sondern konnte mit den jeweiligen nationalen Rechnungslegungsstandardsetzern sogar wesentliche Unterstützer für seine Ideen der internationalen Rechnungslegung in den Ländern gewinnen. Im engeren Sinne handelt es sich bei den Standardsetzungsakteuren um diejenigen, die für die Konzernrechnungslegung zuständig sind. Dies ist mit den inhaltlichen Zielen des IASB der Verbesserung des Investorenschutzes und der Kapitalmarkteffizienz jedoch kongruent, da der Konzernabschluss das regulatorische Instrumentarium zur Umsetzung der Ziele darstellt.

Der strukturelle Wandel des Netzwerkes sowohl auf der nationalen als auch auf der internationalen Ebene reflektiert insgesamt einen Bedeutungszuwachs gegenüber den Ideen und Zielen des IASB. Die Entwicklungen zeigen darüber hinaus, dass die Mitglieder des IASB bereit waren, den Kern des Netzwerkes vollständig umzustrukturieren, um die notwendige Anerkennung und Legitimierung als globaler Standardsetzer zu erreichen. Die ehemaligen Gründungsmitglieder wurden durch die Einbindung anderer souveräner Akteure substituiert, was letztendlich einherging mit einer Schwächung ihrer eigenen Autonomie. Des Weiteren zeigt sich, dass in der (strukturellen) Inklusion und Exklusion von bestimmten Akteuren eine wesentliche Aufgabe für *policy entrepreneure* besteht, um zunächst Netzwerkstrukturen einzurichten, die eine Effektivität des Netzwerkes ermöglichen. Im Hinblick auf die Emergenz von Politiknetzwerken als Systeme der *governance without government* weisen die Entwicklungen der Netzwerkstrukturen ebenfalls darauf hin, dass gouvernementale Akteure *„[...] set the rules of the game [...]“* (Börzel, 2011: 57), da sie zentrale Akteure im Transformationsprozess des Staates bleiben.

4.3.4 Vergleich der Netzwerkstrukturen von 2001 und 2010

Abbildung 12 zeigt das internationale Standardsetzungsnetzwerk im Jahr 2010. Verglichen mit dem 2001-Netzwerk haben nur geringfügige strukturelle Veränderungen des egozentrischen Netzwerkes und des Gesamtnetzwerkes stattgefunden. Dieses verdeutlichen auch die quantitativen Netzwerkmaße in Tabelle 19.

Tabelle 19: Quantitativer Vergleich der Netzwerkstrukturen von 2001 mit 2010; Quelle: eigene Berechnungen

	Egozentrisches Netzwerk		Gesamtnetzwerk	
	2001	2010	2001	2010
Akteure	15	14	45	45
- internationale Ebene	7	7	7	7
- nationale Ebene	8	7	38	38
Akteure in % des Gesamtnetzwerkes	33 %	31 %	100 %	100 %
Anzahl Verbindungen	48	54	176	178
Durchschnitt Akteursrelationen	3.2	3.9	3.9	4.0
Durchschnittliche Distanz	2	1.7	3.0	3.0
Netzwerkdichte	23 %	30 %	9 %	9 %

Die Anzahl der Akteure ist so gut wie konstant geblieben, genauso wie die Anzahl der Verbindungen zwischen den Akteuren. Folglich bleibt die Netzwerkdichte des Gesamtnetzwerkes im Vergleich zum 2001-Netzwerk nahezu unverändert. Im Gegensatz dazu ist das egozentrische Netzwerk dichter geworden. Dieses erklärt sich dadurch, dass sich die Akteursanzahl im egozentrischen Netzwerk um einen Akteur (FSAJ) verringert hat. Dadurch hat sich die Zahl der möglichen Verbindungen reduziert, was allein schon einen positiven Effekt auf die Netzwerkdichte hätte, aber zusätzlich ist die Anzahl der tatsächlichen Akteursrelationen gestiegen. Diese Veränderung hat gleichzeitig auch einen Effekt auf alle anderen Durchschnittswerte des egozentrischen Netzwerkes.

Ein ähnliches Bild ergibt sich für die anderen nationalen Subnetzwerke. In den vier Ländern Deutschland, Großbritannien, Kanada und USA ist das Standardsetzungsnetzwerk unverändert. In Frankreich und Japan haben sich Änderungen in der Akteurskonstellation ergeben, auch wenn diese Änderungen nicht wirklich gravierender Natur sind. Das nationale Standardsetzungsnetzwerk Frankreichs ist um einen Akteur geschrumpft, da die Aufgaben- und Funktionsbereiche des CRC, dem *Conseil National de la Comptabilité* (CNC) und dem *Comité d'urgence* (CU) zusammengefasst wurden in zwei neuen Institutionen, dem *Autorité des Normes Comptables* (ANC) und dem *Consultative Comité* (CC). In Japan wurde das Netzwerk durch die Bildung des IFRS Council, das sich mit Fragestellungen der IFRS Implementierung in Japan beschäftigt, erweitert. Aus Perspektive des Gesamtnetzwerkes gleichen sich beide Änderungen nahezu aus. Insgesamt zeigt sich durch den Vergleich der beiden Netzwerke, dass das durch das IASB neu geschaffene Netzwerk nach einer dynamischen Phase der strukturellen Änderungen im Jahr 2001 einen Gleichgewichtszustand (*steady state*) erreicht hat, da die Akteurskonstellationen wie auch -relationen im Großen und Ganzen stabil geblieben sind.

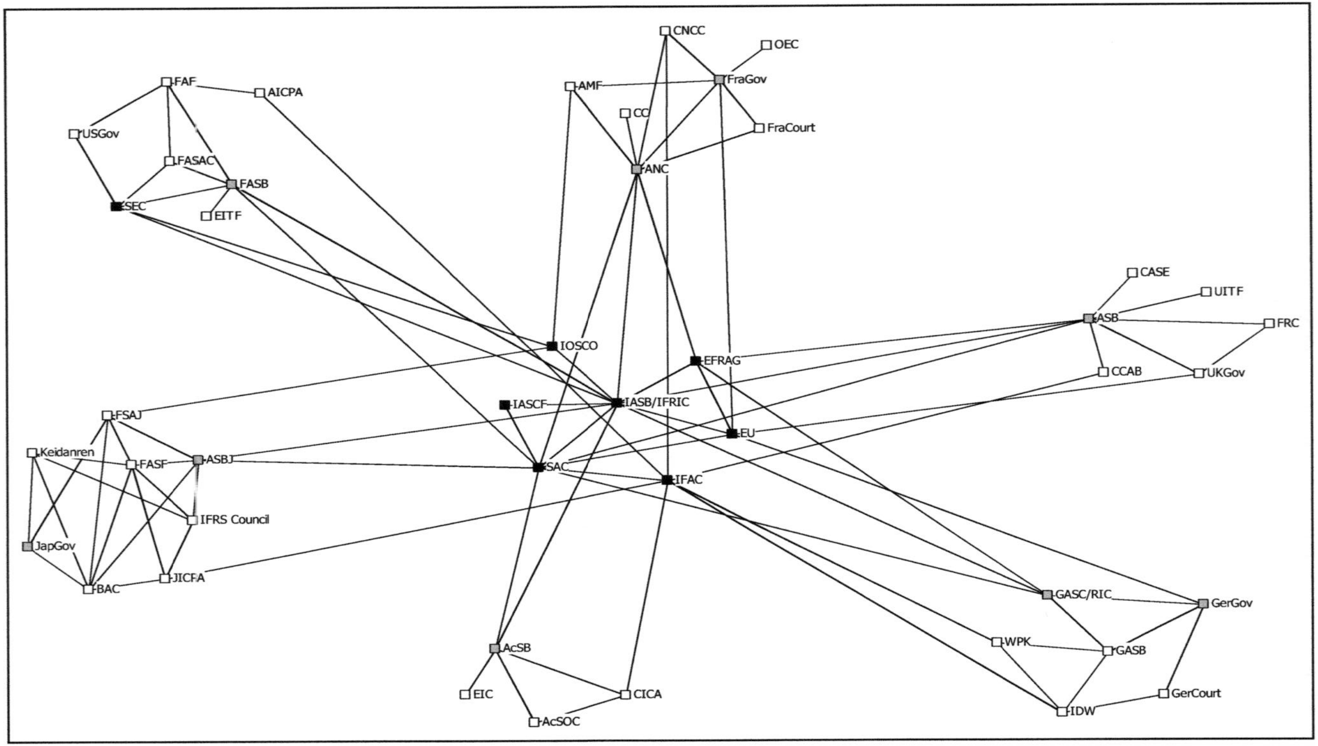

Abbildung 12: Internationales Netzwerk der Rechnungslegungsstandardsetzung im Jahr 2010 (graue Knoten: standardsetzende Akteure, schwarze Knoten: Akteure im egozentrischen Netzwerk des IASC); Quelle: eigene Darstellung

4.4 Fazit zur Konvergenz der Rechnungslegungsregulierung

Die Regulierung der Rechnungslegung für kapitalmarktorientierte Unternehmen findet nunmehr durch ein transnationales Netzwerk statt, das verschiedene Akteurstypen umschließt. Die Gründung des (damaligen) IASC durch den Berufsstand der Wirtschaftsprüfer in den frühen 1970er Jahren hat dazu beigetragen, ein strukturelles (regulatorisches) Loch zu schließen und die ehemals nur national organisierten berufsständischen Organisationen auf internationaler Ebene miteinander zu vernetzen. Während zwischen den 1970er Jahren und den frühen 2000er Jahren radikale strukturelle Änderungen des bestehenden Netzwerkes stattfanden, traten in der darauf folgenden Zeit nur noch geringfügige Veränderungen der Netzwerkstruktur auf. Grundlegend änderte sich in der dynamischen Phase die Akteurskonstellation des Standardsetzungsnetzwerkes. Die Profession distanzierte sich (zumindest strukturell) von der standardsetzenden Einheit, dem IASB, um so Platz zu schaffen für die Kooptation staatsnäherer, legitimierender Akteure.

Betrachtet man die Ebenen des Netzwerkes im Einzelnen, so zeigen die Entwicklungen auf nationaler Ebene des Netzwerkes, dass zivilgesellschaftliche Akteure vorrangig in Ländern mit einer kontinentaleuropäisch geprägten Rechnungslegungsregulierung stärker an Geltung gewonnen haben. Dieses offenbart sich insbesondere dadurch, dass die Standardsetzungsaufgabe nunmehr sowohl von gouvernementalen als auch zivilgesellschaftlichen Akteuren geteilt wahrgenommen wird. Folglich hat sich die Dichotomie der beiden Archetypen der Rechnungslegungsregulierung aufgelöst, der eine institutionelle Konvergenz des Governance-Modells der Rechnungslegungsregulierung nachfolgte. Die Einbettung von Kapitalmarktregulatoren in die nationalen Netzwerke der Rechnungslegungsregulierung reflektiert zudem die Einbeziehung und Orientierung der Rechnungslegung an den Publizitätsbedürfnissen des Kapitalmarktes.

Grundlegende Änderungen haben gleichermaßen auf der internationalen Ebene des Netzwerkes stattgefunden. Entscheidende und sachdienliche Akteure der nationalen wie auch internationalen Ebene sind dem Netzwerk beigetreten, das sich um das IASB herum gebildet hat (egozentrisches Netzwerk). Der Bedeutungszuwachs hat sich letztendlich in der Übernahme der IFRS in europäisches Recht niedergeschlagen sowie den zahlreichen Konvergenzprojekten, die das IASB mit anderen nicht EU-Ländern unterhält. Das IASB bzw. der Berufsstand der Wirtschaftsprüfer als Ausgangspunkt des IASB-Netzwerkes waren also darin erfolgreich, die Akzeptanz und Anerkennung für ihre Ideen der (inhaltlichen) Ausgestaltung der Rechnungslegung und dessen Regulierung zu schaffen. Darüber hinaus konnten sie ihr geplantes und ambitioniertes Ziel verwirklichen: die Harmonisierung der ehemals isolierten und geschlossenen Systeme der Rechnungslegungsregulierung zu initiieren und voranzutreiben. Insgesamt hat der Wirtschaftsprüferberufsstand einen kanalisierenden Einfluss auf die exogenen Antriebskräfte des Wandels genommen und diese in Richtung einer internationalen Konvergenz von Rechnungslegungssystemen gelenkt.

Dieser Prozess war jedoch langwieriger als von der Profession vermutet und zeigte, dass die Formierung eines transnationalen Netzwerkes allein nicht ausreicht, um auch ein gewisses Maß an Effektivität des Netzwerkes zu gewährleisten. Eine Hauptaufgabe der Wirtschaftsprüferprofession war es, Koalitionen mit anderen unterstützenden Akteuren – insbesondere Akteuren aus dem staatlichen Bereich – aufzubauen sowie diese Akteure in das Standardsetzungsnetzwerk zu integrieren, um auf diesem Weg die notwendige Legitimation als transnationaler Standardsetzer zu erhalten. Der Berufsstand hat seine Aktivitäten und Bestrebungen bei staatlichen und staatsnahen Akteuren beworben und diesen Akteuren einen Mitgliedsstatus mittels einer Kooptation angeboten. Unmittelbar gleichzeitig wurde die direkte Verbindung des IASB in die jeweiligen nationalen Standardsetzungsnetzwerke geändert, was ebenfalls positiven Einfluss auf die Legitimität der Organisation nehmen sollte.

Die nationalen berufsständischen Organisationen, die sowohl Gründer des IASC als auch die ersten und bis dahin einzigen Verbindungsglieder zwischen der nationalen und internationalen Ebene darstellten, gaben ihren exklusiven Status im egozentrischen Netzwerk zu Gunsten einer direkten Verbindung des transnationalen Standardsetzers zu den jeweiligen national verantwortlichen Standardsetzern auf. Das Streben des IASB nach „struktureller" Legitimität war somit bedingt durch einen Kompromiss zwischen berufsständischer Selbstbestimmung und Effektivität des transnationalen Standardsetzungsnetzwerkes.

Dieses zeigt zum einen, dass die Inklusion und Exklusion von Akteuren einen wesentlichen Erfolgsfaktor darstellt, um Entrepreneure-Netzwerke in eine effektive Governance-Struktur zu überführen. Zum anderen demonstriert die Notwendigkeit, staatlich legitimierte Akteure in die Netzwerkstrukturen einzubetten, dass der Staat noch immer eine gewichtige Rolle spielt innerhalb des Transformationsprozesses seiner hoheitlichen regulierten Institutionen. Dieses scheint auch trotz der Ansicht zu gelten, dass Netzwerke ein eigenständiges Prinzip der sozialen Ordnung darstellen. Die Netzwerkanalyse hat aufgedeckt, dass eine bestimmte Proportion von Beziehungen zwischen zivilgesellschaftlichen und staatlichen Akteuren notwendig ist für die Effektivität dieses Politiknetzwerkes. Ferner hat die Netzwerkanalyse gezeigt, dass die (indirekte) Einbindung des Staates eine notwendige Voraussetzung für das effektive Funktionieren einer *governance without government* zu sein scheint.

Die Netzwerkanalyse gewährt somit eine gewissen Einblick, wie viel „Staat“ für das Regieren jenseits des Staates nötig zu sein scheint (dazu auch Beisheim *et al.*, 2011: 11 ff.). Im Hinblick auf das Politikfeld der Rechnungslegungsregulierung können nicht-gouvernementale Akteure somit zwar Governance-Funktionen wahrnehmen, der Staat wird jedoch gebraucht, um das Regieren durch nicht-gouvernementale Akteure zu legitimieren und zu koordinieren. Der Staat tritt demnach nicht mehr als souveräner Governance-Monopolist in Erscheinung, sondern agiert vielmehr als Governance-Manager (z. B. Genschel/Zangl, 2008).

Die Stabilität des Netzwerkes, nachdem es zu Beginn der 2000er Jahre einen gewissen Effektivitätsgrad erreicht hatte, stützt das Argument, dass Politiknetzwerke als *„[...] webs of relatively stable and ongoing relationships [...]“* zu verstehen sind (Kenis/Schneider, 1991: 36). Politiknetzwerke unterscheiden sich daher von Unternehmensnetzwerken hinsichtlich ihrer Dynamik innerhalb der Akteurskonstellation. Dieses mag daran liegen, dass es sich bei der Etablierung von Politiknetzwerken in erster Linie um deren Legitimierung als Governance-Struktur geht, was zunächst nur durch eine gewisse strukturelle Stabilität zu erreichen ist. Im Hinblick auf das Agieren von *policy entrepreneurs* bedeutet dies, dass sie in der Lage sein können, tradierte Governance-Strukturen aufzubrechen und die Art und Weise der Regulierung zu ändern. Nachdem jedoch ein bestimmter Grad an „struktureller“ Legitimität erreicht worden ist, stoppt der Transformationsprozess, und die neue Struktur festigt sich.[70] Der Networkingprozess kann somit als Zwischenstufe zwischen dem Wechsel von einem (alten) Pfad auf einen neuen Pfad gedeutet werden, wobei *policy entrepreneurs* als pfadgenerierende Akteure in Erscheinung treten.

Zusammenfassend betrachtet, zeigte die Geschichte der globalen Expansion der Wirtschaftsprüfungsunternehmen, dass die ökonomischen rationalen Argumente für internationale Harmonisierung der Rechnungslegung anscheinend nicht ausreichten, um einen Wandel der (politischen) Institution Rechnungslegung zu bewirken. Auch die Zusammenführung des Expertenwissens in einer eigenständigen Organisation, die sich mit der Entwicklung von Rechnungslegungsstandards für den internationalen Gebrauch beschäftigte, war nicht ausreichend, sondern erforderte einen aktiven Prozess des Networking mit anderen Akteuren. Von besonderer Relevanz war hierbei die Schaffung von Legitimität,

70 Diese gilt zumindest für die äußere Form des Netzwerkes. Zwischenzeitliche interne Restrukturierungen, die bspw. den formalen Prozess der Standardsetzung (due process) betreffen, können durch die hier vorgenommen Netzwerkanalyse, nicht dargestellt werden, und zeigt damit auch die Grenzen der hier verwendeten Methode der sozialen Netzwerkanalyse auf. Zum due process siehe Wagenhofer (2009: 77 ff.).

was sich in der strukturellen Inklusion und Exklusion von Akteuren ausdrückte. Hinsichtlich der Transnationalisierung der Rechnungslegungsregulierung handelte es sich hierbei um einen langwierigen Prozess, der nahezu 25 Jahre brauchte, um erste Erfolge vorzuweisen. Die Netzwerkanalyse offenbart somit eine weitere Facette der Konvergenz von Rechnungslegungssystemen, die einen Erklärungsansatz für das zeitliche Auseinanderfallen von wirtschaftlicher Globalisierung und IFRS Revolution liefert.

5 Zusammenfassung

Konvergenz in der Regulierung der Rechungslegung manifestiert sich insbesondere in der Diffusion zweier grundlegender Ideen: (1) Rechnungslegung dient den Zwecken des Kapitalmarktes und (2) die Standardsetzung dafür findet durch private Akteure statt. Konvergenz äußert sich daher nicht nur in einer Annäherung der Regelinhalte, sondern auch hinsichtlich des *mode of regulation*. Begleitet wurde die Entwicklung oft durch eine Verringerung staatlicher Intervention in die Rechnungslegung, d. h. Privatisierung der Standardsetzung für den Konzernabschluss. Darüber hinaus hat durch die weitreichende nationalstaatliche Anerkennung der IFRS für kapitalmarktorientierte Unternehmen eine Transnationalisierung der Standardsetzungskompetenzen stattgefunden. Gleichzeitig bestehen aber auch Unterschiede fort. Für die Regulierung des Einzelabschlusses bleibt die Unterscheidung in ein angelsächsisches und ein kontinentaleuropäisches Modell der Rechnungslegungsregulierung bestehen. Die Persistenz begründet sich in verschiedenen Intentionen, die mit der Regulierung der Rechungslegung verfolgt werden sowie Unterschieden in der Intensitäten des Staatseingriffs. Ziel dieser Arbeit war es, zwei neue Ansätze für die Erklärung der Veränderungsprozesse zu diskutieren, um identifizierte Forschungslücken zu schließen und um das bisherige Erklärungsmodell zu verbessern.

In Kapitel 2 wurde, anknüpfend an die bisherige komparative Forschung gezeigt, dass sich aus der Betrachtung des jeweiligen nationalen Umfeldes wichtige Erkenntnisse für die Entwicklung und den Fortbestand unterschiedlicher Systeme der Rechnungslegungsregulierung ziehen lassen. Rechts- und Finanzsysteme, die typischerweise zur Erklärung unterschiedlicher Rechnungslegungssysteme herangezogen werden, erweisen sich auch im Hinblick auf die Erklärung der Persistenz unterschiedlicher Funktionen der Rechnungslegung als wirksame Erklärungsvariablen. Die Erklärung unterschiedlicher Intensitäten des Staatseingriffes in die Rechnungslegungsregulierung bleibt, wie in Kapitel 2.2.3 gezeigt wurde, jedoch lückenhaft. Aus der Sicht des Finanzsystems leiten sich aus der unterschiedlichen Dominanz von Kapitalgebern im jeweiligen Finanzsystem unterschiedliche Nachfragen nach Rechnungslegungsinformationen ab. Daraus ergeben sich aber weder Implikationen für eine Nachfrage noch für ein Angebot nach einem staatlichen Eingriff in die Rechnungslegungsregulierung. Eine ähnliche Schlussfolgerung ist auch bezüglich des Rechtssystems zu treffen. Das Rechtssystem ist lediglich ein Indikator (1) für Unterschiede im gesellschaftlich akzeptierten Maß an Staatsintervention und (2) für sich in Abhängigkeit vom Grad des Staatseingriffs ergebende Differenzen in der Funktion der Rechnungslegung. Zielsetzung und Tiefe staatlicher Intervention, wichtige Faktoren zur

Erklärung der Persistenz unterschiedlicher Rechnungslegungssysteme, bleiben jedoch ungeklärt.

In Anlehnung an bestehende Forschungsstränge, welche die Rechnungslegung im Zusammenhang mit dem gesellschaftlichen Kontext betrachten, wurde in dieser Arbeit ein neuer Ansatz zur Schließung der aufgezeigten Forschungslücke erarbeitet. Der Typ des Wohlfahrtsstaates dient hierbei als Proxy für politische Differenzen und nationale Vorstellungen über gesellschaftliche Gerechtigkeit, die sich in einer unterschiedlichen qualitativen Nachfrage nach staatlicher Intervention ausdrücken. Die Hypothesen bezüglich des zusätzlichen Erklärungsgehalts des Wohlfahrtsstaates integrieren die bestehenden Argumente, dass die länderspezifischen gesellschaftspolitischen Hintergründe mit Unterschieden in der gesellschaftlichen Funktion der Rechnungslegung korrelieren sowie unterschiedliche Formen der Rechnungslegungsregulierung (*modes of regulation*) begründen. In dieser Arbeit wurde diese Perspektive insofern erweitert, dass die gesellschaftlichen Triebkräfte aus dem jeweiligen Wohlfahrtsstaatstyp abgeleitet werden können und damit eine unmittelbare Verbindung zwischen gesellschaftlichen Werten und Idealen und der Regulierung der Rechnungslegung hergestellt werden kann. Darüber hinaus ermöglichte die Betrachtung von unterschiedlichen Wohlfahrtsstaatstypen eine systematischere Auseinandersetzung mit dem Einfluss des gesellschaftlichen Umfeldes auf die Rechnungslegungsregulierung als die vergleichende Rechnungslegungsforschung bisher zu leisten vermochte.

Kapitel 3 hat gezeigt, dass Wohlfahrtsstaaten, ähnlich wie Rechts- und Finanzsysteme, dichotom in Wohlfahrtsstaaten residualen und institutionellen Typs unterschieden werden können. Beide Typen stehen stellvertretend für eine gesellschaftliche Auseinandersetzung über Werte wie Freiheit, Gerechtigkeit und Gleichheit, die sich in unterschiedlichen Funktionsweisen sozialpolitischer Maßnahmen sowie formalen Strukturen staatlicher Intervention ausdrücken. Inwiefern sich diese gesellschaftlichen Grundwerte auch in der Funktionsweise der Rechungslegung widerspiegeln, wurde daran anschließend gezeigt. Dieses hat zur Unterscheidung zweier regulatorischer bzw. gesellschaftlicher Grundfunktionen der Rechungslegung geführt: (1) eine handlungsermöglichende Funktion, basierend auf dem Kriterium der Allokationseffizienz sowie (2) eine implizit schützende bzw. statuserhaltende Funktion, basierend auf dem Kriterium des Interessenausgleichs zwischen den Anspruchsgruppen des Unternehmens. Auf Basis der Ergebnisse wurde eine Zuordnung der beiden Grundfunktionen der Rechnungslegung zu den Typen des Wohlfahrtsstaates vorgenommen und zwei Idealtypen der Rechnungslegungsregulierung konstruiert. Hierbei wurde ebenfalls die Intensität des Staatseingriffs, die nötig ist für die Bereitstellung der jeweiligen gesellschaftlichen Funktion der Rechnungslegung, diskutiert. Dabei konnte gezeigt werden, dass insbesondere die statuserhaltende Funktion der Rechnungslegung eine staatliche Intervention erfordert, da diese eine Kompromisslösung zwischen den Interessen der Anspruchsgruppen darstellt, die nur durch eine übergeordnete (staatliche) Instanz herbeigeführt werden kann. Damit konnte zunächst theoretisch eine Komplementarität zwischen unterschiedlichen gesellschaftlichen Wertesystemen und der Rechnungslegungsregulierung hergeleitet werden, die anhand der Länderfälle Deutschland, Großbritannien und Kanada auch empirisch validiert werden konnte. Am Sonderfall Kanada konnte zudem gezeigt werden, dass der Wohlfahrtsstaatstyp in Fällen, in denen die übliche Korrelation von Rechts- und Finanzsystem nicht besteht, ein geeigneterer Prädikator für die Rechungslegungsregulierung eines Landes zu sein scheint. Insgesamt trägt der neue Ansatz dazu bei, unterschiedliche Intentionen der Rechnungslegung sowie verschiedene Intensitäten des Staatseingriffs zu erklären. Damit einher geht eine Erklärung von Differenzen in der gesellschaftlichen Relevanz von Einzel- und Konzernabschluss und der Organisation der Gewinnausschüttung. Mithin ergänzt Kapitel 3 das Erklärungsmodell für die Persistenz von unterschiedlichen Rechnungslegungssystemen.

Kapitel 4 stellte anstelle einer staatlichen bzw. staatsinterventionistischen Perspektive die Perspektive privater (zivilgesellschaftlicher) Akteure in den Mittelpunkt der Untersuchung der Regulierung der Rechnungslegung. Zielsetzung des Kapitels war zu zeigen, dass die *IFRSization* kein zufälliges Produkt ihrer Umwelt war, sondern die Diffusion der IFRS strategisch durch den Berufsstand der Wirtschaftsprüfer und deren Engagement im Aufbau eines transnationalen Standardssetzungsnetzwerkes vorangetrieben wurde. Der Schwerpunkt der Untersuchung in Kapitel 4 lag in der Erklärung, warum die Diffusion einheitlicher Rechnungslegungsstandards erst circa 25 Jahre nach der Gründung des IASC erfolgte, obwohl rationale ökonomische Aspekte für eine frühere Verbreitung gesprochen hätten. Kapitel 4 zeigt, dass die Diffusion der IFRS und damit die grundlegende Konvergenz der Rechnungslegung nicht allein durch die Kosten-Nutzen-Kalküle begründen lässt, die sich beispielsweise aus der Integration der Finanzmärkte oder der Globalisierung von Unternehmen ableiten. Aus der sozialen Netzwerkanalyse in Kapitel 4 kann geschlussfolgert werden, dass die Triebkräfte des Wandels begleitet wurden durch die Entstehung einer Metastruktur. Das IASB erwies sich hierbei durch den Aufbau eines transnationalen Standardsetzungsnetzwerkes als lenkender Mechanismus für die Konvergenz, war bei der Pfadkreation jedoch mit legitimatorischen Hindernissen konfrontiert. Die Effektivität der transnationalen Netzwerkstrukturen, in denen heute die Standardsetzung für kapitalmarktorientierte Unternehmen stattfindet, wurde insbesondere durch den Legitimationsprozess des IASB als Standardsetzer hinausgezögert. Der Prozess wurde in der Arbeit auch als „strukturelle" Legitimation bezeichnet, da die Inklusion legitimierender Akteure, d. h. „staatsnaher“ Akteure, von besonderer Bedeutung war. Kapitel 4 ergänzt somit die Erklärung der Veränderungen und Hybridisierung der Rechnungslegungsregulierung um eine Perspektive, die eine Erklärung für den beträchtlich langen Zeitraum bis zur Anerkennung des IASB (Konvergenz) bietet.

Insgesamt betrachtet lässt sich schlussfolgern, dass sich zwischen den „alten“ und den „neuen“ Akteuren der Rechnungslegungsregulierung ein ausgewogenes Verhältnis eingestellt hat. Für die komplexen Herausforderungen der gesteigerten Interdependenz zwischen Staaten scheint eine für den Moment effektive (globale wie auch lokale) Lösung gefunden worden zu sein. Dabei scheint es auch nicht zu einer aufgabenschädlichen Transformation des Staates gekommen zu sein. Vor dem Hintergrund bewertet, dass unterschiedliche gesellschaftliche Strukturen weiterhin verschiedene interventionistische Anforderungen an die Staatstätigkeit stellen, agiert der Staat noch immer innerhalb seines gesellschaftlich gesteckten Rahmens. Dieses fällt insbesondere bei der Betrachtung derjenigen Länder auf, die mit der Rechnungslegung eine gesellschaftliche Kompromisslösung zwischen verschiedenen Interessensgruppen (Ausschüttungsbemessung) anstreben. Der Staat hat diese Funktion auch unter dem Einfluss anderer Akteure und der Delegation von Teilkompetenzen beibehalten. Er behauptet seine Kernkompetenzen und vollzieht Veränderungen nur in dem Umfang, in dem er auch dazu legitimiert ist.

Es bleibt jedoch abzuwarten, wie sich die zunehmende Einbindung bzw. Einbettung von Staaten in transnationale Netzwerke weiter auswirkt. Über Netzwerke verbreiten sich nämlich nicht nur technologische Neuerungen, wie neue Bilanzierungsstandards, sondern im weiteren Sinne auch normative Ideen. Dadurch könnten auf der Ebene der jeweiligen nationalen Wertesysteme Veränderungen in Gang gesetzt werden, welche die gesellschaftliche Nachfrage und qualitative Bewertung der Staatstätigkeit beeinflussen. Allerdings hat diese institutionelle Ebene eines Landes eine sehr hohe Rigidität. Es darf daher, auch auf Basis der Ergebnisse der vorliegenden Arbeit, erwartet werden, dass die Unterschiede in der Regulierung der Rechnungslegung noch längerfristig fortbestehen werden.

Literaturverzeichnis

Abée, S. (2011) *Die neue Konstellation von Staatlichkeit auf Kapitalmärkten*, Dissertation, Bremen: Universität Bremen.

Achleitner, A.-K.; Behr, G.; Schäfer, D. (2009) *Internationale Rechnungslegung: Grundlagen, Einzelfragen und Praxisanwendungen*, 4. Aufl., München: Vahlen.

Ackermann, R. (1999) *Pfadabhängigkeit, Institutionen und Regelreform*, Freiburg: Albert-Ludwigs-Universität Freiburg im Breisgau.

AcSB (2009a) 'Adopting IFRSs in Canada II, March 2009', online im Internet: http://www.acsbcanada.org/documents-for-comment/item18008.pdf, Abfrage: 24.04.2009, 12:40 Uhr.

AcSB (2009b) 'Adopting IFRSs in Canada III, October 2009', online im Internet: http://www.acsbcanada.org/documents-for-comment/item30878.pdf, Abfrage: 24.04.2009, 12:43 Uhr.

AcSB (2009c) 'Canadian Accounting Standards: Changeover to IFRS', *AcSB Bulletin*, **2009**, 1-3.

Ahmed, A. S.; Billings, B. K.; Morton, R. M.; Stanford-Harris, M. (2002) 'The Role of Accounting Conservatism in Mitigating Bondholder-Shareholder Conflicts over Dividend Policy and in Reducing Debt Costs', *Accounting Review*, **77**, 867-890.

Alali, F.; Cao, L. (2010) 'International financial reporting standards — credible and reliable? An overview', *Advances in Accounting*, **26**, 79-86.

Alber, J. (1988) 'Continuities and Changes in the Idea of the Welfare State', *Politics Society*, **16**, 451-468.

Albert, H. (1998) 'Die Wertfreiheitsproblematik und der normative Hintergrund der Wissenschaften'. In: Lenk, H.; Maring, M. (Hrsg.) *Wirtschaft und Ethik*, Stuttgart: Reclam, 82-100.

Alchian, A.; Demsetz, H. (1972) 'Production, information costs, and economic organization', *American Economic Review*, **62**, 777-795.

Alexander, D. (1993) 'A European true and fair view?', *European Accounting Review*, **2**, 17-46.

Alexander, D.; Archer, S. (2000) 'On the Myth of “Anglo-Saxon” Financial Accounting', *The International Journal of Accounting*, **35**, 539-557.

Allen, F.; Gale, D. (2001) *Comparing financial systems*, Cambridge, Mass.: MIT Press.

Antzoulatos, A. A.; Thanopoulos, J.; Tsoumas, C. (2008) 'Financial System Structure and Change - 1986-2005: Evidence from the OECD Countries', *Journal of Economic Integration*, **23**, 977-1001.

Armour, J. (2005) 'Who Should Make Corporate Law? EC Legislation versus Regulatory Competition', Working Paper: ECGI - Law Working Paper No. 54/2005, online im Internet: http://ssrn.com/abstract=860444, Abfrage: 25.03.2009, 10:42 Uhr.

Arrow, K. J. (1969) 'The Organization of Economic Activity: Issues Pertinent to the Choice of Market versus Non-Market Allocation'. In: Joint Economic Committee (Hrsg.) *Evaluation of Public Expenditures: The PBB-System*, Washington DC: Government Printing Office.

Arthur, W. B. (1989) 'Competing Technologies, Increasing Returns, and Lock-In by Historical Events', *The Economic Journal*, **99**, 116-131.

Arts, W.; Gelissen, J. (2002) 'Three Worlds of Welfare or More? A State-of-the-Art Report', *Journal of European Social Policy*, **12**, 137-158.

Atkinson, M. M.; Coleman, W. D. (1992) 'Policy Networks, Policy Communities and the Problems of Governance', *Governance*, 5, 154-180.

Ball, R. (2001) 'Infrastructure Requirements for an Economically Efficient System of Public Financial Reporting and Disclosure', *Brookings-Wharton Papers on Financial Services*, **2001**, 127-169.

Bancel, F.; Mittoo, C. (2001) 'European Managerial Perceptions of the Net Benefits of Foreign Stock Listings', *European Financial Management*, **7**, 213-236.

Barth, M. E. (2007) *Research, standard setting, and global financial reporting*, Hanover, Massachusetts: New Publishers.

Baskerville, R. F. (2003) 'Hofstede never studied culture', *Accounting, Organizations and Society*, **28**, 1-14.

Basu, S. (1997) 'The conservatism principle and the asymmetric timeliness of earnings', *Journal of Accounting and Economics*, **27**, 3-37.

Baylin, G.; MacDonald, L.; Richardson, A. J. (1996) 'Accounting standard-setting in Canada, 1864-1992: A theoretical analysis of structural evolution', *Journal of International Accounting, Auditing and Taxation*, **5**, 113-131.

Beck, U. (2004) *Was ist Globalisierung*, 9, Frankfurt: Suhrkamp.

Beisheim, M.; Börzel, T. A.; Genschel, P.; Zangl, B. (2011) 'Einleitung: Der staatliche Beitrag zu Governance in Räumen konsolidierter und begrenzter Staatlichkeit'. In: Beisheim, M. *et al.* (Hrsg.) *Wozu Staat?: Governance in Räumen begrenzter und konsolidierter Staatlichkeit*, Baden-Baden: Nomos.

Bennett, C. J. (1991) 'What is Policy Convergence and What Causes It?', *British Journal of Political Science*, **21**, 215-233.

Benos, E.; Weisbach, M. S. (2004) 'Private benefits and cross-listings in the United States', *Emerging Markets Review*, **5**, 217-240.

Berglöf, E. (1998) 'A Note on the Typology of Financial Systems'. In: Hopt, K. J.; Wymeersch, E. (Hrsg.) *Comparative Corporate Governance*, Berlin: Walter de Gruyter, 151-164.

Bhimani, A. (2008) 'The Role of Crisis in Reshaping the Role of Accounting', *Journal of Accounting and Public Policy*, **27**, 444-454.

Biddle, G. C.; Saudagaran, S. M. (1991) 'Foreign Stock Listings: Benefits, Costs, and the Accounting Policy Dilemma', *Accounting Horizons*, **5**, 69-80.

Birley, S. (1985) 'The Role of Networks in the Entrepreneurial Process', *Journal of Business Venturing*, **1**, 107-117.

Boersch-Supan, A. H.; Winter, J. K. (2001) 'Population Aging, Savings Behavior and Capital Markets', Working Paper: NBER Working Paper No. W8561, online im Internet: http://ssrn.com/abstract=288474, Abfrage: 02.09.2009, 17:35 Uhr.

Borio, C. (1990) 'Leverage und Financing of Non-Financial Companies: An International Perspective', Working Paper: Economic Papers No. 27, Bank for International Settlement, online im Internet: http://www.bis.org/publ/econ27.pdf, Abfrage: 12.09.2009, 16:31 Uhr.

Börzel, T. A. (1998) 'Organizing Babylon - On the Different Conceptions of Policy Networks', *Public Administration*, **76**, 253-273.

Börzel, T. A. (2011) 'Networks: Reified Metaphor or Governance Panacea?', *Public Administration*, **89**, 49-63.

Börzel, T. A.; Risse, T. (2000) 'Who is Afraid of a European Federation? How to Constitutionalise a Multi-Level Governance System', Working Paper: Harvard Jean Monnet Working Papers No.7/00, online im Internet: http://centers.law.nyu.edu/jeanmonnet/papers/00f0101-05.html, Abfrage: 20.05.2010, 10:36 Uhr.

Botzem, S. (2010) *Standards der Globalisierung: Die grenzüberschreitende Regulierung der Unternehmensrechnungslegung als Pfadgestaltung*, Dissertation, Berlin: Freie Universität Berlin, DFG-Graduiertenkolleg "Pfade organisatorischer Prozesse" (Pfadkolleg).

Botzem, S.; Quack, S. (2005) 'Contested Rules and Shifting Boundaries: International Standard Setting in Accounting', Working Paper: SP III 2005-201 Wissenschaftszentrum Berlin für Sozialforschung, online im Internet: http://skylla.wzb.eu/pdf/2005/iii05-201.pdf, Abfrage: 24.08.2009, 12:39 Uhr.

Brackney, K. S.; Witmer, P. R. (2005) 'The European Union's Role in International Standards Setting', *The CPA Journal*, **25**, 18-28.

Brass, D. J.; Galaskiewicz, J.; Greve, H. R.; Tsai, W. (2004) 'Taking Stock of Networks and Organizations: A Multilevel Perspective', *The Academy of Management Journal*, **47**, 795-817.

Bratton, W. W.; Cunningham, L. A. (2009) 'Treatment Differences and Political Realities in the GAAP-IFRS Debate', *Virginia Law Review*, 95, 989-1023.

Burchell, S.; Clubb, C.; Hopwood, A.; Hughes, J.; Nahapiet, J. (1980) 'The roles of accounting in organizations and society', *Accounting, Organizations and Society*, **5**, 5-27.

Burchell, S.; Clubb, C.; Hopwood, A. G. (1985) 'Accounting in its social context: Towards a history of value added in the United Kingdom', *Accounting, Organizations and Society*, **10**, 381-413.

Burnett, R. A. (1975) 'The Harmonisation of Accounting Principles in the Member Countries of the Economic Community', *The International Journal of Accounting*, **11**, 23-30.

Burt, R. S. (1995) *Structural holes: the social structure of competition*, Cambridge, Mass.: Harvard Univ. Press.

Burt, R. S. (1998) 'The Gender of Social Capital', *Rationality and Society*, **10**, 5-46.

Burt, R. S. (2004) 'Structural Holes and Good Ideas', *The American Journal of Sociology*, **110**, 349-399.

Bushee, B. J.; Leuz, C. (2005) 'Economic Consequences of SEC Disclosure Regulation: Evidence from the OTC Bulletin Board', *Journal of Accounting and Economics*, **39**, 233-264.

Bushman, R. M.; Piotroski, J. D.; Smith, A. J. (2004) 'What Determines Corporate Transparency?', *Journal of Accounting Research*, **42**, 207-252.

Busse von Colbe, W. (2002) 'Die deutsche Rechnungslegung vor einem Paradigmenwechsel', *Schmalenbachs Zeitschrift für betriebswirtschaftliche Forschung*, **54**, 159-172.

Büthe, T.; Mattli, W. (2011) *The new global rulers: the privatization of regulation in the world economy*, Princeton, NJ: Princeton Univ. Press.

Calmès, C. (2004) 'Regulatory Changes and Financial Structure: The Case of Canada', Working Paper: Monetary and Financial Analysis Department, Bank of Canada Working Paper 2004-26, online im Internet: http://citeseerx.ist.psu.edu/viewdoc/download?doi=10.1.1.200.4261&rep=rep1&type=pdf, Abfrage: 10.02.2010, 14:25 Uhr.

Camfferman, K.; Zeff, S. A. (2007) *Financial reporting and global capital markets: A History of the International Accounting Standards Committee, 1973-2000*, Oxford: Oxford University Press.

Campbell, J. (1984) 'An application protocol analysis to the "little GAAP" controversy', *Accounting, Organizations and Society*, **9**, 329-342.

Campbell, J. L. (2002) 'Ideas, Politics, and Public Policy', *Annual Reviews of Sociology*, **28**, 21-38.

Carpenter, V. L.; Feroz, E. H. (2001) 'Institutional theory and accounting rule choice: an analysis of four US state governments' decisions to adopt generally accepted accounting principles', *Accounting, Organizations and Society*, **26**, 565-596.

Castles, F. (2001) 'Reflections on the Methodology of Comparative Type Constructions: Three Worlds or Real Worlds?', *Acta Politica*, **36**, 141-154.

Chanchani, S.; MacGregor, A. (1999) 'A synthesis of cultural studies in accounting', *Journal of Accounting Literature*, **18**, 1-30.

Chandler, A. D. (2002) *The visible hand: the managerial revolution in American business*, 16. Aufl., Harvard: Belknap Press.

Chatfield, M. (1977) *A history of accounting thought*, 2. Aufl., Huntington: R. E. Krieger Publ.

Cheffins, B. R. (2001) 'Does Law Matter - The Separation of Ownership and Control in the United Kingdom', *Journal of Legal Studies*, **30**, 459-484.

Cherry, P. (2008) 'Time for Common Accounting Standards', *CAmagazine*, 141, 16-17.

Chiapello, E.; Medjad, K. (2009) 'An unprecedented privatisation of mandatory standard-setting: The case of European accounting policy', *Critical Perspectives on Accounting*, **20**, 448-468.

Choi, F. D. S.; Meek, G. K. (2008) *International Accounting*, 6. Aufl., New Jersey: Prentice Hall.

Choi, F. D. S.; Mueller, G. G. (1984) *International Accounting*, Englewood Cliffs: Prentice-Hall.

Christensen, H. B.; Lee, E.; Walker, M. (2007) 'Cross-sectional variation in the economic consequences of international accounting harmonization: The case of mandatory IFRS adoption in the UK', *The International Journal of Accounting*, **42**, 341-379.

Christopoulos, D. C. (2006) 'Relational Attributes of Political Entrepreneurs: A Network Perspective', *Journal of European Public Policy*, **13**, 757-778.

Chua, W. F.; Taylor, S. L. (2008) 'The rise and rise of IFRS: An examination of IFRS diffusion', *Journal of Accounting and Public Policy*, **27**, 462-473.

Coase, R. H. (1937) 'The Nature of the Firm', *Economica*, **4**, 386-405.

Coenenberg, A. D.; Marten, K.-U. (1993) 'Der Wechsel des Abschlußprüfers', *Der Betrieb*, **46**, 101-110.

Coffee, J. C. (2002) 'Racing towards the Top?: The Impact of Cross-Listings and Stock Market Competition on International Corporate Governance', *Columbia Law Review*, **102**, 1757-1831.

Colomy, P.; Rhoades, G. (1994) 'Toward a Micro Corrective of Structural Differentiation Theory', *Sociological Perspectives*, **37**, 547-583.

Cooper, D. J.; Robson, K. (2006) 'Accounting, professions and regulation: Locating the sites of professionalization', *Accounting, Organizations and Society*, **31**, 415-444.

Cooper, D. J.; Sherer, M. J. (1984) 'The value of corporate accounting reports: Arguments for a political economy of accounting', *Accounting, Organizations and Society*, **9**, 207-232.

Crouch, C. (2005) *Capitalist diversity and change: recombinant governance and institutional entrepreneurs*, Oxford: Oxford Univ. Press.

Csigo, M. (2006) *Institutioneller Wandel durch Lernprozesse: Eine neo-insitutionalistische Perspektive*, Wiesbaden: Verlag für Sozialwissenschaften.

Cumming, D. J.; MacIntosh, J. G. (2002) 'The Rationales Underlying Reincorporation and Implications Canadian Corporations', *International Review of Law and Economics*, **22**, 277-330.

Czada, R. (1991) 'Interest Groups, Self Interest, and the Institutionalization of Political Action'. In: Czada, R.; Windhoff-Héritier, A. (Hrsg.) *Political Choice: Institutions, Rules and the Limits of Rationality*, Frankfurt am Main: Boulder, 257-299.

Czada, R. (2003) 'Der selektive Korporatismus als institutionelles Arrangements'. In: Buckel, S. *et al.* (Hrsg.) *Formen und Felder politischer Intervention: Zur Relevanz von Staat und Steuerung*, Münster: Westfälisches Dampfboot, 69-87.

Czada, R. (2005) 'Institutionelle Theorien der Politik'. In: Nohlen, D.; Schultze, R.-O. (Hrsg.) *Lexikon der Politikwissenschaft : Theorien, Methoden, Begriffe - Band 2*, 3. Aufl., München: Beck, 363-368.

Daley, L. A.; Mueller, G. G. (1982) 'Accounting in the Arena of World Politics', *Journal of Accountancy*, **153**, 40-50.

Daniels, P. W.; Thrift, N. J.; Leyshon, A. (1989) 'Internationalisation of Professional Producer Services: Accountancy Conglomerates'. In: Enderwick, P. (Hrsg.) *Multinational Service Firms*, London: Routledge, 79-106.

David, P. A. (1985) 'Clio and the Economics of QWERTY', *The American Economic Review*, **75**, 332-337.

David, P. A. (1994) 'Why are institutions the 'carriers of history'?: Path dependence and the evolution of conventions, organizations and institutions', *Structural Change and Economic Dynamics*, **5**, 205-220.

David, R.; Brierley, J. (1985) *Major Legal Systems in the World Today*, London: Stevens and Sons.

Davis, R. B. (2003) 'Fox in S-OX North, A Question of Fit: The Adoption of United States Market Solutions in Canada', *Stetson Law Review*, **33**, 955-990.

Deeg, R. (2005) 'Change from within: German and Italian Finance in the 1990s'. In: Streeck, W.; Thelen, K. (Hrsg.) *Beyond Continuity: Institutional Change in Advanced Poltical Economies*, Oxford: Oxford University Press.

Demirguç-Kunt, A.; Levine, R. (1999) 'Bank-based and market-based financial systems : cross-country comparisons', Working Paper: World Bank Policy Working Paper No. 2143, online im Internet: http://ideas.repec.org/p/wbk/wbrwps/2143.html, Abfrage: 10.01.2010, 15:38 Uhr.

Deroian, F. (2002) 'Formation of Social Networks and Diffusion of Innovations', *Research Policy*, **31**, 835-846.

Deutsches Aktieninstitut, (2009) 'DAI Factbook 2009'.

DiMaggio, P. J. (1982) *The structure of organizational fields: an analytical approach and policy implications* Paper prepared for SUNY-Albany Conference on Organizational Theory and Public Policy. April 1 and 2 1982.

DiMaggio, P. J. (1988) 'Interest and agency in institutional theory'. In: Zucker, L. (Hrsg.) *Institutional patterns and organizations*, Cambridge: Ballinger, 3-22.

DiMaggio, P. J. (1998) 'The New Institutionalisms Avenues of Collaboration', *Journal of Institutional and Theoretical Economics*, **154**, 696-705.

DiMaggio, P. J.; Powell, W. W. (1983) 'The Iron Cage Revisited: Institutional Isomorphism and Collective Rationality in Organizational Fields', *American Sociological Review*, **48**, 147-160.

Ding, Y.; Richard, J.; Stolowy, H. (2008) 'Towards an understanding of the phases of goodwill accounting in four Western capitalist countries: From stakeholder model to shareholder model', *Accounting, Organizations and Society*, **33**, 718-755.

Dingwerth, K. (2004) 'When is Transnational Rule-Making Legitimate?', Working Paper: Paper presented at the 45 th Annual Convention of the International Studies Association, Montreal, Canada, March 17-20, 2004., online im Internet: http://www.allacademic.com/meta/p72592_index.html, Abfrage: 23.11.2010, 15:55 Uhr.

Djankov, S.; Glaeser, E. L.; La Porta, R.; Lopez-De-Silanes, F.; Shleifer, A. (2003) 'The new comparative economics', *Journal of Comparative Economics*, **31**, 595-619.

Djelic, M.-L.; Quack, S. (2007) 'Overcoming Path Dependency: Path Generation in Open Systems', *Theory and Society*, **36**, 161-186.

Djelic, M.-L.; Sahlin-Andersson, K. (2006) 'A World of Governance: The Rise of Transnational Regulation'. In: Djelic, M.-L.; Sahlin-Andersson, K. (Hrsg.) *Transnational Governance: Instituitonal Dynamics of Regulation*, Cambridge: Cambridge University Press, 1-28.

Doidge, C.; Karolyi, G. A.; Stulz, R. M. (2004) 'Why are foreign firms listed in the U.S. worth more?', *Journal of Financial Economics*, 71, 205-238.

Dolowitz, D. P.; Marsh, D. (2000) 'Learning from Abroad: The Role of Policy Transfer in Contemporary Policy-Making', *Governance*, **13**, 5-23.

Doupnik, T. S.; Salter, S. B. (1992) 'The relationship between legal systems and accounting practices: a classification exercise', *Advances in International Accounting*, **5**, 3–22.

Doupnik, T. S.; Tsakumis, G. T. (2004) 'A Critical Review of the Tests of Gray's Theory of Cultural Relevance and Suggestions for Future Research', *Journal of Accounting Literature*, **23**, 1-30.

Dowding, K. (1995) 'Model or Metaphor? A Critical Review of the Policy Network Approach', *Political Studies*, **43**, 136-158.

Downs, A.; Wildenmann, R. (1968) *Ökonomische Theorie der Demokratie*, Tübingen: Mohr Siebeck.

Dragneva, R.; Millan, E. (2002) 'Transposing the "True and Fair View" Concept in the Legislation of Hungary and Poland in the Context of EU Enlargement', *Review of Central and East European Law*, **28**, 183-209.

Drezner, D. W. (2001) 'Globalisation and Policy Convergence', *International Studies Review*, **3**, 53-78.

DRSC (2010) 'DRSC: Bilanzierungsgremium schafft Möglichkeit für nationale Neuordnung', online im Internet: http://www.standardsetter.de/drsc/news/archive.php?ixnp_do=show_news_index&ixnp_lang=de&ixnp_id=1&ixnp_page=1&ixnp_filter=1&ixnp_filter_start_date=2010-06-01&ixnp_filter_end_date=2010-06-30&ixnp_do=show_news_article&ixnp_art_id=2100, Abfrage: 06.12.2011, 12:34 Uhr.

DRSC (2011) 'Erneuter Abschluss eines Standardisierungsvertrags zwischen Bundesministerium der Justiz und DRSC', online im Internet: http://www.standardsetter.de/drsc/news/news.php?ixnp_do=show_news_index&ixnp_lang=de&ixnp_id=1&ixnp_page=1&ixnp_do=show_news_article&ixnp_art_id=2508, Abfrage: 06.12.2011, 12:37 Uhr.

Duschek, S. (2010) 'Strategisches Pfadmanagement: "Beyond Path Dependence"'. In: Schreyögg, G.; Conrad, P. (Hrsg.) *Organisation und Strategie*, Wiesbaden: Gabler, 223-259.

Dutzi, A. (2005) *Der Aufsichtsrat als Instrument der Corporate Governance: Ökonomische Analyse der Veränderungen im Corporate-Governance-System börsennotierter Aktiengesellschaften*, Wiesbaden: Deutscher Universitäts-Verlag.

Dyball, M. C.; Valcarcel, L. J. (1999) 'The "rational" and "traditional": the regulation of accounting in the Philippines', *Accounting, Auditing & Accountability Journal*, **12**, 303-328.

Easterbrook, F. H.; Fischel, D. R. (1989) 'The Corporate Contract', *Columbia Law Review*, **89**, 1416-1448.

Eberlein, B.; Grande, E. (2005) 'Beyond Delegation: Transnational Regulatory Regimes and the EU Regulatory State', *Journal of European Public Policy*, **12**, 89-112.

Ebers, M.; Gotsch, W. (2006) 'Institutionenökonomische Theorien der Organisation'. In: Kieser, A.; Ebers, M. (Hrsg.) *Organisationstheorien*, 6. Aufl., Stuttgart: Kohlhammer, 247-308.

Eierle, B. (2005) 'Differential Reporting in Germany - A Historical Analysis', *Accounting, Business & Financial History*, **15**, 279-315.

Eisenstadt, S. N. (1980) 'Cultural orientations, institutional entrepreneurs and social change: Comparative analyses of traditional civilizations', *American Journal of Sociology*, **85**, 840-869.

Elitas, C.; Üç, M. (2009) 'The change on the foundations of the Turkish accounting system and the future perspective', *Critical Perspectives on Accounting*, **20**, 674-679.

Elkins, Z.; Simmons, B. (2005) 'On Waves, Clusters, and Diffusion: A Conceptual Framework', *The ANNALS of the American Academy of Political and Social Science*, **598**, 33-51.

Erlei, M.; Leschke, M.; Sauerland, D. (2007) *Neue Institutionenökonomik*, 2. Aufl., Schäffer-Poeschel.

Errunza, V.; Losq, E. (1985) 'International Asset Pricing under Mild Segmentation: Theory and Test', *The Journal of Finance*, **40**, 105-124.

Esping-Andersen, G. (1990) *The Three Worlds of Welfare Capitalism*, Princeton: Princeton University Press.

Esping-Andersen, G. (1997) 'Towards a Post-Industrial Welfare State', *Internationale Politik und Gesellschaft*, **51**, 237-45.

Esping-Andersen, G. (2000) 'The sustainability of welfare states into the twenty-first century', *International Journal of Health Services*, **30**, 1-12.

Esping-Andersen, G.; Korpi, W. (1987) 'From poor relief to institutional welfare states: the development of Scandinavian social policy'. In: Erikson, R.; Hansen, E. J. (Hrsg.) *The Scandinavian model: welfare states and welfare research: welfare states and welfare research*, Armonk, NY: Sharpe.

Fama, E. F. (1980) 'Agency Problems and the Theory of the Firm', *The Journal of Political Economy*, **88**, 288-307.

FASB und IASB (2002) 'Memorandum of Understanding "The Norwalk Agreement"', online im Internet: http://www.fasb.org/news/memorandum.pdf, Abfrage: 03.09.2009, 17:41 Uhr.

Feldhoff, M. (1994) 'Staat und Rechnungslegung - eine regulierungstheoretische Perspektive', *Die Wirtschaftsprüfung*, **47**, 529-536.

Ferrera, M. (2000) 'Recasting European Welfare States', *West European Politics*, **23**, 1-10.

Fields, T. D.; Lys, T. Z.; Vincent, L. (2001) 'Empirical research on accounting choice', *Journal of Accounting and Economics*, **31**, 255-307.

Fligstein, N. (1997) 'Social Skill and Institutional Theory', *American Behavioral Scientist*, **40**, 397-405.

Fligstein, N. (2001) 'Institutional Entrepreneurs and Cultural Frames - The case of the European Union's Single Market Program', *European Societies*, **3**, 261-287.

Flora, P.; Heidenheimer, A. J. (1981) *The development of welfare states in Europe and America*, New Brunswick, NJ: Transaction Books.

Flower, J. (2004) *European Financial Reporting: Adapting to a Changing World*, Basingstoke: Palgrave MacMillan.

Francfort, A.; Rudolph, B. (1992) 'Zur Entwicklung der Kapital-marktstrukturen in Deutschland und den Vereinigten Staaten von Amerika - Eine vergleichende empirische Untersuchung', *Schmalenbachs Zeit-schrift für betriebswirtschaftliche Forschung*, **44**, 1059-1079.

Frank, W. G. (1979) 'An Empirical Analysis of International Accounting Principles', *Journal of Accounting Research*, **17**, 593-605.

Franks, J.; Mayer, C. (1997) 'Corporate Ownership and Control in the U.K., Germany, and France', *Journal of Applied Corporate Finance*, **9**, 30-45.

Franks, J.; Mayer, C. (2001) 'Ownership and Control of German Corporations', *Review Financial Studies*, **14**, 943-977.

Franks, J.; Mayer, C.; Wagner, H. F. (2006) 'The Origins of the German Corporation – Finance, Ownership and Control', *Review of Finance*, **10**, 537-585.

Freeman, L. C. (1977) 'A Set of Measures of Centrality Based on Betweenness', *Sociometry*, **40**, 35-41.

Freeman, L. C. (1979) 'Centrality in social networks: Conceptual clarification', *Social Networks*, **1**, 215-239.

Fülbier, U. R.; Gassen, J. (2009) 'Bilanzrechtsregulierung: Auf der ewigen Suche nach der eierlegenden Wollmilchsau'. In: Wagner, F. W. *et al.* (Hrsg.) *Private und öffentliche Rechnungslegung: Festschrift für Prof. Dr. Hannes Streim zum 65. Geburtstag*, Wiesbaden: Gabler Verlag, 135-156.

Fülbier, U. R.; Gassen, J.; Sellhorn, T. (2008) 'Vorsichtige Rechnungslegung - Theoretische Erklärung und empirsche Evidenz', *Zeitschrift für Betriebswirtschaft*, **78**, 1317-1342.

Furubotn, E. G.; Pejovich, S. (1972) 'Property Rights and Economic Theory: A Survey of Recent Literature', *Journal of Economic Literature*, **10**, 1137-1162.

Furubotn, E. G.; Richter, R. (1997) *Institutions and Economic Theory: The Contribution of the New Institutional Economics*, Ann Arbor: The University of Michigan Press.

Garud, R.; Karnøe, P. (2001) 'Path Creation as a Process of Mindful Deviation'. In: Garud, R.; Karnøe, P. (Hrsg.) *Path Dependence and Creation*, Mahwah: Lawrence Erlbaum Associates.

Genschel, P.; Zangl, B. (2008) 'Transformation of the State - From Monopolist to Manager of Poltical Authority', Working Paper: SfB 597 „Staatlichkeit im Wandel" TransState Working Paper Nr. 076/2008, online im Internet: http://ideas.repec.org/p/zbw/sfb597/76.html, Abfrage: 20.03.2009, 10:21 Uhr.

Gernon, H.; Wallace, R. S. (1995) 'International accounting research: A review of its ecology, contending theories and methodologies', *Journal of Accounting Literature*, **14**, 54-106.

Gertler, M. S. (2001) 'Best practice? Geography, learning and the institutional limits to strong convergence', *Journal of Economic Geography*, **1**, 5-26.

Glendon, M. A.; Gordon, M. W.; Osakwe, C. (2002) *Comparative legal traditions: text, materials and cases on the civil and common law traditions, with special refernce to French, German, English and European law*, 2. ed., 3. reprint, West Group.

Graham, C.; Neu, D. (2003) 'Accounting for globalization', *Accounting Forum*, **27**, 235-247.

Grande, E.; Kaiser, R. (2004) 'Die Analyse kooperativer Umwelt-innovationsprojekte: Organisation, institutionelle Arrangements und institutionelles Umfeld'. In: Horbach, J. *et al.* (Hrsg.) *Nachhaltigkeit und Innovation: Rahmenbedingungen für Umweltinnovationen*, 2. Aufl, München: Oekom Verlag, 219-234.

Gray, S. J. (1988) 'Towards a Theory of Cultural on the Development of Accounting Influence Systems Internationally', *ABACUS*, **24**, 1-15.

Grewe, T. (2008) *Professional Service Firms in einer globalisierten Welt: eine strategische Analyse am Beispiel von Wirtschaftsprüfungsgesellschaften und Unternehmensberatungen*, Wiesbaden: GWV Fachverlage GmbH.

Gurría, A. (2008) 'The Challenges of Globalisation and the OECD: Working for a More Balanced and Inclusive World', online im Internet: http://www.oecd.org/document/15/0,3746,en_21571361_44315115_40568719_1_1_1_1,00.html, Abfrage: 22.11.2011, 10:21 Uhr.

Haas, P. M. (1992) 'Introduction: Epistemic Communities and International Policy Coordination', *International Organization*, **46**, 1-36.

Hachmeister, D. (2001) *Wirtschaftsprüfungsgesellschaften im Prüfungsmarkt: eine ökonomische Analyse zur Konzentration auf dem Prüfungsmarkt und zur Entwicklung großer Prüfungsgesellschaften*, Munich: Schäffer-Poeschel.

Hackethal, A.; Schmidt, R. H. (2000) 'Finanzmärkte und Komplementarität', Working Paper: Johann Wolfgang Goethe-Universität: Finance & Accounting Nr. 50, online im Internet: http://www.ebs.edu/fileadmin/redakteur/funkt.dept.finance/hackethal/WP/Komplementarit_t_und_Finanzsystem.pdf, Abfrage: 14.09.2011, 17:34 Uhr.

Hall, P. A. (1986) *Governing the economy: the politics of state intervention in Britain and France*, Cambridge: Polity Press.

Hall, P. A.; Soskice, D. (2001) 'An Introduction to Varieties of Capitalism'. In: Hall, P. A.; Soskice, D. (Hrsg.) *Varieties of Capitalism: The Institutional Foundations of Comparative Analysis*, Oxford: Oxford University Press, 1-68.

Hall, P. A.; Taylor, R. C. R. (1996) 'Political Science and the Three New Institutionalisms', *Political Studies*, **44**, 936-957.

Haller, A. (1992) 'The Relationship of Financial and Tax Accounting in Germany: A Major Reason for Accounting Disharmony in Europe', *The International Journal of Accounting*, **27**, 310-323.

Haller, A. (1994) *Die Grundlagen der externen Rechnungslegung in den USA: Unter besonderer Berücksichtigung der rechtlichen, institutionellen und theoretischen Rahmenbedingungen*, 4. Aufl., Stuttgart: Schäfer-Poeschel.

Haller, A. (2003a) 'Accounting in Germany'. In: Walton, P. *et al.* (Hrsg.) *International Accounting*, London: Thompson Business Press, 91-128.

Haller, A. (2003b) 'IFRS für alle Unternehmen - ein realsiebares Szenario in der Europäischen Union?', *Zeitschrift für internationale und kapital marktorientierte Rechnungslegung*, **3**, 413-424.

Hammermeister, J. H. (2012) *Der Einfluss von Rechts- und Finanzsystemen auf die Ausgestaltung der Rechnungslegung*, Dissertation, Frankfurt am Main: Peter Lang.

Hammermeister, J. H.; Zimmermann, J. (2010) 'Financial Reporting Demands in a Globalised World: The Harmonisation of Accounting Rules', Working Paper: SFB 597 "Staatlichkeit im Wandel" Trans State Working Paper No. 125, online im Internet: http://www.sfb597.uni-bremen.de/homepages/zimmermann/arbeitspapierBeschreibung.php?ID=171&SPRACHE=de&USER=zimmermann, Abfrage: 14.11.2010, 16:39 Uhr.

Hannan, M. T.; Freeman, J. (1977) 'The Population Ecology of Organizations', *American Journal of Sociology*, **82**, 929-964.

Hao, Z. P. (1999) 'Regulation and organisation of accountants in China', *Accounting, Auditing and Accountability Journal*, **12**, 286-302.

Hart, O.; Moore, J. (1988) 'Incomplete Contracts and Renegotiation', *Econometrica*, **56**, 755-785.

Heine, K. (2003) *Regulierungswettbewerb im Gesellschaftsrecht: Zur Funktionsfähigkeit eines Wettbewerbs der Rechtordnungen im europäischen Gesellschaftsrecht*, Berlin: Duncker & Humboldt.

Heintges, S. (2005) *Bilanzkultur und Bilanzpolitik in den USA und in Deutschland: Einflüsse auf die Bilanzpolitik börsennotierter Unternehmen*, Sternenfels: Verlag Wissenschaft und Praxis.

Hickel, R. (1998) *Stand-Wahn und Euro-Angst: Die sieben Irrtümer der deutschen Wirtschaftspolitik*, Hamburg: Reinbek.

Hicks, A. (1999) *Social Democracy and Welfare Capitalism*, New York: Cornell University Press.

Hicks, J. R. (1969) *A theory of economic history*, Oxford: Clarendon Press.

Hines, R. D. (1988) 'Financial accounting: In communicating reality, we construct reality', *Accounting, Organizations and Society*, **13**, 251-261.

Hoarau, C. (2009) 'The Reform of the French Standard-Setting System: Its Peculiarities, Limits and Political Context', *Accounting in Europe*, **6**, 127-148.

Hodges, R.; Mellett, H. (2006) *Accounting Regulation in the UK: One nation, Two sectors*,

Holden, C. (2003) 'Decommodification and the Workfare State', *Political Studies Review*, **1**, 303-316.

Hollis, S. (2010) 'The Necessity of Protection: Transgovernmental Networks and EU Security Governance', *Cooperation and Conflict*, **45**, 312-330.

Holzinger, K.; Jörgens, H.; Knill, C. (2007) 'Transfer, Diffusion und Konvergenz: Konzepte und Kausalmechanismen'. In: Holzinger, K. *et al.* (Hrsg.) *Transfer, Diffusion und Konvergenz von Politiken*, Wiesbaden: VS Verlag für Sozialwissenschaften, 11-35.

Holzinger, K.; Knill, C. (2005) 'Causes and Conditions of Cross-national Policy Convergence', *Journal of European Public Policy*, **12**, 775-796.

Holzinger, K.; Knill, C.; Sommerer, T. (2008) 'Environmental Policy Convergence: The Impact of International Harmonization, Transnational Communication, and Regulatory Competition', *International Organization*, **62**, 553-587.

Höpner, M. (2005) 'What connects industrial relations and corporate governance? Explaining institutional complementarity', *Socio-Economic Review*, **3**, 331-358.

Hopwood, A. G. (1976) 'Editorial', *Accounting, Organizations and Society*, **1**, 1-4.

Hopwood, A. G. (1994) 'Some Reflection on the Harmonization of Accounting within the EU', *European Accounting Review*, **3**, 241-253.

Hopwood, A. G.; Miller, P. (1994) *Accounting as Social and Institutional Practice*, Cambridge: Cambridge University Press.

Hurrelmann, A.; Leibfried, S.; Martens, K.; Mayer, P. (2008) 'Die Zerfaserung des Nationalstaates: Ein analytischer Rahmen'. In: Hurrelmann, A. *et al.* (Hrsg.) *Zerfasert der Nationalstaat? Die Internationalsierung politischer Verantwortung*, Frankfurt am Main: Campus, 21-53.

Husa, J. (2006) 'Legal Families'. In: Smits, J. M. (Hrsg.) *Elgar Encyclopedia of Comparative Law*, Cheltenham, UK: Edward Elgar Publishing.

IASB (2007) *The ASBJ and the IASB announce Tokyo Agreement on achieving convergence of accounting standards by 2011,* Press release, August 8 2011.

Jaag, T. (2003) *Europarecht: Die europäische Institution aus schweizerischer Sicht*, Zürich: Schulthess.

Jackson, G.; Vitols, S. (2001) 'Pension Regimes and Financial Systems: Between financial commitment, market liquidity, and corporate governance'. In: Ebbinghaus, B.; Manow, P. (Hrsg.) *The Varieties of Welfare Capitalism: Social Policy and Political Economy in Europe, Japan and the USA*, London: Routledge, 171-189.

Jacques, R. (2005) 'The concept of fair value in French and German accounting regulations from 1673 to 1914 and its consequences for the interpretation of the stages of development of capitalist accounting', *Critical Perspectives on Accounting*, **16**, 825-850.

Jaggi, B.; Low, P. Y. (2000) 'Impact of Culture, Market Forces, and Legal System on Financial Disclosures', *The International Journal of Accounting*, **35**, 495-519.

Jang, Y. S. (2005) 'The Expansion of Modern Accounting as a Global and Institutional Practice', *International Journal of Comparative Sociology*, **46**, 297-326.

Jansen, D. (2000) 'Der neue Institutionalismus', Working Paper: Antrittsvorlesung an der Deutschen Hochschule für Verwaltungswissenschaften Speyer, Juni 2000, online im Internet: http://www.dhv-speyer.de/jansen/download/SpeyererVortr%C3%A4geInstitutionalismus.pdf, Abfrage: 13.08.2011, 10:21 Uhr.

Jansen, D. (2006) *Einführung in die Netzwerkanalyse: Grundlagen, Methoden, Forschungsbeispiele*, 3. Aufl., Wiesbaden: Verlag für Sozialwissenschaften.

Jensen, M. C. (2003) *A Theory of the Firm : Governance, Residual Claims, and Organizational Forms*, Cambridge: Harvard Universtiy Press.

Jensen, M. C.; Meckling, W. H. (1976) 'Theory of the firm: managerial behavior, agency costs and capital structure', *Journal of Financial Economics*, **3**, 305-360.

Jepperson, R. L. (1991) 'Institutions, institutional effects and institutionalism'. In: DiMaggio, P. J.; Powell, W. W. (Hrsg.) *The new institutionalism in organizational analysis*, Chicago: The University of Chicago Press, 143-163.

Jessop, B. (1999) 'The Changing Governance of Welfare: Recent Trends in its Primary Functions, Scale, and Modes of Coordination', *Social Policy & Administration*, **33**, 348-359.

Jones, M. J. (1994) 'Accounting Change, Communitarianism and Etatism: The University, and Colleges, of Oxford 1800-1923', *Critical Perspectives on Accounting*, **5**, 109-132.

Judge, W.; Li, S.; Pinsker, R. (2010) 'National Adoption of International Accounting Standards: An Institutional Perspective', *Corporate Governance: An International Review*, **18**, 161-174.

Kam, V. (1990) *Accounting theory*, 2. Aufl., New York, NY: Wiley Publishing.

Karolyi, G. A. (1998) 'Why Do Companies List Shares Abroad? A Survey of the Evidence and its Managerial Implications', *Financial Markets, Institutions and Instruments*, **7**, 1-60.

Karolyi, G. A. (2006) 'The World of Cross-Listings and Cross-Listings of the World: Challenging Conventional Wisdom', *Review of Finance*, **10**, 99-152.

Katz, M. L.; Shapiro, C. (1985) 'Network Externalities, Competition, and Compatibility', *The American Economic Review*, **75**, 424-440.

Kell, W. G. (1953) 'Should the accounting entity be personified?', *Accounting Review*, **28**, 40-43.

Kenis, P.; Schneider, V. (1991) 'Policy Networks and Policy Analysis'. In: Marin, B. (Hrsg.) *Policy Networks: Empirical Evidence and Theoretical Considerations* Frankfurt am Main: Campus, 25-59.

Kennedy, D. (1976) 'Form and Substance in Private Law Adjudication', *Harvard Law Review*, **89**, 1685-1778.

Kent Baker, H.; Nofsinger, J. R.; Weaver, D. G. (2002) 'International Cross-Listing and Visibility', *Journal of Financial and Quantitative Analysis*, **37**, 495-521.

Kern, K. (2000) *Die Diffusion von Politikinnovationen. Umweltpolitische Innovationen im Mehrebenensystem der USA*, Opladen: Laseke + Budrich.

Kilian, J. P. (2011) *Rechnungslegung als Instrument des Gläubigerschutzes: Stabilität und Wandel im internationalen Vergleich*, Dissertation, Frankfurt am Main: Peter Lang.

Kirchhof, P. (2000) 'Gesetzgebung und private Regelsetzung als Geltungsgrund für Rechnungslegungspflichten?', *Zeitschrift für Unternehmens- und Gesellschaftsrecht*, **29**, 681-692.

Kirsch, H.-J. (2003) 'Zur Frage der Umsetzung der Mitgliedstaatenwahlrechte der EU-Verordnung zur Anwendung der IAS/IFRS', *Die Wirtschaftsprüfung*, **56**, 275-278.

Kloos, G. (1993) *Die Transformation der 4. EG-Richtlinie (Bilanzrichtlinie) in den Mitgliedstaaten der Europäischen Gemeinschaft: eine Analyse der verbliebenen Rechnungslegungsunterschiede aufgrund von nationalen Wahlrechtsausnutzungen*, Berlin: Duncker & Humboldt.

Knoepfel, P.; Kissling-Näf, I. (1998) 'Social Learning in Policy Networks', *Policy and Politics*, **26**, 343-367.

Knoke, D. (1990) *Political Networks: The Structural Perspective*, Cambridge, US: Cambridge University Press.

Korpi, W. (1980) 'Social policy and distributional conflict in the capitalist democracies', *Western European Politics*, **3**, 296-316.

KPMG (2006) 'Feasibility study on capital maintenance - Main report', online im Internet: http://ec.europa.eu/internal_market/company/docs/capital/feasbility/study_en.pdf, Abfrage: 12.09.2009, 16:59 Uhr.

Kraakman, R. H. (2009) *The anatomy of corporate law: a comparative and functional approach*, 2. Aufl., Oxford: Oxford Univ. Press.

Kriesi, H.; Adam, S.; Jochum, M. (2006) 'Comparative Analysis of Policy Networks in Western Europe', *Journal of European Public Policy*, **13**, 341-361.

Küting, K.; Dürr, U.; Zwirner, C. (2003) 'Das Deutsche Rechnungslegungs Standards Committee: Standortbestimmung und künftige Aufgaben-schwerpunkte', *Betrieb und Wirtschaft*, **4**, 133-138.

Küting, K.; Hayn, S. (1993) 'Börseneinführungsmodalitäten in den USA', *Die Wirtschaftsprüfung*, **46**, 401-411.

Küting, K.; Lauer, P. (2010) 'Der Fair Value in der Krise', *Betriebswirtschaftliche Forschung und Praxis*, **61**, 547-567.

Küting, K.; Lauer, P. (2011) 'Die Jahresabschlusszwecke nach HGB und IFRS - Polarität oder Konvergenz?', *Der Betrieb*, **64**, 1985-1991.

Kvist, J. (2007) 'Fuzzy set ideal type analysis', *Journal of Business Research*, **60**, 474-481.

La Porta, R.; Lopez-De-Silanes, F.; Shleifer, A. (2008) 'The Economic Consequences of Legal Origins', *Journal of Economic Literature*, **46**, 285-332.

La Porta, R.; Lopez-de-Silanes, F.; Shleifer, A.; Vishny, R. W. (1997) 'Legal Determinants of External Finance', *Journal of Finance*, **52**, 1131-50.

La Porta, R.; Lopez-de-Silanes, F.; Shleifer, A.; Vishny, R. W. (1998) 'Law and Finance', *Journal of Political Economy*, **106**, 1113-1155.

Lane, P. R.; Milesi-Ferretti, G. M. (2008) 'The Drivers of Financial Globalization', *The American Economic Review*, **98**, 327-332.

Lee, T. A. (1984) *The evolution of corporate financial reporting*, 2. Aufl., New York: Garland.

Leibfried, S. (1992) 'Towards a European Welfare State? Integrating Poverty Regimes into the European Community'. In: Ferge, S.; Kolberg, J. E. (Hrsg.) *Social Policy in a Changing Europe*, Boulder: Westview, 245-279.

Lele, P. P.; Siems, M. M. (2007) 'Shareholder Protection: A Leximetric Approach', *Journal of Corporate Law Studies*, **7**, 17-50.

Lenaerts, K.; Nuffel, P. v. (2005) *Constitutional Law of the European Union*, London: Thomson, Sweet & Maxwell.

Leuz, C. (2010) 'Different approaches to corporate reporting regulation: how jurisdictions differ and why', *Accounting and Business Research*, **40**, 229-256.

Leuz, C.; Wüstemann, J. (2004) 'The Role of Accounting in the German Financial System'. In: Krahnen, J. P.; Schmidt, R. H. (Hrsg.) *The German Financial System*, Oxford: Oxford University Press, 450-481.

Lev, B. (1988) 'Toward a Theory of Equitable and Efficient Accounting Policy', *The Accounting Review*, **63**, 1-22.

Levine, R. (1997) 'Financial Development and Economic Growth: Views and Agenda', *Journal of Economic Literature*, **35**, 688-726.

Levitt, T. (1983) 'The Globalization of Markets', *Harvard Business Review*, **61**, 92-102.

Liebowitz, S. J.; Margolis, S. E. (1995) 'Path Dependence, Lock-in, and History', *Journal of Law, Economics, & Organization*, **11**, 205-226.

Lorig, A. N. (1964) 'Some basic concepts of accounting and their implications', *Accounting Review*, **39**, 563-573.

Lück, W.; Holzer, H. P. (1981) 'Multinationale Wirtschaftsprüfungsgesellschaften', *Der Betrieb*, **34**, 1989-1993.

Luthardt, U.; Zimmermann, J. (2009) 'A European view on the Legitimacy of Accounting Procedures: Towards a Deliberative-Accountability Framework for Analysis', *Research in Accounting Regulation*, **21**, 79-88.

Maguire, S.; Hardy, C.; Lawrence, T. B. (2004) 'Institutional Entrepreneurship in Emerging Fields: HIV/AIDS Treatment Advocacy in Canada', *The Academy of Management Journal*, **47**, 657-679.

Mahoney, J. (2000) 'Path Dependency in Historical Sociology', *Theory and Society*, **29**, 507-548.

Mahoney, P. G. (2001) 'The Common Law and Economic Growth: Hayek Might Be Right', *Journal of Legal Studies*, **30**, 503-525.

Maltby, J. (2000) 'The origins of prudence in accounting', *Critical Perspectives on Accounting*, **11**, 51-70.

Mandler, U. (1994) 'Wirtschaftsprüfung im Umbruch: Harmonisierung der Rechnungslegung und Globalisierung der Unternehmensstrukturen', *Zeitschrift für Betriebswirtschaft*, **64**, 167-188.

Mandler, U. (1995) 'Theorie internationaler Wirtschaftsprüfungsorganisationen: Qualitätskonstanz und Reputation', *Die Betriebswirtschaft*, **55**, 31-44.

Mandler, U. (1999) 'Die Internationalisierung von Wirtschaftsprüfungsgesellschaften'. In: Giesel, F.; Glaum, M. (Hrsg.) *Globalisierung: Herausforderung an die Unternehmensführung zu Beginn des 21. Jahrhunderts*, München: Beck, 429-452.

March, J. G.; Olsen, J. P. (1984) 'The New Institutionalism: Organizational Factors in Political Life', *The American Political Science Review*, **78**, 734-749.

March, J. G.; Olsen, J. P. (1989) *Rediscovering institutions: the organizational basis of politics*, New York, NY: Free Press.

Marsh, D.; Rhodes, M. (1992) 'Policy Communities and Issue Networks: Beyond Typology'. In: Marsh, D.; Rhodes, M. (Hrsg.) *Policy Networks in British government*, Oxford: Clarendon Press, 249-268.

Mattli, W.; Büthe, T. (2005) 'Accountability in Accounting? The Politics of Private Rule-Making in the Public Interest', *Governance: An International Journal of Policy, Administration, and Institutions*, **18**, 399-429.

Mau, S. (1997) 'Ungleichheits- Und Gerechtigkeitsorientierung in modernen Wohlfahrtsstaaten: Ein Vergleich der Länder Schweden, Großbritannien und der Bundesrepublik Deutschland', Working Paper: Wissenschaftszentrum Berlin, online im Internet: http://bibliothek.wz-berlin.de/pdf/1997/iii97-401.pdf, Abfrage: 14.08.2009, 09:13 Uhr.

Mayntz, R.; Scharpf, F. W. (1995) 'Der Ansatz des akteurszentrierten Institutionalismus'. In: Mayntz, R.; Scharpf, F. W. (Hrsg.) *Gesellschaftliche Selbstregelung und politische Steuerung*, Frankfurt am Main: Campus, 39-72.

McSweeney, B. (2002) 'Hofstede's Model of National Cultural Differences and their Consequences: A Triumph of Faith - a Failure of Analysis', *Human Relations*, **55**, 89-118.

McSweeney, B. (2010) 'The Transnationalization of Financial Reporting Standards', Working Paper: School of Management, Royal Holloway University of London, online im Internet: http://digirep.rhul.ac.uk/items/dbb08beb-9729-6e23-61ca-18639b8b75a6/1/, Abfrage: 24.10.2011, 08:11 Uhr.

Means, G. C. (1931) 'The Separation of Ownership and Control in American Industry', *The Quarterly Journal of Economics*, **46**, 68-100.

Merton, R. C. (1987) 'A Simple Model of Capital Market Equilibrium with Incomplete Information', *Journal of Finance*, **42**, 483-510.

Merton, R. C.; Bodie, Z. (1995) 'A Conceptual Framework for Analyzing the Financial System'. In: Crane, D. B. (Hrsg.) *The global financial system: A functional perspective*, Boston, Mass.: Harvard Business School Press, 3-32.

Meseguer, C. (2005) 'Policy Learning, Policy Diffusion, and the Making of a New Order', *The ANNALS of the American Academy of Political and Social Science*, **598**, 67-82.

Meyer, J. W.; Rowan, B. (1977) 'Institutionalized Organizations: Formal Structure as Myth and Ceremony', *American Journal of Sociology*, **83**, 340-363.

Meyer, P. E. (1973) 'The Accounting Entity', *ABACUS*, 9, 116-126.

Michael, G.; Paul, O.; Annette, V.-J. (2006) 'Mandated Disclosure, Stock Returns, and the 1964 Securities Acts Amendments', *Quarterly Journal of Economics*, **121**, 399-460.

Miller, P. (1990) 'On the interrelations between accounting and the state', *Accounting, Organizations and Society*, **15**, 315-338.

Milward, H. B.; Provan, K. G.; Fish, A.; Isett, K. R.; Huang, K. (2010) 'Governance and Collaboration: An Evolutionary Study of Two Mental Health Networks', *Journal of Public Administration Research and Theory*, **20**, 1125-1141.

Mintrom, M. (1997) 'Policy Entrepreneurs and the Diffusion of Innovations', *American Journal of Political Science*, **41**, 738-770.

Mintrom, M.; Vergari, S. (1996) 'Advocacy Coalitions, Policy Entrepreneurs, and Policy Change', *Policy Studies Journal*, **24**, 420-434.

Mintrom, M.; Vergari, S. (1998) 'Policy Networks and Innovation Diffusion: The Case of State Education Reforms', *The Journal of Politics*, **60**, 126-148.

Mittoo, U. R. (1992) 'Managerial Perceptions of the Net Benefits of Foreign Listing: Canadian Evidence', *Journal of International Financial Management & Accounting*, **4**, 40-62.

Moe, T. M. (1990) 'Political Institutions: The Neglected Side of the Story', *Journal of Law, Economics and Organization*, **6**, 213-253.

Morgan, G.; Kubo, I. (2005) 'Beyond path dependency? Constructing new models for institutional change: the case of capital markets in Japan', *Socio-Economic Review*, **3**, 55-82.

Moxter, A. (1984) *Bilanzlehre, Band I: Einführung in die Bilanztheorie*, 3. Aufl., Wiesbaden: Gabler.

Moxter, A. (2007) *Bilanzrechtsprechung*, 6. Aufl., Tübingen: Mohr Siebeck.

Mueller, G. G. (1968) 'Accounting Principles Generally Accepted in the U.S. versus those Generally Accepted Elsewhere', *International Journal of Accounting Education and Research*, **3**, 91-104.

Müller-Stewens, G.; Drolshammer, J.; Kriegmeier, J. (1999) 'Professional Service Firms – Branchenmerkmale und Gestaltungsfelder des Managements'. In: Müller-Stewens, G. *et al.* (Hrsg.) *Professional Service Firms – Wie sich multinationale Dienstleister positionieren*, Frankfurt am Main: FAZ Buch, 11-153.

Murphy, G. (1986) 'A chronology of the development of financial reporting practices in Canada', *Accounting Historians Journal*, **13**, 1-16.

Nachum, L. (2003) 'Does nationality of ownership make any difference and, if so, under what circumstances?: Professional service MNEs in global competition', *Journal of International Management*, **9**, 1-32.

Nagel, A.-K. (2007) 'Analysing change in transnational policy networks. Legitimacy-transfers in the Bologna Process', Working Paper: SfB 597 „Staatlichkeit im Wandel" TranState Working Papers No. 57/2007, online im Internet: http://www.econstor.eu/bitstream/10419/24969/1/538517298.pdf, Abfrage: 20.04.2011, 12:45 Uhr.

Nair, R. D.; Frank, W. G. (1980) 'The Impact of Disclosure and Measurement Practices on International Accounting Classifications', *The Accounting Review*, **55**, 426-450.

Napier, C. J. (1995) 'The History of Financial Reporting in the United Kingdom'. In: Walton, P. (Hrsg.) *European Financial Reporting – A History*, London: Academic Press, 259-283.

Nicholls, C. (2006) 'The Characteristics of Canada's Capital Markets and the Illustrative Case of Canada's Legislative Regulatory Response to Sarbanes-Oxley', Working Paper: Commissioned by the Task Force to Modernize Securities Legislation in Canada, online im Internet: http:// www.tfmsl.ca/docs/V4(3A)%20Nicholls.pdf, Abfrage: 05.04.2009, 17:56 Uhr.

Nikolov, S. R. (2000) *Die Rolle der Banken im Finanzsystem: Eine komparative Analyse der Bankensysteme in Deutschland und in den USA*, Marburg: Tectum Verlag.

Niskanen, J.; Kinnunen, J.; Kasanen, E. (1998a) 'A note on the information content of parent company versus consolidated earnings in Finland', *European Accounting Review*, **7**, 31 - 40.

Niskanen, J.; Kinnunen, J.; Kasanen, E. (1998b) 'A note on the information content of parent company versus consolidated earnings in Finland', *European Accounting Review* **7**, 31-40.

Nobes, C. (1983) 'A Judgemental International Classification of Financial Reporting Practices', *Journal of Business Finance & Accounting*, **10**, 1-19.

Nobes, C. (1998) 'Towards a General Model of the Reasons for International Differences in Financial Reporting', *ABACUS*, **34**, 162-187.

Nobes, C.; Parker, R. H. (2004) *Comparative International Accounting* 8. Aufl., Harlow, Essex: Prentice Hall.

Nobes, C.; Parker, R. H. (2006) *Comparative International Accounting* 9. Aufl., Harlow, Essex: Prentice Hall.

Nobes, C.; Parker, R. H. (2008) *Comparative International Accounting*, 10. Aufl., Harlow, Essex: Prentice Hall.

Nobes, C.; Parker, R. H. (2011) *Comparative International Accounting*, 11. Aufl., Harlow, Essex: Pearson Education Limited.

Nobes, C.; Roberts, A. (2000) 'Towards a Unifying Model of Systems of Law, Corporate Financing, Accounting and Corporate Governance', *Australian Accounting Review*, **10**, 26-34.

Noll, B. (2002) *Wirtschafts- und Unternehmensethik in der Marktwirtschaft*, Stuttgart: Kohlhammer.

North, D. (1986) 'The new institutional economics', *Journal of Theoretical and Institutional Economics*, **142**, 230-237.

North, D. (1993) 'Institutional Change: A Framework of Analysis'. In: Sjöstrand, S.-E. (Hrsg.) *Institutional Change: Theory and Empirical Findings*, New York: M. E. Sharpe, 35-46.

North, D. C. (1978) 'Structure and Performance: The Task of Economic History', *Journal of Economic Literature*, **16**, 963-978.

North, D. C. (1990) *Institutions, Institutional Change, and Economic Performance*, Cambridge: Cambridge University Press.

North, D. C. (1992) *Institutionen, institutioneller Wandel und Wirtschaftsleistung*, Tübingen: Mohr.

North, D. C.; Weingast, B. R. (1989) 'Constitutions and Commitment: The Evolution of Institutions Governing Public Choice in Seventeenth-Century England', *The Journal of Economic History*, **49**, 803-832.

Nusbaumer, J. (1987) *The services economy. Lever to growth*, Boston, Mass.: Wolters Kluwer.

Obinger, H.; Starke, P. (2007) 'Sozialpolitische Entwicklungstrends in OECD-Ländern 1980-2001: Konvergenz, Divergenz oder Persistenz', *Politische Vierteljahresschrift*, **PVS Sonderheft 38**, 470-495.

OECD (2005) *Measuring Globalization: OECD Handbook on Economic Globalisation Indicators*, Paris: OECD Publ.

Oehr, T.-F.; Zimmermann, J. (2012) 'Accounting and the Welfare-state: The Missing Link', *Critical Perspectives on Accounting*, **23**, 134-152.

Offe, C. (1984) *Contradictions of the Welfare State*, London: Hutchinson.

Ogata, K. (2010) 'A study of accounting standard-setting using graph theory', *Artificial Life and Robotics*, **15**, 279-283.

Oguri, T. (2005) 'Functions of accounting and accounting regulation: alternative perspectives based on Marxian economics', *Critical Perspectives on Accounting*, **16**, 77-94.

Ordelheide, D. (1996) 'True and Fair View. A European and a German perspective II', *European Accounting Review*, **5**, 495-506.

Ordelheide, D. (2004) 'The Politics of Accounting: A Framework'. In: Leuz, C. *et al.* (Hrsg.) *Economics and Politics of Accounting: International Perspectives on Research Trends, Policy, and Practice*, Oxford: Oxford University Presss, 267-284.

Ordelheide, D.; KPMG (2001) *Transnational Accounting*, Basingstoke: Palgrave.

Otte, H.-H. (1990) 'Harmonisierte Europäische Rechnungslegung', *Schmalenbachs Zeitschrift für betriebswirtschaftliche Forschung*, **42**, 505-525.

Pagano, M.; Röell, A. A.; Zechner, J. (2002) 'The Geography of Equity Listing: Why Do Companies List Abroad?', *The Journal of Finance*, **57**, 2651-2694.

Parker, R. H. (1988) 'Regulating financial reporting in the UK, USA, Australia and Canada'. In: Nobes, C.; Parker, R. H. (Hrsg.) *Issues in multinational accounting*, Oxford: Philip Allan, 68-80.

Pellens, B. (2001) *Internationale Rechnungslegung*, 4. Aufl., Stuttgart: Schäffer-Poeschel.

Pellens, B.; Bonse, A.; Gassen, J. (1998) 'Perspektiven der deutschen Konzernrechnungslegung - Auswirkungen des Kapitalaufnahmeerleichterungsgesetzes und des Gesetzes zur Kontrolle und Transparenz im Unternehmensbereich', *Der Betrieb*, **51**, 785-792.

Pellens, B.; Fülbier, R. U.; Gassen, J.; Sellhorn, T. (2011) *Internationale Rechnungslegung: IFRS 1 bis 9, IAS 1 bis 41, IFRIC-Interpretationen, Standardentwürfen: Mit Beispielen, Aufgaben und Fallstudie*, 8. Aufl., Stuttgart: Schäffer-Poeschel.

Perks, R. W. (1993) *Accounting and Society*, London: Chapman & Hall.

Perry, J.; Nöelke, A. (2005) 'International Accounting Standard Setting: A Network Approach', *Business and Politics*, **7**, 1-32.

Peters, B. G. (2005) *Institutional theory in political science. The 'new institutionalism'*, 2. Aufl., London: Continuum.

Peters, H.-R. (2002) *Wirtschaftssystemtheorie und Allgemeine Ordnungspolitik*, 4. Aufl., München: Oldenbourg.

Pierson, P. (2000) 'Increasing Returns, Path Dependence, and the Study of Politics', *The American Political Science Review*, **94**, 251-267.

Pierson, P. (2001) *The new politics of the welfare state*, Oxford: Oxford University Press.

Pitruzello, S. (1999) *Decommodification and the Worlds of Welfare Capitalism: A Cluster Analysis*, Florence: European University Institute.

Pollanen, R. M.; Pollanen, E. M. (2007) *The new age of accounting regulation in Canada and the United States: Divergent Paths or parallel tracks?*, Ottawa: Sprott Letters Working Paper Carleton University.

Potter, B. N. (2005) 'Accounting as a social and institutional practice: perspectives to enrich our understanding of accounting change', *ABACUS*, **41**, 265-289.

Powell, W. W. (1990) 'Neither Market nor Hierarchy: Network Forms of Organization', *Research in Organizational Behaviour*, **12**, 295-336.

Powell, W. W.; DiMaggio, P. (2008) *The new institutionalism in organizational analysis*, 2. Aufl., Chicago: Univ. of Chicago Press.

Provan, K. G.; Kenis, P. (2008) 'Modes of Network Governance: Structure, Management, and Effectiveness', *Journal of Public Administration Research and Theory*, **18**, 229-252.

Provan, K. G.; Milward, H. B. (1995) 'A Preliminary Theory of Interorganizational Network Effectiveness: A Comparative Study of Four Community Mental Health Systems', *Administrative Science Quarterly*, **40**, 1-33.

Puxty, A. G.; Willmott, H. C.; Cooper, D. J.; Lowe, T. (1987) 'Modes of Regulation in Advanced Capitalism: Locating Accountancy in Four Countries', *Accounting, Organizations and Society*, **12**, 273-291.

Quack, S. (2010) 'Law, Expertise and Legitimacy in Transnational Economic Governance: An Introduction', *Socio-Economic Review*, **8**, 3-16.

Radaelli, C. M. (2000) 'Policy Transfer in the European Union: Institutional Isomorphism as a Source of Legitimacy', *Governance*, **13**, 25-43.

Radebaugh, L. H.; Gebhardt, G.; Gray, S. J. (1995) 'Foreign Stock Exchange Listinge: A Case Study of Daimler Benz', *Journal of International Financial Management and Accounting*, **6**, 158-192.

Rajan, R. G.; Zingales, L. (1995) 'What Do We Know about Capital Structure? Some Evidence from International Data', *The Journal of Finance*, **50**, 1421-1460.

Rao, H.; Morrill, C.; Zald, M. N. (2000) 'Power plays: How social movements and collective action create new organizational forms', *Research in Organizational Behavior*, **22**, 237-281.

Rao, H.; Singh, J. H. (2001) 'The Construction of New Paths: Institution-Building Activity in the Early Automobile and Biotechnology Industries'. In: Garud, R.; Karnøe, P. (Hrsg.) *Path Dependence and Creation*, Mahwah: Lawrence Erlbaum Associates, 243-267.

Reese, W. A.; Weisbach, M. S. (2002) 'Protection of minority shareholder interests, cross-listings in the United States, and subsequent equity offerings', *Journal of Financial Economics*, **66**, 65-104.

Reich, C. A. (1964) 'The New Property', *The Yale Law Journal*, **73**, 733-787.

Rennie, M. D.; Senkow, D. W. (2009) 'Financial Reporting for Private Companies', *Accounting Perspectives*, **8**, 43-67.

Rhodes, R. A. W. (1996) 'The New Governance: Governing without Government', *Political Studies*, **44**, 652-667.

Rhodes, R. A. W. (1997) 'Foreword'. In: Kicker, W. J. M. *et al.* (Hrsg.) *Managing Complex Networks: Strategies for the Public Sector*, London: Sage.

Rhodes, R. A. W.; Marsh, D. (1992) 'New directions in the study of policy networks', *European Journal of Political Research*, **21**, 181-205.

Richardson, A. (2008) 'Due Process and Standard-setting: An Analysis of Due Process in Three Canadian Accounting and Auditing Standard-setting Bodies', *Journal of Business Ethics*, **81**, 679-696.

Richardson, A. J. (2009) 'Regulatory networks for accounting and auditing standards: A social network analysis of Canadian and international standard-setting', *Accounting, Organizations and Society*, **34**, 571-588.

Roberts, C.; Weetman, P.; Gordon, P. (2005) *International Financial Accounting: A Comparative Approach*, 3. Aufl., Harlow: Prentice Hall.

Roberts, C.; Weetman, P.; Gordon, P. (2008) *International Corporate Reporting: A Comparative Approach*, 4. Aufl., Harlow: Prentice Hall.

Roberts, N. C.; King, P. J. (1991) 'Policy Entrepreneurs: Their Activity Structure and Function in the Policy Process', *Journal of Public Administration Research and Theory*, **1**, 147-175.

Robson, K.; Willmott, H.; Cooper, D.; Puxty, T. (1994) 'The ideology of professional regulation and the markets for accounting labour: Three episodes in the recent history of the U.K. accountancy profession', *Accounting, Organizations and Society*, **19**, 527-553.

Rodrigues, L. L.; Craig, R. (2007) 'Assessing international accounting harmonization using Hegelian dialectic, isomorphism and Foucault', *Critical Perspective on Accounting*, **18**, 739-757.

Rogers, E. M. (2003) *Diffusion of innovations*, 5. Aufl., New York, NY: Free Press.

Roll, P.; Kilka, M.; Schiereck, D. (1998) 'Zur Vorteilhaftigkeit von Zweitnotierungen an ausländischen Wertpapierbörsen - Ein Überblick', *Die Betriebswirtschaft*, **58**, 770-785.

Ronen, J. (2008) 'To Fair Value or Not to Fair Value: A Broader Perspective', *ABACUS*, **44**, 181-208.

Rosenau, J.; Czempiel, E.-O. (1992) *Governance without Government*, Cambridge: Cambridge University Press.

Rybczynski, T. M. (1984) 'Industrial finance system in Europe, U.S. and Japan', *Journal of Economic Behavior and Organization*, **5**, 275-286.

Samuels, J. M.; Piper, A. G. (1985) *International Accounting: A Survey*, London: Croom Helm.

Sandström, A.; Carlsson, L. (2008) 'The Performance of Policy Networks: The Relation between Network Structure and Network Performance', *Policy Studies Journal*, **36**, 497-524.

Saudagran, S. M. (1988) 'An Empirical Study of Selected Factors Influencing the Decision to List on Foreign Stock Exchanges', *Journal of International Business Studies*, **19**, 101-127.

Schäfer, H.-B.; Ott, C. (2005) *Lehrbuch der ökonomischen Analyse des Zivilrechts*, 4. Aufl., Berlin: Springer Verlag.

Scharpf, F. W. (1992) 'Koordination durch Verhanldungssysteme: Analytische Konzepte und instiutionelle Lösungen'. In: Benz, A. *et al.* (Hrsg.) *Horizontale Politikverflechtung: zur Theorie von Verhandlungssystemen*, Frankfurt am Main: Campus, 51-96.

Scharpf, F. W. (1993) 'Positive und negative Koordination in Verhandlungssystemen'. In: Héritier, A. (Hrsg.) *Policy Analyse, Kritik und Neuorientierung*, Opladen: Westdeutscher Verlag.

Schildbach, T. (1986) *Jahresabschluß und Markt*, Berlin: Heidelberger betriebswirtschaftliche Studien.

Schimank, U. (2007) 'Neoinstitutionalismus'. In: Benz, A. *et al.* (Hrsg.) *Handbuch Governance: theoretische Grundlagen und empirische Anwendungsfelder*, Wiesbaden: VS Verlag für Sozialwissenschaften, 161-175.

Schmalenbach, E. (1920) *Grundlagen dynamischer Bilanzlehre*, 2. Aufl., Leipzig: Gloeckner.

Schmalz-Bruns, R. (1989) *Ansätze und Perspektiven der Institutionentheorie: eine bibliographische und konzeptionelle Einführung*, Wiesbaden: Deutscher Universitätsverlag.

Schmid, J. (2000) 'Wohlfahrtsstaaten im Vergleich: Bestandsaufnahme und aktuelle Diskussion', *Gegenwartskunde*, **4**, 517-536.

Schmidt, R., H.; Spindler, G. (2002) 'Path Dependence, Corporate Governance and Complementarity', *International Finance*, **5**, 311-333.

Schmidt, R. H. (2007) 'Die Transformation des deutschen Finanzsystems und der Corporate Governance deutscher Unternehmen'. In: Glaum, M. *et al.* (Hrsg.) *Internationalisierung und Unternehmenserfolg: Wettbewerb, organisatorischer Wandel und Corporate Governance*, Stuttgart: Schäffer-Poeschel, 317-338.

Schneider, M.; Teske, P.; Mintrom, M. (1995) *Public Entreprenuers: Agents for Change in American Government*, Princeton, NJ: Princeton University Press.

Schreyögg, G.; Sydow, J. (2011) 'Organizational Path Dependence: A Process View', *Organization Studies*, **32**, 321-335.

Schreyögg, G.; Sydow, J.; Koch, J. (2003) 'Organisatorische Pfade - von der Pfadabhängigkeit zur Pfadkreation?'. In: Schreyögg, G.; Sydow, J. (Hrsg.) *Managementforschung 13: Strategische Prozesse und Pfade*, Wiesbaden: Gabler, 257-294.

Schumpeter, J. A. (1942) *Capitalism, Socialism, and Democracy*, Cambridge: Havard University Press.

Schuppert, G. F. (2010) *Staat als Prozess: eine staatstheoretische Skizze in sieben Aufzügen*, Frankfurt am Main: Campus.

Schwartz, H. (2001) 'Round up the Usual Suspects!: Globalization, Domestic Poltics, and Welfare State Changes'. In: Pierson, P. (Hrsg.) *The New Politics of the Welfare State*, Oxford, New York: Oxford University Press, 17-44.

Schwiete, M.; Weigand, J. (1997) 'Bankbeteiligungen und das Verschuldensverhalten deutscher Unternehmen', *Kredit und Kapital*, **1**, 1-34.

Scott, J. (2005) *Social network analysis: a handbook*, 2. Aufl., London: Sage Publication.

Scott, W. R. (1987) 'The Adolescence of Institutional Theory', *Administrative Science Quarterly*, **32**, 493-511.

Scott, W. R. (2001) *Institutions and organizations*, 2. Aufl., London: Sage Publication.

Scott, W. R. (2006) *Financial Accounting Theory*, 3. Aufl., Scarborough: Prentice Hall.

Scruggs, L. (2004) *Welfare State Entitlements Data Set: A Comparative Institutional Analysis of Eighteen Welfare States*, Storrs: University of Connecticut.

Seal, W.; Sucher, P.; Zelenka, I. (1996) 'Post-Socialist Transition and the Development of an Accountancy Profession in the Czech Republic', *Critical Perspectives on Accounting*, **7**, 485-508.

Seliger, B. (2001) 'Die Krise der sozialen Sicherung und die Globalisierung - Politische Mythen und ordnungspolitische Wirklichkeit', *ORDO - Jahrbuch für die Wirtschaft und Ordnung*, **52**, 215-38.

Sellhorn, T.; Gornik-Tomaszewski, S. (2006) 'Implication of the 'IAS Regulation' for Research into the International Differences in Accounting Systems', *Accounting in Europe*, **3**, 187-217.

Shleifer, A.; Vishny, R. W. (1997) 'A Survey of Corporate Governance', *The Journal of Finance*, **52**, 737-783.

Siegel, J. (2005) 'Can foreign firms bond themselves effectively by renting U.S. securities laws?', *Journal of Financial Economics*, **75**, 319-359.

Siegel, N. A. (2007) 'Welten des Wohlfahrtskapitalismus und Typen wohlfahrtsstaatlicher Politik'. In: Schmidt, M. G. *et al.* (Hrsg.) *Der Wohlfahrtsstaat: Eine Einführung in den historischen und internationalen Vergleich*, Wiesbaden: VS Verlag für Sozialwissenschaften, 261-276.

Siems, M. M. (2005) 'What Does Not Work in Comparing Securities Laws: A Critique on La Porta et al.'s Methodology', *International Company and Commercial Law Review*, **16**, 300-305.

Simmons, B. A.; Elkins, Z. (2004) 'The Globalization of Liberalization: Policy Diffusion in the International Political Economy', *American Political Science Review*, **98**, 171-189.

Simon, H. A. (1959) 'Theories of Decision-Making in Economics and Behavioral Science', *The American Economic Review*, **49**, 253-283.

Simon, H. V. (1899) *Die Bilanzen der Aktiengesellschaften und der Kommanditgesellschaften auf Aktien*, 3. Aufl., Berlin: Guttentag.

Simons, D. (2005) *Internationalisierung von Rechnungslegung, Prüfung und Corporate Governance*, Wiesbaden: Gabler.

Smith, P. (2009) 'Riding Out the Global Storm', *Accountancy Age*, **05/2009**, 9-11.

Spreen, M. (1992) 'Rare Populations, Hidden Populations, and Link-Tracing Designs: What and Why?', *Bulletin de Méthodologie Sociologique*, **36**, 34-58.

Starke, P.; Obinger, H.; Castles, F. (2008) 'Convergence towards where: in what ways, if any, are welfare states becoming more similar?', *Journal of European Public Policy*, **15**, 975-1000.

Steinmo, S.; Thelen, K.; Longstreth, F. (1992) *Structuring Politics: Historical Institutionalism in Comparative Analysis*, Cambridge: Cambridge University Press.

Stone, D. (2004) 'Transfer Agents and Global Networks in the ''Transnationalization' of Policy', *Journal of European Public Policy*, **11**, 545-566.

Strang, D.; Meyer, J. W. (1993) 'Institutional Conditions for Diffusion', *Theory and Society*, **22**, 487-511.

Streeck, W.; Schmitter, P. C. (1985) 'Community, Market, State and Associations? The Prospective Contribution of Interest Governance to Social Order', *European Sociological Review*, **1**, 119-138.

Streissler, M.; Richter, R.; Furubotn, E. G. (2003) *Neue Institutionen-ökonomik: eine Einführung und kritische Würdigung*, 3. Aufl., Tübingen: Mohr Siebeck.

Strobel, J. C. (2009) *Pfadabhängigkeit versus Innovation? Royal Dutch Shells Exploration alternativer Automobilkraftstoffe als strategisches Pfadmanagement*, Dissertation, Berlin: Freie Universität Berlin.

Stulz, R. M. (1999) 'Globalization, Corporate Finance, and the Cost of Capital', *Journal of Applied Corporate Finance*, **12**, 8-25.

Suddaby, R.; Cooper, D. J.; Greenwood, R. (2007) 'Transnational regulation of professional services: Governance dynamics of field level organizational change', *Accounting, Organizations and Society*, **32**, 333-362.

Sydow, J.; Schreyögg, G.; Koch, J. (2009) 'Organizational path dependence: Opening the black box', *Academy of Management Review*, **34**, 689-709.

Tamm Hallström, K. (2004) *Organizing International Standardization: ISO and the IASC in Quest of Authority*, Cheltenham: Edward Elgar Publishing.

Teece, D. J.; Pisano, G.; Shuen, A. (1997) 'Dynamic Capabilities and Strategic Management', *Strategic Management Journal*, **18**, 509-533.

Thelen, K. (1999) 'Historical Institutionalism in Comparative Politics', *Annual Review of Political Science*, **2**, 369-404.

Thelen, K. (2008) 'How Institutions Evolve: Insights from Comparative Historical Analysis'. In: Mahoney, J.; Rueschemeyer, D. (Hrsg.) *Comparative Historical Analysis in the Social Sciences*, 2. Aufl., Cambridge: Cambridge University Press, 208-240.

Thelen, K.; Steinmo, S. (1992) 'Historical Institutionalism in Comparative Politics'. In: Steinmo, S. *et al.* (Hrsg.) *Structuring Politics: Historical Institutionalism in Comparative Analysis*, Cambridge: Cambridge University Press, 1-32.

Thorell, P.; Whittington, G. (1994) 'The Harmonization of Accounting within the EU', *European Accounting Review*, **3**, 215-240.

Titmuss, R. M. (1975) *Social policy: an introduction*, New York: Pantheon Books.

Touron, P. (2005) 'The adoption of US GAAP by French firms before the creation of the International Accounting Standard Committee: an institutional explanation', *Critical Perspectives on Accounting*, **16**, 851-873.

Triandis, H. C. (1995) *Individualism and collectivism*, Boulder: Westview Press.

True, J.; Mintrom, M. (2001) 'Transnational Networks and Policy Diffusion: The Case of Gender Mainstreaming', *International Studies Quarterly*, **45**, 27-57.

Tweedie, D.; Seidenstein, T. R. (2005) 'Setting Global Standard: The Case for Accounting Convergence', *Northwestern Journal of International Law and Business*, **25**, 589-608.

UK Department of Trade and Industry (2003) 'UK extends use of International Accounting Standards. Reference P/2003/406 release of 17 July 2003', online im Internet: http://www.iasplus.com/resource/0307ukdti.pdf, Abfrage: 24.08.2008, 15:31 Uhr.

Valente, T. W. (1996) 'Social Network Thresholds in the Diffusion of Innovations', *Social Networks*, **18**, 69-89.

van Hulle, K. (1992) 'Die Angleichung der Vorschriften der Rechnungslegung in der EG: Perspektiven und Konsequenzen aus Sicht der Schweiz', *Der Schweizer Treuhänder*, **66**, 149-155.

van Hulle, K. (1993) 'Harmonization of accounting standards in the EC', *European Accounting Review*, **2**, 387-396.

van Hulle, K. (2004) 'From accounting directives to international accounting standards'. In: Leuz, C. *et al.* (Hrsg.) *The economics and politics of accounting*, Oxford: Oxford University Press, 349-375.

van Mourik, C. (2010) 'The Equity Theories and Financial Reporting: An Analysis', *Accounting in Europe*, **7**, 191 - 211.

van Waarden, F. (1992) 'Dimensions and types of policy networks', *European Journal of Political Research*, **21**, 29-52.

Veith, S. (2010) *The EU emission trading scheme: aspects of statehood, regulation and accounting*, Frankfurt am Main: Peter Lang.

Volmer, P. B.; Werner, J. R.; Zimmermann, J. (2007) 'New Governance Modes for Germany's Financial Reporting System: Another Retreat of the Nation State?', *Socio-Economic Review*, **5**, 437-465.

von Eitzen, B. (1996) *Der Wirtschaftsprüfer im internationalen Umfeld. Eine statistische Untersuchung zum Berufsstand des Wirtschaftsprüfers, Probleme bei seiner Internationalisierung sowie bei der Harmonisierung von Ausbildung, Rechnungslegung und Prüfung*, Dissertation, Freiburg: Universität Freiburg.

Wagenhofer, A. (2009) *Internationale Rechnungslegungsstandards IAS/IFRS: Grundlagen und Grundsätze, Bilanzierung, Bewertung und Angaben, Umstellung und Analyse,* 6. Aufl., München: FinanzBuch Verlag.

Wagenhofer, A.; Ewert, R. (2007) *Externe Unternehmensrechnungslegung*, 2. Aufl., Berlin: Springer.

Walker, J. L. (1969) 'The Diffusion of Innovations among the American States', *The American Political Science Review*, **63**, 880-899.

Walton, P. (1993) 'Introduction: The True and Fair View in British Accounting', *European Accounting Review*, **2**, 49-58.

Walton, P. J. (2008) 'Accountancy: The Most Exciting Profession in the World'. In: Alexander, D.; Nobes, C. (Hrsg.) *International Financial Reporting Standards: Context, Analysis and Comment*, London: Routledge, 30-33.

Watrin, C. (2001) *Internationale Rechnungslegung und Regulierungstheorie*, Wiesbaden: Deutscher Universitäts-Verlag.

Watts, R. L. (2003) 'Conservatism in Accounting Part I: Explanations and Implications', *Accounting Horizons*, **17**, 207-221.

Wehrheim, M.; Fross, I. (2010) 'Erosion handelsrechtlicher GoB durch das Bilanzrechtsmodernisierungsgesetz', *Zeitschrift für Betriebswirtschaft*, **80**, 71-109.

Werle, R. (2007) 'Pfadabhängigkeit'. In: Benz, A. *et al.* (Hrsg.) *Handbuch Governance: theoretische Grundlagen und empirische Anwendungsfelder*, Wiesbaden: VS Verlag für Sozialwissenschaften, 119-131.

Werner, J. R. (2006) *Unternehmenspublizität und Corporate Governance im Wandel*, Frankfurt am Main: Campus Verlag.

Werner, J. R.; Zimmermann, J. (2008) 'Der Staat und die Internationalisierung der Normen der Rechnungslegung'. In: Hurrelmann, A. *et al.* (Hrsg.) *Zerfasert der Nationalstaat?: Die Internationalisierung politischer Verantwortung*, Frankfurt am Main: Campus, 278-299.

Wessels, W. (2008a) *Das politische System der Europäischen Union*, Wiesbaden: SV Verlag für Sozialwissenschaften.

Wessels, W. (2008b) 'Gesetzgebung in der Europäischen Union'. In: Ismayr, W. (Hrsg.) *Gesetzgebung in Westeuropa: EU-Staaten und Europäische Union*, Wiesbaden: Verlag für Sozialwissenschaften, 653-684.

Wilensky, H. L.; Lebeaux, C. N. (1965) 'Conceptions of Social Welfare'. In: Zald, M. N. (Hrsg.) *Social welfare institutions: a sociological reader*, New York: Wiley, 11-19.

Wilks, S.; Wright, M. (1987) *Comparative Gorvernment-Industry Relations: Western Europe, the United States and Japan*, Cambridge: Cambridge University Press.

Williams, D. D. (1988) 'The Potential Determinants of Auditor Change', *Journal of Business Finance & Accounting*, **15**, 243-261.

Williamson, O. E. (1975) *Markets and hierarchies: analysis and antitrust implications: a study in the economics of internal organization*, New York: Free Press.

Williamson, O. E. (1985) *The economic institutions of capitalism: firms, markets, relational contracting*, New York: Free Press.

Williamson, O. E. (1991) 'Comparative Economic Organization: The Analysis of Discrete Structural Alternatives', *Administrative Science Quarterly*, **36**, 269-296.

Williamson, O. E. (2000) 'The New Institutional Economics: Taking Stock, Looking Ahead', *Journal of Economic Literature*, **38**, 595-613.

Willmott, H.; Puxty, A. G.; Robson, K.; Cooper, D. J.; Lowe, T. (1992) 'Regulation of Accountancy and Accountants: A ComparativeAnalysis of Accounting for Research and Development in Four Advanced Capitalist Countries', *Accounting, Auditing and Accountability Journal*, **5**, 32-56.

Wise, T. A. (1966) 'The very private world of Peat, Marwick, Mitchell', *Fortune*, **74**, 88-91.

Wittsiepe, R. (2008) *IFRS for Small and Medium-sized enterprises: Structuring the Transition Process*, Wiesbaden: Gabler.

Wootton, C. W.; Wolk, C. M.; Normand, C. (2003) 'An Historical Perspective on Mergers and Acquisitions by Major US Accounting Firms', *Accounting History*, **8**, 25-60.

Wymeersch, E. (2001) 'Gesellschaftsrecht im Wandel: Ursachen und Entwicklungslinien', *Zeitschrift für Unternehmens- und Gesellschaftsrecht*, **30**, 294-324.

Zeff, S. A. (1978) 'The Rise of "Economic Consequences"', *Journal of Accountancy*, **146**, 56-63.

Zimmermann, J. (2009) 'Das neue Bilanzrecht - Mode statt Moderne', *Betriebliche Altersversorgung*, **64**, 579-586.

Zimmermann, J. (2010a) 'Aufgaben und Bedeutung des Deutschen Rechnungslegungs Standards Committees (DRSC)'. In: Petersen, K. *et al.* (Hrsg.) *Handbuch Bilanzrecht: Abschlussprüfung und Sonderfragen in der Rechnungslegung*, Köln: Bundesanzeiger-Verlag, 689-700.

Zimmermann, J. (2010b) 'EU Federalism and the Governance of Financial Reporting', *Publius: The Journal of Federalism*, **40**, 200-225.

Zimmermann, J.; Abée, S. (2006) 'Do Cross-Listings Drive Regulatory Convergence? Evidence from Germany', Working Paper: Universität Bremen FB 7, online im Internet: http://ssrn.com/abstract=902827, Abfrage: 24.06.2008, 16:55 Uhr.

Zimmermann, J.; Kilian, J. P.; Schymczyck, J. (2010) 'Convergence patterns in accounting regulation: Six country cases of the transforming regulatory landscape', Working Paper: Universtiy Bremen, online im Internet: http://econstor.eu/bitstream/10419/32779/1/62600926X.pdf, Abfrage: 24.01.2011, 08:17 Uhr.

Zimmermann, J.; Werner, J. R. (2004) 'Werturteilsprobleme in der Bilanzforschung: Eine Analyse der Fair Value-Bewertung'. In: Frank, U. (Hrsg.) *Wissenschaftstheorie in der Ökonomie und Wirtschaftsinformatik*, Wiesbaden: Deutscher Universitäts-Verlag, 149-169.

Zimmermann, J.; Werner, J. R. (2009) 'Internationaler Vergleich von Rechnungslegungssystemen: Stand und Perspektiven', *Die Betriebswirtschaft*, **69**, 85-106.

Zimmermann, J.; Werner, J. R. (2012) *Regulating Capitalism? The Evolution of Transnational Accounting Governance*, Basingstoke: Palgrave MacMillan.

Zimmermann, J.; Werner, J. R.; Kilian, J. P. (2011) 'Wie verbreitet sind Covenants?', *Die Bank*, **17**, 20-25.

Zimmermann, J.; Werner, J. R.; Kilian, J. P. (2012) 'Covenants in der Kreditvergabe', *Wirtschaftswissenschaftliches Studium: Zeitschrift für Studium und Forschung*, **41**, 1-7.

Zimmermann, J.; Werner, J. R.; Volmer, P. B. (2008) *Global Governance in Accounting: Rebalancing Public Power and Private Commitment*, Basingstoke: Palgrave MacMillan.

Zülch, H.; Gebhardt, R.; Hoffmann, S. (2009) 'Politische Ökonomie der Rechnungslegung – Bisherige Forschungsergebnisse und künftige Forschungsperspektiven unter besonderer Berücksichtigung des Lobbyingkonzepts', *Journal für Betriebswirtschaft*, **59**, 1-29.

Zülch, H.; Pronobis, P. (2009) 'Die neuen US-GAAP - Auswirkungen des FASB Accounting Standards Codification™', *Der Betrieb*, **63**, 2669-2671.

Zürn, M.; Leibfried, S. (2005) 'A New Perspective on the State: Reconfiguring the national constellation', *European Review*, **13**, 1-36.

Zweigert, K.; Kötz, H. (1996) *Einführung in die Rechtsvergleichung: auf dem Gebiete des Privatrechts*, 3. Aufl., Tübingen: Mohr.

Zwirner, C. (2007) *IFRS-Bilanzierungspraxis: Umsetzungs- und Bewertungsunterschiede in der Rechnungslegung*, Berlin: Erich Schmidt Verlag.

Zwirner, C. (2009) 'Weitere Zunahme der Bedeutung der IFRS - Eine empirische Untersuchung zur Entwicklung der Rechnungslegung am deutschen Kapitalmarkt', *Zeitschrift für Internationale Rechnungslegung*, **4**, 425-429.

Zysman, J. (1983) *Governments, markets, and growth: financial systems and the politics of industrial change*, Ithaca, New York: Cornell University Press.

Anhang

Anhang 1: Nach Ländern gegliedertes Abkürzungsverzeichnis der Akteure

Internationale Ebene:

EFRAG	European Financial Reporting Advisory Group
IASB	International Accounting Standards Board
IASC	International Accounting Standards Committee
IASCF	International Accounting Standards Committee Foundation
IFAC	International Federation of Accountants
IFRIC	International Financial Reporting Interpretations Committee
IOSCO	International Organization of Securities Commission
SAC	Standards Advisory Council

Nationale Ebene:

Kanada

AcSB	Accounting Standards Board
AcSOC	Accounting Standards Oversight Council
ARAB	Accounting Research Advisory Board
ARC	Accounting Research Committee
CICA	Canadian Institute of Chartered Accountants
EIC	Emerging Issues Committee

Frankreich

AMF	Autorité des Marchés Financiers
ANC	Autorité des Normes Comptables
CC	Consultative Comité
CNC	Conseil National de la Comptabilité
CNCC	Compagnie Nationale des Commisaires aux Comptes
COB	Commission des Opérations de Bourse
CRC	Comité de la Réglementation Comptable
CU	Comité d´urgence
FraCourt	Französische Gerichte
FraGov	Französische Regierung
OEC	Ordre des Experts-Comptables

Deutschland

DRS	Deutsche Standardisierungsrat (englisch: German Accounting Standards Board (GASB))
DRSC	Deutsche Rechnungslegungs Standards Committee (englisch: German Accounting Standards Committee (GASC))
GerCourt	Deutsche Gerichte
GerGov	Deutsche Regierung
IDW	Institut der Wirtschaftsprüfer
RIC	Rechnungslegungs Interpretations Committee
WPK	Wirtschaftsprüferkammer

Japan

ASBJ	Accounting Standards Board of Japan
BAC	Business Accounting Council of Japan
BADC	Business Accounting Deliberation Council
FASF	Financial Accounting Standards Foundation
FSAJ	Financial Services Agency Japan
JapGov	Japanische Regierung
JICPA	Japanese Institute of Certified Public Accountants

Großbritannien

ASB	Accounting Standards Board
ASC	Accounting Standards Committee
CASE	Committee on Accounting for Smaller Entities
CCAB	Consultative Committee of Accountancy Bodies
FRC	Financial Reporting Council
UITF	Urgent Issues Task Force
UKGov	Britische Regierung

USA

AICPA	American Institute of Certified Public Accountants
EITF	Emerging Issues Task Force
FAF	Financial Accounting Foundation
FASB	Financial Accounting Standards Board
FASAC	Financial Accounting Standards Advisory Council
SEC	Securities and Exchange Commission
USGov	US-amerikanische Regierung

Betriebswirtschaftliche Forschung im Rechnungswesen

Herausgegeben von Nils Crasselt, Rolf Uwe Fülbier,
Joachim Gassen, Bernhard Pellens und Thorsten Sellhorn

Band 1 Verena Hill: Rechnungslegungspolitik im Rahmen der Kaufpreisallokation. Eine theoretische und empirische Analyse deutscher kapitalmarktorientierter Unternehmen. 2011.

Band 2 Ulrich Küting: Rückstellungsbilanzierung nach HGB und IFRS. Normendeskription und empirische Analysen zur deutschen und internationalen Bilanzierungspraxis. 2011.

Band 3 Felix Fischer: Der Zusammenhang zwischen Rechnungslegung und Ausschüttungsbemessung. Eine empirische Analyse deutscher börsennotierter Aktiengesellschaften. 2011.

Band 4 Torben Auste: Einfluss von Lobbying auf den IFRS-Standardsetzungsprozess. 2012.

Band 5 Michael Fischkin: Determinanten der Prüferwahl und des Prüferwechsels auf dem deutschen Prüfungsmarkt für börsennotierte Unternehmen. Eine theoretische und empirische Untersuchung. 2012.

Band 6 Maximilian Lauerbach: Investitionssteuerung mit Risk Adjusted Performance Measures im Nicht-Finanzbereich. 2012.

Band 7 Marco Kreutzer: Wertorientierte Planung und Steuerung anhand des Residualgewinnkonzepts. Eine Analyse in Abhängigkeit vom zu Grunde liegenden Rechnungslegungssystem. 2012.

Band 8 Tim-Frederik Oehr: Sozio-ökonomische Aspekte der Regulierung der Rechnungslegung. 2012.

www.peterlang.de